教育部人文社会科学青年基金项目"农村最低生活保障与扶贫对象动态管理机制研究"（14YJC840004）最终成果

农村最低生活保障与扶贫对象动态管理机制研究

NONGCUN ZUIDI SHENGHUO BAOZHANG YU
FUPIN DUIXIANG DONGTAI GUANLI JIZHI YANJIU

杜 毅 李 娜○著

西南财经大学出版社
Southwestern University of Finance & Economics Press
中国·成都

图书在版编目(CIP)数据

农村最低生活保障与扶贫对象动态管理机制研究/杜毅,李娜著.
一成都:西南财经大学出版社,2019.9
ISBN 978-7-5504-4153-8

Ⅰ.①农… Ⅱ.①杜…②李… Ⅲ.①农村—社会保障制度—
研究—中国 Ⅳ.①F323.89

中国版本图书馆 CIP 数据核字(2019)第 210932 号

农村最低生活保障与扶贫对象动态管理机制研究

杜毅　李娜　著

策划编辑	何春梅
责任编辑	王利
封面设计	何东琳设计工作室
责任印制	朱曼丽
出版发行	西南财经大学出版社(四川省成都市光华村街 55 号)
网　　址	http://www.bookcj.com
电子邮件	bookcj@foxmail.com
邮政编码	610074
电　　话	028-87353785
照　　排	四川胜翔数码印务设计有限公司
印　　刷	四川五洲彩印有限责任公司
成品尺寸	170mm×240mm
印　　张	16
字　　数	297 千字
版　　次	2019 年 9 月第 1 版
印　　次	2019 年 9 月第 1 次印刷
书　　号	ISBN 978-7-5504-4153-8
定　　价	90.00 元

前　言

　　党的十九大报告要求，实施乡村振兴战略，坚决打赢脱贫攻坚战。2018 年政府工作报告指出，大力实施乡村振兴战略，要做好实施乡村振兴战略与打好精准脱贫攻坚战的有机衔接。要实现我国乡村振兴，摆脱贫困是前提。实施乡村振兴战略和坚决打赢脱贫攻坚战是确保我国如期实现全面建成小康社会奋斗目标的重要战略支撑，同时也反映了我国新时代"三农"工作所面临的新形势以及农村扶贫工作所面临的新任务，具有十分重要的战略意义。

　　农村贫困是我国长期面临的现实问题，是制约我国城乡均衡发展和实现全面小康社会的重要因素。改革开放以来，党和政府高度重视农村脱贫工作，不断加大扶贫开发和社会救助工作力度。最低生活保障是国家和社会为生活在最低生活保障线以下的社会成员提供满足其最低生活需要的物质帮助的一种社会救助制度安排。最低生活保障被喻为社会的"稳定器"和最后一道"安全网"。扶贫开发是国家和社会通过包括政策、资金、物资、技术、信息、就业等方面的外部投入，对贫困地区的经济运行进行调整、优化，在此基础上实现贫困地区经济的良性增长，进而缓解贫困地区的贫困，促使贫困对象逐渐摆脱贫困的政策体系。我国农村扶贫工作起步于改革开放初期，至今已走过近 40 年的历程。2007 年中央 1 号文件明确提出要在全国范围内建立农村最低生活保障制度（以下简称"农村低保"），标志着我国农村扶贫工作进入了扶贫开发和生活救助"两轮驱动"的新阶段。十余年来的实践表明，两项制度（农村低保和扶贫开发）对缓解和消除农村贫困起到了巨大作用。但由于两项制度实施的时间较短，加之我国农村贫困问题非常复杂，诸多政策和措施还处于探索阶段，两项制度在实际运行中难免会存在一些问题和不足。其中，如何有效地对贫困对象进行动态管理，成为影响制度公平和制度实施效率的一大难题。

　　近年来，各级政府按照精准扶贫的要求，把农村贫困对象动态管理提

1

高到事关社会公平正义、事关政府公信力的新高度来谋划部署,坚持实事求是,坚持群众路线,狠抓对象精准,从最基础、最根本、最要害的工作着手。各级政府把对象精准作为精准扶贫、精准脱贫的第一颗"扣子"和打赢脱贫攻坚战的第一场战役,放在重要位置。各级政府全面动员,对贫困对象动态管理工作进行周密部署。各地扶贫开发领导小组细化责任和目标任务,通过制定工作方案、操作手册等,对具体环节提出明确要求,如规范贫困人口台账资料,科学制定贫困对象收入调查及计算方法等。

各级政府集中力量推进贫困对象动态管理各项工作。在政策设计上,紧扣"两不愁三保障"这个贫困群众最关心、最直接、最现实的利益问题来定标准、定方法、定要求;在目标任务上,紧盯"人情保""关系保""骗保"等群众意见大、反应突出的问题;在程序步骤上,全面保障贫困群众的知情权、参与权、监督权,严格按照两项制度对象动态管理的程序开展工作,做到环环紧扣、层层把关,使各个环节有机衔接,确保两项制度公平与高效运行;在工作方法上,扎实搞好家计调查,准确核算贫困对象家庭收入及支出,并充分发挥民主评议和民主公示的作用,最大限度地使动态管理工作得到基层干部群众的认同。

各级政府牢牢把握精准扶贫的目标和任务,在贫困对象动态管理方面投入大量人力、物力。总体上看,各地进行了大量有益的探索,取得了一定的成效。如,通过加大政策的宣传力度,"公平低保、诚信脱贫"理念逐步得到重视,"福利依赖"现象得到缓解,"人情保""关系保"现象逐渐减少;一些地方逐步建立了低保和扶贫政策专项检查制度,加强对低保和扶贫档案的专项检查、通报,坚持长期张榜公示制度,各类违规现象得到预防和及时纠正;一些地方摸索出了一些切实可行的办法,使低保和扶贫对象动态管理逐步规范化和可操作,如通过加强入户抽查、信息对比以及固定公示,加大对贫困人口的动态监测,完善"能进能出"的社会救助制度。然而,贫困对象动态管理是一项系统性的工作,需要各个环节紧密配合,目前仍面临诸多问题,尤其是在贫困人口精准识别、动态监测与退出等环节,与各级政府确立的任务目标还有一定差距。

本书以中央文件精神为指导,在国内外已有研究成果的基础上,综合运用社会学、社会保障学、管理学、经济学、统计学等理论成果及分析方法,结合我国农村地区经济社会发展的特点与实际情况,以广泛的社会调查和个案访谈为依托,大量收集数据及相关资料,深入农村地区,考察低保与扶贫开发对象管理的实施状况,深入分析制约两项制度对贫困对象进行动态管理所面临的困境与挑战,提出完善动态管理机制的对策建议,以推动两项制度的公平运行，提高农村扶贫效率。

在研究思路上，课题组在前期大量研究积累的基础上，首先构建起农村低保和扶贫对象动态管理机制。这个动态管理机制包括五个子机制：贫困对象识别机制、贫困对象分类救助机制、贫困对象自身"造血"机制、动态考核与退出机制、部门联动与资源整合机制。这五个机制通过相互作用，对低保和扶贫对象进行科学、规范管理，以实现"应保尽保、应扶尽扶、应退尽退"的目标。研究力图从这五个环节找到动态管理的症结和难点，并提出可行的措施和方法。

其一，贫困对象识别机制。贫困对象识别是实现动态管理的起点。两项制度对象的识别过程包括提出申请、收入核算、民主评议、审核审批和民主公示等环节。前期已有的研究成果及调查访谈情况表明，目前农村贫困对象识别的各个环节运行基本顺畅，但相对而言，收入核算、民主评议及民主公示是较为薄弱的环节，农村家庭收入难以准确核算，民主评议和公示环节往往被忽略。本书深入探讨了如何根据农村家庭收入、支出的各种因素，确定合理的家庭收入与支出评估计算标准，完善贫困对象家庭收支核查办法。探讨了如何加强民主评议和公示环节，尽量为准确识别贫困对象提供客观依据。

其二，贫困对象分类救助机制。低保制度是一种传统的"输血式"扶贫，重在关注贫困对象的生存权；扶贫开发则是一种"造血式"扶贫，重在提高贫困对象的发展能力。两项制度相辅相成，前者是后者的有效补充，后者则是前者的提升和发展。因此二者既要各尽职能，又要相互促进。然而在实际运行过程中，由于两项制度协调和衔接不够，导致贫困对象分类不够明确，扶持措施缺乏针对性。本书在深入分析问题的基础上，提出了较为可行的解决办法。

其三，贫困对象自身"造血"机制。增强贫困对象自身的"造血"功能，提高其发展潜力，是从源头上解决农村贫困人口脱贫致富和逐步退出相应保障的根本。广大农村地区尤其是贫困地区恶劣的自然条件、人力资本储量较少、外部资源供给不足等，致使贫困农户长期裹足不前，缺乏发展后劲。扶贫先扶志，扶贫必扶智。本书探索了如何增强贫困地区农户的"造血"功能，减少甚至消除贫困对象的"福利依赖"心理，激发贫困人口的脱贫内生动力。

其四，动态考核与退出机制。农村低保和扶贫对象动态管理的目标是"应保尽保，应扶尽扶，应退尽退"，即：对年人均纯收入低于最低生活保障标准的人口，应将其纳入低保对象并享受相关政策待遇；对年人均纯收入低于农村扶贫标准的贫困对象，应将其列为扶贫开发对象进行扶持；对年人均纯收入分别达到或超过农村低保标准和国家扶贫标准的对象，应按规定逐步退出低保和到户扶持政策。但两项制度还存在不合理的激励机制，缺乏必要的监督和考核措施，一些地方的贫困对象长期沉淀下来，难以退出，形成"贫困陷阱"。对于如何加强动态监测和考核、如何促进顺畅退出，本书也进行了重点研究。

其五，部门联动与资源整合机制。农村低保和扶贫对象动态管理是一项庞大的系统工程，涉及诸多环节及众多部门，需要整合行政资源，建立各部门、各系统的联动机制，实现资源及信息共享，形成各部门共同参与、齐抓共管的工作格局。但长期以来，我国农村涉及农村低保和扶贫开发的部门之间缺乏协作与联动，扶贫资源供给分散，难以形成扶贫合力。本书通过政策梳理，分析各部门在农村扶贫方面的职责，探讨了如何加强政府各部门在动态管理方面的衔接与整合。

其次，本书还紧紧围绕当前政策热点，按照精准扶贫的要求，从加快农村低保和扶贫政策法规建设、扶志与扶智结合、加强两项制度有机衔接、加强对农村低保和扶贫政策执行的监督以及将农村脱贫攻坚战略与乡村振兴战略有机衔接等方面，提出了有针对性的措施和建议。

由于笔者学术积累及研究水平有限，本书难免有疏漏和不足之处，恳请从事农村社会发展、社会保障以及扶贫事业研究的各界专家学者不吝赐教。希望全社会都来关心农村贫困问题，助力农村脱贫攻坚和乡村振兴，为我国早日全面建成小康社会贡献力量！

目　录

第一章 导论

第一节 研究的背景

习近平总书记在党的十九大报告中要求坚决打赢脱贫攻坚战。要动员全党全国全社会力量，坚持精准扶贫、精准脱贫。确保到 2020 年我国现行标准下农村贫困人口实现脱贫，贫困县全部摘帽，解决区域性整体贫困，做到脱真贫、真脱贫。

农村贫困是我国长期面临的现实问题，是制约我国城乡均衡发展和实现全面小康社会的重要因素。农村扶贫开发和最低生活保障制度（以下简称"两项制度"），是国家扶贫战略的两个重要支点，是国家对农村贫困群体扶助政策体系的两大组成部分，是农村社会救助制度及社会保障体系的重要支柱。两项制度的不断发展与完善，有利于我国早日实现"基本消除绝对贫困现象"的目标。

实行改革开放以来，党和政府高度重视农村脱贫工作，不断加大扶贫开发和社会救助工作力度。我国农村扶贫工作起步于改革开放初期，至今已走过 30 多年的历程。2007 年中央 1 号文件明确提出要在全国范围内建立农村最低生活保障制度（以下简称"农村低保"），标志着我国农村扶贫工作进入了开发扶贫和生活救助"两轮驱动"的新阶段。与此同时，中央和地方不断加强对贫困地区的财政转移支付和专项资金扶持。尤其是党的十八大召开以来，党和政府高度重视农村扶贫工作，以精准扶贫思想为引领，开展我国农村脱贫攻坚战。2013 年 11 月，习近平总书记到湖南省湘西土家族苗族自治州考察时，首次做出了"实事求是、因地制宜、分类指导、精准扶贫"的重要指示。2014 年 3 月，习近平参加"两会"代表团审议时强调，要实施精准扶贫，瞄准扶贫对象，进行重点施策，进一步阐释了精准扶贫理念。2015年，习近平在贵州考察时，进一步就扶贫开发工作提出"六个精准"的基本要求：扶贫对象精准、措施到户精准、项目安排精准、资金使用精准、因村派人精准、脱贫成效精准。

总体上看，我国在缓解和消除农村贫困方面取得了巨大成就，积累了丰富的经验。当前，我国农村扶贫工作已经从以解决温饱为主要任务的阶段转入巩固温饱成果、加快脱贫致富、改善生态环境、增强发展能力、缩小发展差距的新阶段。实践表明，两项制度对缓解和消除农村贫困起到了巨大作用。但由于两项制度实施的时间较短，加之我国农村贫困问题十分复杂，诸多政策和措施还处于探索阶段，两项制度在实际运行中难免存在一些问题和不足。其中，如何有效地对贫困对象进行动态管理，成为影响制度公平和制度实施效率的一大难题。

鉴于此，国务院以及各部委先后发布了一系列加强两项制度有效衔接以及高效运行的通知、文件及法规制度，明确农村脱贫攻坚的工作原则和方针，进一步规范农村脱贫攻坚工作，提出了一系列具体要求。按照中央精准扶贫的要求，各地扶贫政策要坚持"应扶尽扶"的原则。要采取有效措施精准识别和瞄准农村贫困人口，确保将生活水平较低、符合扶贫标准的贫困人口全部纳入扶持范围，做好建档立卡工作。根据贫困人口的致贫原因、不同需求给予精准施策，做好各项帮扶措施，帮助贫困人口早日脱贫致富。各地农村低保政策要坚持"应保尽保"的原则。各地要采取有效措施不断健全和完善农村低保制度，要牢牢把握精准扶贫思想，因地制宜，切实完善农村低保对象识别和认定办法，做好农村低保对象家计调查，要研究制定有效的贫困对象家庭经济状况核查办法，及时将符合低保保障条件的贫困户全部纳入保障范围，使他们的基本生活得到保障。对贫困人口要坚持动态管理。对已被纳入保障范围和扶持对象的贫困户，要定期进行家庭经济状况核查，要建立家庭经济状况台账、民情档案，并强化基层干部和核查人员定期入户走访，实现贫困人口"应保尽保、应扶尽扶、应退尽退"。在贫困人口扶持和保障政策的退出方面，要建立健全贫困户脱贫和低保退出标准，严格退出程序，细化家庭经济状况核查办法。在对贫困人口实施帮扶措施方面，要坚持做好资源统筹工作。要统筹各类救助和扶贫资源，将包括低保在内的各类救助与扶贫开发政策有机结合，"输血"与"造血"相协调，扶志与扶智相统一，形成脱贫攻坚合力，通过对贫困人口的全面扶持，促使其实现脱贫致富。在两项制度的衔接方面，各级政府要加强两项制度的政策、措施等方面的衔接。扶贫部门和民政部门要加强信息沟通和交流，互通有无，在贫困对象识别、动态管理方面,切实加强合作。例如,县级民政部门要将农村低保对象以及各类救助政策覆盖的贫困人口名单及时提供给同级扶贫部门;县级扶贫部门要将建档立卡的贫困人口名单和脱贫农村低保对象名单、脱贫家庭人均收入等情况及时提供给同级民政部门。

各地应通过建立规范有效的贫困人口识别机制和动态管理机制,不断健全和完善农村贫困人口档案,建立制度完善、政策衔接配套、标准科学合理、补助水平适度、资金筹集落实、管理规范有序、服务优质高效的两项制度工作机制,不断提高两项制度的落实水平,在实现"应保尽保、应扶尽扶、应退尽退"目标方面取得成效,为从根本上稳定解决农村贫困人口的温饱并实现脱贫致富,为实现到2020年基本消除绝对贫困现象的目标奠定坚实基础。

第二节 研究的意义

一、理论意义

一是丰富了社会发展理论。马克思的社会发展观认为,社会发展中的各阶层或利益集团处于对立统一之中,社会的发展有各种因素相协调的一面,又有不相协调的一面。本研究旨在通过完善政策和措施,促进农村社会政策执行过程中不相协调的各种矛盾因素向相互协调转化,促进农村经济社会的协调发展,最终实现社会公平与正义,从而丰富了社会发展理论。

二是进一步发展了社会支持理论。社会支持是指在一定的社会形态下,国家和社会对弱势群体或生活有困难的人群无偿提供救助和服务,是一定社会网络运用一定的物质和精神手段对社会弱势群体进行无偿帮助的一种选择性社会行为。本研究针对如何保障我国农村贫困人口基本生活,帮助他们逐步摆脱贫困,走上共同富裕的道路,使社会支持理论得到了发展。

三是丰富了我国反贫困理论。农村扶贫开发与最低生活保障制度,是我国新时期两项重要的反贫困手段和内容。通过总结其实施过程中的经验和教训,使之不断完善与创新,使之更符合我国国情和农村实际,从而丰富和发展了我国反贫困理论。

四是进一步丰富社会保障理论。农村社会救助制度是我国农村社会保障体系的支柱之一，最低生活保障与扶贫开发，分别以提供基本生活保障和增强贫困人口发展潜力为手段。对其进行研究，能促进我国农村社会保障理论框架尤其是社会救助理论不断完善，对切实做好农村脱贫工作具有一定的理论指导意义，从而丰富了社会保障理论。

二、实践意义

一是有利于促进农村地区从根本上稳定解决温饱问题并实现脱贫致富，为我国农村早日实现基本消除绝对贫困现象的目标奠定基础。本研究有利于促进贯彻落实中央一系列文件精神，对于充分发挥两项制度的扶贫功能，保障农村贫困人口的基本生活，提高贫困人口的收入水平和自我发展能力，稳定解决温饱并实现脱贫致富，确保农村贫困人口共享改革发展成果等，都具有重大意义，也将为到 2020 年基本实现消除绝对贫困现象的目标奠定坚实基础。

二是有利于更好地推进精准扶贫，不断完善国家扶贫战略和政策体系。对于我国原有的扶贫体制机制必须进行修补和完善，要解决钱和政策用在谁身上、怎么用、用得怎么样等问题。扶贫措施必须要有"精准度"。贫困人口的致贫原因不同，因此要针对不同地区的环境状况、资源禀赋、贫困程度等，采取有效的方法和措施，切实做到对扶贫人口识别精准、帮扶措施精准、动态管理精准。本研究探讨如何通过建立贫困对象动态管理机制，真正做到帮扶对象有进、有出、有帮扶、有约束，提高对象的瞄准精度，最大限度地避免逆向激励，确保制度的公平性，提高扶贫的绩效。通过调查研究，促进两项制度科学、合理地识别贫困对象，公正、客观地瞄准农村贫困人口，对识别出来的贫困人口进行有效跟踪，使两项制度瞄准目标更具精确性。建立贫困人口的动态监测管理机制，实现"应保尽保、应扶尽扶、应退尽退"的目标。实现两项制度有效衔接，是完善国家扶贫战略和政策体系的重大实践，是深入贯彻落实科学发展观、提高行政效能和扶贫效果的必然要求，是关系今后十年乃至更长时间扶贫工作的基础性制度建设。建立科学规范与民主评议相结合的两项制度衔接机制，提高农村最低生活保障和扶贫开发水平，使两项制度形成合力，真正实现农村脱贫的"两轮驱动"模式。

三是有利于解决新时代我国社会主要矛盾。党的十九大报告指出，中国特色社会主义进入新时代，我国社会主要矛盾已经转化为人民日益增长的美好生活需要和不平衡不充分的发展之间的矛盾。发展的不平衡不充分，城乡之间、地区之间尤为明显。我国目前城乡"二元结构"仍较突出，城市发达，农村落后，经济发展极不平衡，城乡之间、地区之间差距有扩大趋势。农村低保与扶贫开发作为社会保障体系的最低层次，也是社会保障实现城乡统筹的基础和突破口。本研究通过探索两项制度对象的动态管理机制，促进两项制度功能的有效发挥，保障农村贫困人口基本生活，提高收入水平和自我发展能力，有利于缩小城乡差距，加快构建城乡统筹的社会保障制度，从而稳定解决温饱并实现脱贫致富，缩小城乡和地区差距，为构建城乡一体化的社会保障提供政策参考，为解决社会主要矛盾奠定基础。

第三节　研究的思路和方法

一、研究的思路

本课题以各级政府相关文件精神为指导，以社会学、社会保障学、管理学、经济学等理论为基础，大量收集并整理国内外文献资料，以广泛调查、访谈、收集资料为依据，找准农村低保与扶贫开发对象管理存在的偏差，深入分析原因，综合运用定性、定量研究方法，从理论研究、实证分析和对策建议三个部分入手进行深入研究，探讨建立农村低保与扶贫对象动态管理机制，促进制度的公平性，提高扶贫的效率。在研究过程中，着力探讨当前农村低保和扶贫对象动态管理的难点，从以下五个方面构建科学完善的动态管理机制：贫困对象识别机制、贫困对象分类救助机制、贫困对象自身"造血"机制、动态考核与退出机制、部门联动与资源整合机制。通过这五个机制的相互作用，对低保和扶贫对象进行科学、规范管理，促进实现"应保尽保、应扶尽扶、应退尽退"的目标。

二、研究的方法

1. 文献研究法

本研究通过梳理专著、期刊论文、政策、法规资料等途径，回顾了国内外关于农村社会保障体系尤其是社会救助政策的文献，对贫困对象动态管理相关研究进行了重点关注，吸取其中有价值的观点，为本研究提供了坚实的理论基础和一定的经验借鉴。

2. SPS（Structured-Pragmatic-Situational）研究方法

SPS（Structured-Pragmatic-Situational）研究方法即结构化-实用化-情境化的案例研究方法。该方法从构思、调研、建模到写作分成不同的步骤，每一步骤都有明确具体的任务。其突出的特点是除了研究方法操作本身的结构化特征以外，更为突出的是建模方法，利用概念模型来挖掘案例中隐藏的逻辑，根据概念模型的推理，使文字组织具有清晰的"骨架"。本研究在构思与调研的基础上，将低保与扶贫对象动态管理机制构建为一个清晰的概念模型，并用调研资料及数据来解释概念模型的内涵，使研究具有很强的结构化特征。SPS研究方法的实用化体现在它的易操作性和实践特性上，使得研究人员能够根据模型构思，深入农村的田间地头顺畅地展开调研，收集资料。SPS研究方法的情境化体现在其灵活性中，研究人员在现场调研和访谈时，所看到、听到的信息是丰富多样的，可以进行灵活调整，从中获取对研究有用的各类信息。

3. 问卷调查法

问卷调查一定涉及抽样方法，科学合理的抽样方法能够确保样本对总体具有较好的代表性，使研究结论具有较高的真实性和有效性。由于我国地域辽阔，贫困人口较为分散，若采取概率抽样方法，获取抽样框的难度非常大，抽样工作量十分巨大。本研究所具有的人力、物力和时间有限，无法开展。基于此，研究组经过专题讨论，在积累大量文献以及前期研究的基础上，认为采取判断抽样是比较可行的方案。本研究分两次进行较大规模的问题调查。第一次是在重庆市范围内展开问卷调查，以重庆市农村居民为研究对象。第二次问卷调查在全国范围内展开，包括两部分：第一部分是针对全国农村居民开展的问卷调查，第二部分是针对基层农村低保与扶贫工作人员开展的问卷调查。通过问卷调查，本研究收集了大量资料，并运用SPSS等统计软件进行分析。研究组结合内容分析、历史比较分析、社会网络分析等，对农村居民的收入与支出情况、农村贫困现状、农村社会保障情况、扶贫开发与农村低保实施状况、农村居民对两项制度的意见及建议等方面信息进行分析。

4. 案例研究法

案例研究法是实地研究的一种。研究者选择一个或几个场景作为对象，系统地收集数据和资料，进行深入研究，以探讨某一现象在实际生活环境下的状况。本研究在实施过程中充分运用案例研究方法，深入实地调研，通过多种方式收集案例资料和数据。一是通过各级政府部门发布的文件、公告、通知等，获取该地农村低保与扶贫对象动态管理实施情况，探究其主要做法、经验以及存在的问题。二是在政府部门的支持下，翻阅当地关于农村低保与扶贫政策的相关档案，尤其是仔细查阅乡（镇）及村级部门建立的比较详细的低保和扶贫档案，分析其贫困人口动态管理情况。三是开展大量的个案访谈。研究组在深入实地调研之前，准备了详细的访谈提纲及相关资料，并提前与访谈对象进行有效接洽。访谈采取结构式和开放式方法，并将访谈与问卷调查有机结合，在研究人员的合理引导和高度控制下完成，确保访谈的实效性和信息来源的真实性。四是运用观察法，包括参与观察和直接观察。研究人员深入实地，仔细观察基层低保与扶贫工作人员在贫困对象识别、家计调查、收入核实、民主评议、动态考核等环节的具体做法，以及各地农村扶贫开发的具体实施情况，或直接参与当地农村低保与扶贫开发工作，详细了解农村低保与扶贫对象动态管理的开展情况，获取较为直接、真实、有效的实例，为研究提供了大量来自客观场景的信息。

5. 跨学科综合研究法

跨学科研究方法是 20 世纪 60 年代在欧美国家兴起的一种新的研究方法，经过这些年的实践，取得了显著的成就。本研究采用了社会学、社会保障学、法学、经济学、统计学等多学科交叉研究方法，使问题的分析角度更为全面，对命题的论证更具有说服力。例如在分析两项制度的公平与效率时，从法学的角度分析了政府与贫困人口之间特定的权利与义务关系；在探讨农村流动人口的管理，加强对贫困对象收入的动态监测时，又从社会学视角加以分析。此外，福利经济学反贫困理论的分析研究方法、统计学的调查分析方法在本研究中也得到了有效的运用。

第四节　研究的创新点

对农村低保与扶贫对象动态管理机制进行系统研究，是在平衡公平与效率关系基础上的一个新的社会政策研究领域。本研究创新之处主要体现在以下三个方面：

一是研究视角的创新。本研究以精准扶贫为视角，分析两项制度的交叉及共同面临的问题：贫困对象精准识别、精准帮扶、精准管理，研究农村低保与扶贫对象动态管理机制，突出整个政策保持连贯性和整体性的要求。

二是研究内容的创新。本研究把贫困对象动态管理作为研究对象，从构建机制入手，系统地提出创新性方案。从关键环节把握两项制度的政策含义，促进制度公平，提高政策的实施效率。这种从关键环节去透视制度的完善与创新，在现有的研究中是少见的。

三是研究方法的创新。研究中将统计方法、文献研究及综合分析等方法相结合，既运用科学的抽样方法进行问卷调查，运用统计学知识进行定量分析；又通过梳理大量的文献，确定合理的研究思路，还充分运用访谈法，收集现实素材进行综合分析，这在社会政策领域的研究中也具有一定的独特性。

第二章　概念界定及基本理论

第一节　概念界定

一、贫困

1998 年诺贝尔经济学奖获得者阿玛蒂亚·森认为，导致贫困的原因是一部分人创造收入的能力低下，机会较少。或者说是由于缺少获取正常生活的能力而导致贫困。贫困是一个十分复杂的问题，也是一个多维的概念。按照经济学的一般理论，贫困是经济、社会以及文化贫困落后现象的总称。首先是经济范畴的贫困，物质生活处于贫困状态，即一个人或者一个家庭的生活水平无法达到社会可接受的最低标准。因此，尽管我国部分学者也从不同角度对贫困进行了定义，但大都围绕经济范畴即收入缺乏，认为贫困是一些人的经济收入低，缺乏生活所需要的最基本物质，而且缺少发展机会和手段的生活状态。例如：贫困是指个人或者家庭的经济收入不能达到所在社会"可接受生活标准"的那种生活状况[1]。贫困是指在一定环境（包括政治、经济、社会、文化、自然等）条件下，人们在长时间内无法获得足够的劳动收入来维持一种生理上要求的、社会文化可接受的和社会公认的基本生活水准的状态[2]。另外，也有学者从社会剥夺的角度定义贫困，如：贫困是在特定化的社会背景下，部分社会成员由于缺乏必要的资源而在一定程度上处于被剥夺的状态，难以正常获取生活资料，难以顺利参与经济和社会活动，而他们的生活水平也持续性地低于社会规定

---

[1] 周杉杉. 向贫困挑战——国外缓解贫困的理论与实践 [M]. 北京：人民出版社，1991：10.

[2] 赵冬缓，兰徐民. 我国测贫指标体系及其量化研究 [J]. 中国农村经济，1994（3）：45.

的最低标准①。

二、制度性贫困

贫困是一种常见的社会经济现象。财税、户籍、教育和社保制度等因素，使很多地区和人口陷入制度差异造成的贫困陷阱，形成制度性贫困。制度性贫困有两层含义。第一层含义是指劳动者具有正常的学习和劳动能力，但由于后天教育不足、身份限制、政策缺陷和风俗陋习等制度缺陷而出现贫困。这种制度性贫困具有代际转移特征，但可通过制度设计和公共政策来消除。第二层含义是指受有关制度影响，资源在不同区域、不同阶层、不同人群、不同个人之间的不平等、不公平分配，造成某些区域、阶层、人群和个人的贫困。制度性贫困的一个明显后果，是使个体自力更生能力减弱，如发展权利不足、教育水平低下和贫困代际转移等。

三、社会救助

"社会救助"译自英文 Social Assistance，可以从不同角度理解其含义。通常情况下，学者从救助责任主体、救助资格确定、救助项目、救助目标及意义等角度进行定义。如：亚洲开发银行认为，社会救助是针对各种原因导致的难以维持最低生活水平的公民，由国家和社会依据法定资格定义标准给予的现金或实物帮助，以使其最低生活得到保障。② 综合回顾众多学者的论述，其定义基本一致，大都认为社会救助是指国家和其他社会主体对无法定义务抚养人、无劳动能力、无生活来源的老年人、残疾人、未成年人，以及对于遭受自然灾害、失去劳动能力或者其他低收入人群给予物质上的帮助或精神上的救助，以帮助他们维持基本的生活需求，或者帮助他们获得最低生活水平的能力和措施。社会救助对于调整社会的资源配置，从而实现社会的公平有序，以及维护社会稳定和谐都有非常关键的作用。

四、最低生活保障

国内众多学者也从不同角度对"最低生活保障"进行了定义。如：最低生活保障制度是世界上绝大多数市场经济国家普遍实行的以保障全体公民基本生存权利为目的的社会救助制度，它根据维持最起码的生活需求的

---

① 关信平. 中国城市贫困问题研究［M］. 长沙：湖南人民出版社，1999：88.
② 尚晓援. 中国社会保护体制改革研究［M］. 北京：中国劳动社会保障出版社，2007：31.

标准设立一条最低生活保障线，当公民的收入水平低于最低生活保障线而发生生活困难时，有权得到国家和社会按照法定程序和标准提供的现金和实物救助[1]；最低生活保障是指国家和社会为生活在最低生活保障线以下的社会成员提供满足其最低生活需要的物质帮助的一种社会救助制度安排[2]。虽然角度有所不同，但都把最低生活保障比喻为社会的"稳定器"和最后一道"安全网"，是社会保障体系中最后一道安全网。1996年，民政部在《关于加快农村社会保障体系建设的意见》（民办发〔1996〕28号）中提出了"农村最低生活保障"的概念，指出"农村最低生活保障制度是对家庭人均收入低于最低生活标准的农村贫困人口，按照最低保障标准给予差额补助的一项制度"。农村低保制度是国家和社会为生活水平低于最低标准的农村贫困人口建立起的一项社会救助制度。

五、扶贫开发

中国是一个农业大国，中国农村的贫困问题是历史上长期形成的。贫困面积大、贫困人口多、贫困程度深是过去相当长一个时期中国贫困地区的主要特征。基于对我国国情的把握，特别是对贫困地区和贫困人口实际情况的认识，我国政府制定了符合国情的扶贫开发政策，把扶贫开发的基本目标和中心任务放在主要解决农村贫困人口的温饱问题上，从最紧迫的问题入手，量力而行，确保重点，分阶段推进。扶贫开发一直以来都是学界关注的热点，其定义也比较丰富。陈良瑾认为，扶贫开发是国家和社会通过包括政策、资金、物资、技术、信息、就业等方面的外部投入，对贫困地区的经济运行进行调整、优化，在此基础上实现贫困地区经济的良性增长，进而缓解贫困地区的贫困，促使贫困对象逐渐摆脱贫困的政策体系。同时他还认为，虽然扶贫开发与其他社会救助相比，主要面向区域而不直接面向贫困家庭与个人，但其追求的目标仍然是社会救助要达到的目标，并且同样需要政府运用公共权力与公共政策来推动，从而仍然可以被纳入现代社会救助体系中来。[3]

六、公平

公平是每一个现代社会孜孜以求的理想和目标。在法律上，公平是法

---

① 唐均. 中国城市居民贫困线研究 [M]. 上海：上海社会科学院出版社，1989：181.
② 郑功成. 社会保障学 [M]. 北京：中国劳动社会保障出版社，2005：274.
③ 陈良瑾. 社会救助与社会福利 [M]. 北京：中国劳动社会保障出版社，2009：69.

所追求的基本价值之一，其意是公正而不偏袒。亚当·斯密在《国民财富的性质和原因的研究》中说：公平是指在市场经济的自由竞争中，每个人都应当具有平等竞争的机会和权利，或是指在机会公平和规则公平的前提下，社会收入分配差距要适度，不造成两极分化。① 罗尔斯在《作为公平的正义：正义新论》中对公平做出如下表述：一是在一种平等的基本自由的体制当中，每一个人都拥有基本的不可剥夺的权利；二是所有社会成员机会应该平等，一个社会和经济所从属的公职岗位和就业机会应该对所有人开放，而且应该有利于社会弱势群体的最大利益。② 众所周知，社会公平可分为起点公平、过程公平和结果公平。立足于个人权利这一观点，有的学者主张利益分配的非模式化，主张"持有"正义，认为只要历史上形成的获得财富的方法是正当的，无论它是继承的遗产、接受的馈赠，还是投资收益、发明创造、努力所得，都是合法的，国家就没有道义上的理由进行干涉并重新安排现有财富的分布。否则，会导致个人权利受到侵犯。③

七、效率

在福利经济学中，效率指的是帕累托效率，即在不损害任何一个社会成员现有福利的前提下，重新配置资源已经不可能使任何一个社会成员的境况变得更好。或者说，要改善任何一个社会成员的境况，必定要损害其他社会成员的福利。④ 如果一个经济没有达到帕累托效率状态，那么这个经济体制中一定存在着无效率状态。熊彼特在《经济发展理论》中提到，资本积累、技术进步等因素影响效率的实现，并提出"创造性破坏"命题。⑤ 希克斯指出，效率就是指经济变化的受损者不能促使受益者反对这种变化，同时也意味着社会福利的改进。⑥

① 亚当·斯密. 国民财富的性质和原因的研究 [M]. 郭大力，王亚南，译. 北京：商务印书馆，1972.
② 罗尔斯. 作为公平的正义：正义新论 [M]. 姚大志，译. 北京：中国社会科学出版社，2011.
③ 顾肃. 持有权与程序正义的当代阐述者——评诺齐克的自由至上主义权利理论 [J]. 学海，2002（3）：103-108.
④ 吕文慧. 福利经济学视角下的效率与公平 [J]. 经济经纬，2007（2）.
⑤ 约瑟夫·熊彼特. 经济发展理论 [M]. 孔伟艳，等编译. 北京：北京出版社，2008.
⑥ 王征. 经济发展中的社会福利问题——从公平与效率看我国经济福利的提高 [D]. 北京：首都经济贸易大学，2006.

八、精准扶贫

精准扶贫是针对我国长期以来扶贫领域出现的弊端而提出的新的扶贫方针，是粗放扶贫的对称。精准扶贫着重强调精准性，是指根据不同的致贫原因、不同的贫困区域环境及资源禀赋、不同的贫困人口现实状况，综合运用科学有效的程序和方法，精准识别贫困人口，精准落实帮扶措施，精准进行动态管理。

长期以来，各地扶贫制度在运行过程中存在着诸多缺陷，影响了扶贫开发的进程和效果。一些地方的扶贫项目存在粗放的"大水漫灌"式行为，措施针对性不强，很多扶贫项目准确地说是在"扶农"，而不是"扶贫"。比如以一些地方的扶贫异地搬迁为例，居住在"老少边远"山区或者存在地质灾害隐患地区的贫困人口，是各地扶贫开发中最难啃的"硬骨头"。这些地方产业发展受限，各类资源要素分散，很难集中发力，因此移民搬迁是较好的出路。但是，由于各类扶贫资金比较分散，集中用于移民搬迁的资金较少，使得一部分贫困人口很难通过这些资金帮扶实现异地搬迁，而实际搬出来的大多是经济条件相对较好的农户，真正的贫困人口却很难搬出或根本搬不起，无法实现异地搬迁。同样，在产业扶贫、劳务输出扶贫、技能培训等项目中，也存在类似的问题，能够有效获得帮助和扶持的人口也大多是自身条件相对较好的。

因此，对原有的粗放式扶贫模式以及扶贫体制机制必须进行修补和完善。也就是要重点解决扶贫政策和资源用在谁身上、如何用、效果怎样等问题。精准扶贫通过精准识别、精准帮扶、精准管理，有效地规避了传统扶贫方式的不足，增强了扶贫的针对性和有效性。精准识别就是按照农户申报、村民评议、政府调查、部门审核、张榜公示五道程序识别贫困户，并且对贫困户建档立卡。精准帮扶就是根据不同地区、不同贫困户、不同致贫原因配置不同扶贫资源实施帮扶，确保扶持到位，让贫困群众真正得到实惠。精准管理就是要建立自上而下的精准扶贫体制，形成中央统筹、省负总责、市（地）县抓落实的管理体制。

第二节　基本理论

一、社会支持理论

20 世纪 70 年代以来，社区心理学的研究者开始用"社会支持"这个术语来指称与身体健康有关的社会关系。从那以后，"社会支持"开始突破心理学界限，逐渐被其他学科认识并被研究。由于认识角度不同，不同的研究人员对"社会支持"概念的认识和研究也存在一定的分歧。按照社会学上较为正式和普遍认同的定义，社会支持是在一定的社会形态下，通过构建社会网络，对社会弱势群体提供无偿的物质和精神帮助。所以，社会支持是个人在自己的社会环境中所能知觉到的或者能够实际获得的有效资源，是由社会网络提供给人们的。从社会学的角度看，社会支持是一定社会网络通过物质和精神手段，对社会弱者及竞争不利者给予无偿帮助的一种选择性社会行为。

20 世纪 70 年代以来，一些心理学家对社会支持的定义提出了自己的看法，整体来说有四种看法。一是亲密关系观，认为人与人之间的亲密关系是社会支持的实质。这一观点是从社会互动关系上来理解社会支持的，它认为社会支持体现为一定社会条件下人与人之间的密切关系。而且，社会支持不是单向的帮助，它在大多数情况下是一种社会交换行为或过程，是人与人之间的一种持续的社会互动关系。二是"帮助的复合结构"观。这一观点认为社会支持是一种帮助的复合结构，帮助行为能够产生社会支持。三是社会资源观。社会支持是一种资源，是个人处理困难问题的潜在资源，是通过社会关系、个体与他人或群体互换的社会资源。四是社会支持系统观。社会支持需要深入考察，是一个系统的心理活动，它涉及行为、认知、情绪、精神等方方面面。

尽管社会支持与社会救助在主体、内容以及手段等方面有着显著的区别，但是二者在历史渊源、保障目标等方面是相同的或者相近的。同时，无论是社会救助还是社会支持，其对象都是在生活中遇到困难并需要帮助的人。而且从施行社会救助与提供社会支持的目的来说，二者都是为了追求社会公平，减少社会风险，维护社会稳定，促进社会发展。因此，它们都是以"社会和谐"为终极价值目标的，都是积极的社会行为。

二、社会风险管理理论

一般而言，风险指的是事件结果的不确定性及这种不确定性带来损失的可能性。经济学家、统计学家、决策论者和保险学者一直在讨论风险和不确定性的概念，以确定风险的概念，便于在各自的研究领域对其进行分析，但至今仍未形成统一的定义。自从20世纪80年代德国社会科学家贝克首次提出"风险社会"这个概念以来，人们开始认识到风险在现代社会生活中到处都存在着。除了自然灾害以外，人们也面临着人类自身活动产生的风险，而且这些风险所引发的灾难可能是非常复杂和严重的。它不仅可能导致人们生命和财产的重大损失，而且也可能给整个社会和政治环境带来动荡。

风险最初被理解为客观的危险，体现为自然现象或者航海时轮船遇到礁石、遭遇风暴等事件。但现代风险的意思已经不是最初的"遇到危险"，而是"遇到破坏或损失的机会或危险"。德国社会学家乌尔希·贝克早在20世纪80年代就提出了"风险社会"理论。吉登斯判断我们身处一个生态破坏、贫困、全面战争和集权政治的高风险社会，而各类风险都是人类行动和抉择的未能预期的后果。"风险社会"作为一个概念，是对目前人类所处时代特征的形象描绘。由于在这个阶段，人类面临新出现的技术性风险，比如核风险、化学产品风险、基因工程风险、生态灾难风险等，因此，有备无患地直面风险社会，特别是对防灾减灾体系很不健全，面对各种各样的灾害侵袭往往不堪一击的我国大部分地区来说，尤为紧迫。

首先，在态度上，必须认识到随着经济全球化和社会全球化的加速，人类所赖以生存的环境和经济社会结构变得越来越敏感和脆弱，甚至可以说一个很小的冲击就有可能引发系统的紊乱和破坏。加之社会冲突、恐怖主义、技术性灾难、金融危机，比任何时候都更有可能且更加容易冲击社会经济的发展。我们对此必须有清醒的认识，才能对可能冲击经济和社会发展远景目标和方向的因素进行预警和干预，防患于未然。这其中包括建立风险管理计划、建立预警系统、建立与经济和社会发展相匹配的风险管理机构等。其次，在做法上，我们必须对各种风险进行理性分析，既要看到自然的力量是不可抗拒的，又要看到经过努力把各种风险和损失降低到最低限度是可能的、办得到的。只有这样，才能对可能攀升的冲击经济和社会发展的突发事件做出快速反应。再次，在理念上，奉献社会不仅仅是一个认知概念，还是一种正在出现的秩序和公共空间。正如风险社会理论的首创者和构建者贝克、吉登斯等人所说，风险社会的秩序并不是等级式的、垂直的，而是网络型的、平面扩张的，因为风险社会中的风险是"平等主义者"，不会放过任何人。最后，风险的跨边境特征要求更多的治理主体出现并达成合作关系。"在现代社会中，可能性低但后果严重的风险绝不会消失，尽管乐观地说，它们可以被降到最低程度。"在吉登斯看来，应对风险社会的最基本策略就是建立安全保护机制。这里的安全保护机制包括建立有效的社会救助体系。对我国而言，自然条件恶劣、农业基础设施不足、抵御自然灾害能力弱、经济发展滞后的农村地区居民面临着更多更大的风险。因此，从风险与贫困的关系来看，建立农村最低生活保障制度是抵御这些风险，保证居民基本生活的一个必要且紧迫的有效措施。

政府是公共行政机关，政府在风险社会中能够发挥出使整个社会减少风险或避免风险的重要作用。政府风险管理职责是多方面的。在社会政治方面，风险往往来自社会内部利益分配的矛盾。政府作为公共事务的管理者以及公共权力的行使者，应当协调和平衡社会各阶层的利益分配，做到公平公正，防止社会矛盾的聚集和引爆。在经济方面，经济发展和经济运作中蕴藏着风险。作为公共政策的制定者，政府应当有效地在经济政策中体现出对经济风险控制的意识和能力，防止经济出现大的波动。因此，预防贫困也是政府社会风险管理的一个重要目标，无论是积极的社会政策还是传统的社会政策，其目的都是消除贫困或缩小贫富差距。在经济全球化背景下，消除贫困不仅代价高昂，而且也是很难实现的事情。只有预防贫困，才能达到消除贫困的目的。

三、社会分层理论

"社会分层"是社会学的一个概念，它指的是一种"依照共通的社会经济状况而将人们区分为不同群体"的分类方式，它牵涉到一系列关系性的社会不平等，包括经济、社会、政治和意识形态等方面。当人群之中出现差异，并且这样的差异已经导致部分人拥有凌驾于其他人之上的地位、权力、特权时，就称为社会分层。社会分层从静态的角度，分析描述社会阶层结构的分化内容、形式、形成的层次和分布形态，研究社会阶层结构分化的质变过程。

传统的社会分层理论主要由两大派构成：马克思主义学派和韦伯学派。前者主要根据对生产资料的占有来划分社会阶层；而后者则采用财富、声望和权利三个指标来划分，强调多因果关系。韦伯之所以确定这三个指标，是因为他认为人们在追求社会地位时，不同的职业阶层有不同的标准。在不同社会，不同的社会群体追求的社会资源是不同的，这里把资源的概念扩大化了，指的已不仅仅是经济上的财富。此外，马克思强调社会存在决定社会意识，社会结构决定人们的社会行为；韦伯的出发点则是个人主义，强调个人行为是构成社会结构的一种主动的生成力量，这是个体主义和整体主义在方法论上的不同。

不管采用哪一种方法进行社会分层，社会分层的实质都是社会发展过程中存在的社会利益关系及其不平等的利益分配格局的反映，也就是处于不同的社会地位的群体各自占有不同的财富、收入、教育机会等这些有价值的事物的过程。社会流动是指社会成员的社会位置的变动，它既表现为社会成员社会地位的变更，又表现为社会成员社会角色的转换，实质上是社会成员社会关系的改变。

社会分层理论在社会救助方面有如下基本观点：一是社会分层在客观上为社会救助提供了对象。社会不同阶层的存在意味着社会弱势阶层的存在，在制度设计中、在社会运行中如何对待处在社会底层的社会群体是个社会是否和谐的重要判断依据。承认这个阶层的客观存在并依法通过政策措施帮助这个群体是促进社会良性运行的基本要求。因此，从某种意义上来说，社会分层在客观上为社会救助提供了对象，更为社会救助提供了必然性要求。二是社会救助能促进社会底层成员向上流动。从社会救助的内容看，通过基本生活救助可以使贫困者生存下去，而通过教育救助、法律援助以及住房救助、医疗救助等形式，可以在一定程度上改变贫困者或贫困者的下一代的生活境遇，促进其向上流动，从而改变其所属阶层。

四、社会剥夺理论

西方国家的社会剥夺理论研究起步相对较早，并取得了比较丰富的研究成果。英国社会学家 Peter Townsend 是社会剥夺理论研究的先驱，他首次定义了社会剥夺，认为社会剥夺是人们维持日常生活的基本物质需要和参与社会活动的需要未能得到满足的现象。美国社会学家斯托弗·S. A. 等人提出，剥夺是相对的，如果人们对他所处的环境感到怨恨或不满，就会有被剥夺的感受，但这未必是绝对意义上被剥夺了，而是与某些标准或身边的某些人相比感到被剥夺了。美国社会学家罗伯特·K. 默顿进一步发展了相对剥夺理论。他认为，当个人将自己的处境与其参照群体中的其他人相比较，并发现自己处于不利或劣势时，就会觉得自己受到了剥夺。这种剥夺也是相对的。因为此时人们不是与某一绝对的、固定不变的或永恒的标准相比，而是与某一变量相比。这个变量可以是处在同一环境中的其他人或者其他群体，当然也可以是自己的过去。

经过长期的研究，一些学者还认为，社会剥夺是一个多维度的概念，涉及人们所接受的教育水平、医疗服务、就业机会、社会服务等与生活息息相关的多种方面的不平等。在这些不平等产生之后，必然导致一部分人陷入贫困，因此贫困与社会剥夺有着明显的和直接的内在联系。因为处于贫困中，使得人们难以保证日常生活的物质需要，这往往是导致社会剥夺的主要因素之一。

与社会剥夺相近的另一个概念就是社会排斥，与前者有着密切的联系和十分相似的定义。从根源来说，二者都是由物质、社会、环境等多维因素持续作用而产生的结果，但社会排斥更加强调社会因素的作用，尤其是制度性的因素。当特定群体无法正常参与到经济、社会、文化乃至政治活动中去，就可以被视为受到了某种社会排斥，而无论这些人是否贫困；社会剥夺强调收入、教育、住房、就业等方面处于不利的状态中。因此，社会剥夺的结果是可以直接量化的，而这种结果往往是某种不公平造成的，从而成为进一步研究机会不公平的起点。

在一定的社会条件下，个人水平的社会剥夺主要通过维持日常生活所需是否得到满足来反映，比如食物、衣服、住房、医疗、就业等方面。对此，通常可以采用调查问卷的形式收集数据，通过访谈的方式收集个案来进行一系列的研究。个人剥夺可以直接而且准确地反映每个人的生活水平和生活状态。但对个人剥夺的研究由于受访者人数和调查区域所限，往往受到很大限制。

改革开放以来，我国经济社会发展取得了举世瞩目的成就。社会经济的飞速发展带来了社会福利的大幅提升，人民群众的住房、医疗、就业、教育等社会保障体系逐步完善，生活水平进一步得到提高。但由于社会经济发展不平衡、不充分的矛盾日益加深，一部分地区和一部分人群就业、住房、教育和医疗等基本民生保障等多重领域却面临着更加不利的状况，从而形成了内容比较广泛、范围也比较广泛的社会剥夺现象。农村低保制度和扶贫政策的实施，就是要深入分析社会发展不平等现象的原因和社会剥夺的归因，对目前存在的分配不公、贫富差距大、贫困问题突出等社会问题进行检测和定位，并提出政策建议，最大限度地减轻一部分人群的被剥夺感，增强全社会成员的获得感，提升全民幸福指数。

五、人力资本理论

20 世纪 60 年代，美国经济学家舒尔茨和贝克尔创立了人力资本理论，从而开辟了有关人类生产能力的崭新的研究思路。人力资本理论认为，物质资本包括机器、原材料、土地等，是物质产品上的资本；而人力资本则是蕴含在人身上的无形资本，是对劳动者进行教育、培训、健康支持等支出及在获得这些投资时的机会成本等的总和，它是蕴含于人身上的各种知识、技能以及健康素质的总和。

人力资本理论的主要观点包括：人力资源是一切资源中最主要的资源；在社会经济增长中，人力资本的作用远远大于物质资本的作用；人力资本投资的核心是提高人口的素质或质量；人力资本投资应以市场供求关系为基础和依据。

人力资本理论对于我国农村扶贫工作具有重要意义。一般而言，人力资本存量越高的人收入也越高，反之则越低。要缩小收入差距，消除贫困，关键措施就是要努力创造条件，加大对低收入者的人力资本投资。拓展人力资本、提高人力资本储量是缩减不平等和消除贫困的重要途径，也是兼顾效率与公平的重要手段，这就是人力资本理论所蕴含的社会政策意义。[①] 人力资本理论告诉我们，在农村扶贫过程中，要充分重视人的因素，充分重视农村人力资源开发以及人力资本投资。要通过扎实搞好农村基础教育，推进农村劳动力技能培训，加强农村医疗卫生事业发展，提高农村劳动力健康水平等，提升农村人力资本储量。这是农村脱贫致富的根本要素。

六、可持续发展理论

可持续发展的概念被明确提出，最早可以追溯到 1980 年由世界自然保护联盟（IUCN）、联合国环境规划署（UNEP）、野生动物基金会（WWF）共同发表的《世界自然保护大纲》。1987 年，以布伦兰特夫人为首的世界环境与发展委员会（WCED）发表了《我们共同的未来》报告。这份报告正式使用了"可持续发展"概念，并对其做出了比较系统的阐述，产生了广泛的影响。2002 年，党的十六大报告把"可持续发展能力不断增强"作为全面建设小康社会的目标之一。

可持续发展，首先是要保护好自然资源环境，在此基础上不断改善和提高人类的生活质量。它是一种新的发展观、道德观和文明观。其内涵包括：其一，突出发展主题。发展与经济增长有根本的区别，发展是包括社会、科技、环境等多因素于一体的完整体现，是全社会乃至全人类共同的和普遍的权利，发达地区与欠发达地区、发达国家和发展中国家都享有平

[①]　赖德胜. 教育与收入分配［M］. 北京：北京师范大学出版社，2000：7-9.

等的不容剥夺的发展权利。其二,强调发展的可持续性。人类经济和社会的发展不能超越资源和环境的承载能力。其三,追求人与人关系的平等性。当代人的发展不能剥夺后代人发展的机会,同一代人当中一部分人的发展和利益获得不得损害另一部分人的发展和利益获得。其四,实现人与自然和谐共生。人类应该建立新的价值观念和道德标准,不仅要懂得尊重自然,而且要善于保护自然,学会与自然和谐相处。

对社会弱势群体进行救助是一个国家或地区可持续发展的客观要求。在各个社会阶层中,弱势群体的发展是强势群体持续发展和社会整体持续发展的必要条件。强势群体与弱势群体是相互依存的。保护弱势群体不仅是政府的责任,而且是全社会的责任。因此,以可持续发展的视角来考量农村低保、扶贫开发等我国当前的社会政策,具有重要的实践意义。

七、资源配置理论

资源是指社会经济活动中一切人力、物力和财力的总和,是一切社会经济发展和不断进步的物质条件。在任何社会,人的需求作为一种欲望都是无止境的,而用来满足人的需求的资源却是有限的,因此,资源具有稀缺性。资源配置是指对相对稀缺的资源在各种不同用途上加以比较后做出的选择。在社会发展的一定阶段上,相对于人们的无限需求而言,资源的供给总是有限的,总是相对稀缺的。这要求我们必须对资源进行尽量合理的配置,高效利用,以最少的资源耗费和投入,得到最适用的产出,获得最佳的效益。资源配置是否合理有效,对一个国家的经济发展和社会进步起着非常重要的作用,具有极其重大的影响。在农村减贫过程中,国家投入的人力、物力和财力,相对于社会的需求,也具有稀缺性。扶贫资源配置合理与否,直接关系到困难群众的生活是否能得到有效改善,直接影响到党和国家政策执行的公平性和效率。

一般而言,社会资源的有效配置往往是通过动力机制、信息机制和决策机制来实现的。扶贫资源也要通过完善的机制才能实现最优配置,让全体困难群众摆脱贫困,过上体面的生活。全面建成小康社会不能丢下任何一个困难群众,这是党和政府扶贫资源配置的动力机制。及时、全面获取贫困对象的信息,完善家计调查、民主公示、审核审批等环节,对贫困对象的准确识别、瞄准以及动态监测是扶贫资源配置的信息机制。中央和各地方政府应明确各自的责任和职权范围,把扶贫资源分配到最需要的人身上。要建立良好的上下协调和横向部门联动机制,形成扶贫资源配置的决策机制。

资源配置的类型按照资源配置方式的不同，主要划分为市场配置和计划配置。市场配置具有高效的特点，但是不能有效地提供公共产品，不能解决收入分配不公平以及社会不公平等问题。政府根据社会需要和可能，通过计划部门以计划配额、行政命令来统管资源和分配资源，避免市场调节造成的外部不经济。扶贫资源显然属于公共产品，理应由政府进行计划配置，通过社会的统一计划来决定扶贫资源的配置，从社会整体利益的角度进行协调，集中力量完成脱贫这一民生工程。

八、分配公平理论

社会主义和谐社会应该是一个富裕且公平的社会。实现社会公平、有序、和谐，是人类孜孜以求的理想，最根本的问题是解决社会的贫富悬殊和两极分化问题。胡锦涛同志在党的十七大报告中明确提出了建设社会主义和谐社会的重大政治任务，指出了影响社会和谐的重大民生问题，如劳动就业、社会保障、收入分配、社会治安等。习近平同志在党的十九大报告中指出，要花大力气在幼有所育、学有所教、劳有所得、病有所医、老有所养、住有所居、弱有所扶等领域不断取得新的进展，要深入开展农村脱贫攻坚，确保全体人民共享经济发展成果，有更多获得感，为实现全体人民共同富裕努力奋斗。目前，我国城乡、地区、行业之间收入差距较大，在一定程度上使得一部分人产生被剥夺感，影响社会和谐。要有效解决这些比较突出的社会问题，就要求我们必须继续完善分配制度，建立健全农村社会保障体系，统筹城乡社会救助体系，继续推进精准扶贫，缩小贫富差距。唯有如此，全面建成小康社会才有坚实的基础，公平正义、和谐共享的目标才能实现。

马克思主义公平分配理论是指导我们实现公平分配的钥匙，其含义包括两个方面：一是生产资料占有的公平，二是等量劳动获得等量收入。这两个方面的含义相互影响，存在着对立统一的关系。生产资料占有上的公平与等量劳动获得等量收入上的公平是不一样的，两者处于对立的关系；然而，如果没有生产资料占有上的公平，是不可能有等量劳动获得等量收入上的公平的，因此两者又是统一的。但马克思认为，公平首先应该是生产资料占有上的公平。①

马克思主义公平分配理论对我国经济生活以及当前的扶贫工作具有十分重要的指导意义，尤其是在公平、正义、共享已成为社会发展价值取向

---

① 马克思恩格斯选集：第 2 卷 ［M］. 北京：人民出版社，1995：97.

的今天，它使我们更加明白，在社会经济生活中，人人都能够平等地参与经济活动、付出劳动，也应该平等地享有收益的权利，每一个劳动者都应该平等地享受经济增长所带来的福利。用马克思主义公平分配理论指导社会成员，使其充分认识到，在社会主义条件下，提高社会生产效率、增进社会总的财富，其目的不是只为少数人积累财富，从而使其过度富裕，而是为了避免出现社会财富的两极分化，从而最终实现社会的共同富裕。

关于当前我国应如何完善分配制度，实现公平分配，习近平同志在党的十九大报告中指出，要坚持按劳分配原则，完善按要素分配的体制机制，促进收入分配更合理、更有序。要履行好政府再分配调节职能，加快推进基本公共服务均等化，缩小收入分配差距。在具体措施上，一是要构建覆盖城乡的多层次社会保障体系；二是要统筹城乡社会救助体系，健全农村"三留人员"以及各类弱势群众的关爱服务体系；三是坚决打赢脱贫攻坚战，要坚持精准扶贫、精准脱贫，做到脱真贫、真脱贫。因此，在农村低保与扶贫对象动态管理过程中，只有扎实做好社会保险、社会救助等基本民生保障工作，让农村群众基本生活得到很好的保障，能有效化解疾病、年老、残疾、灾害等各类风险，贫困人口才能脱贫从而最终退出求助体系；只有坚持精准脱贫，把扶贫资源分配到最需要的人身上，扶志与扶智相结合，才能增强贫困人口的自身"造血"功能，贫困人口才会越来越少，才能全面建成小康社会。

九、和谐社会理论

党的十六届四中全会提出构建"民主法治、公平正义、诚信友爱、充满活力、安定有序、人与自然和谐相处"的社会主义和谐社会。在社会结构视野中，社会是由许多系统组成的。与此相对应，和谐社会也包括许多内容：从地域的角度看，和谐社会是众多城市、农村和城镇有机联系、协调运行的社区结构体系；从社会主体（人）的角度看，和谐社会则包括民族、群体或组织、阶级与阶层等方面的和谐；从社会系统的角度看，和谐社会包括经济、政治、文化等系统的和谐；从社会结构的角度来看，和谐社会就是社会各子系统之间良性运行、协调发展的状态。和谐社会包括人与社会之间的和谐、人与自然之间的和谐、人与人之间的和谐。

人与社会之间的和谐即群己和谐，是指个体与群体之间的和谐。它包括三个方面：一是个人与社会之间没有对抗性矛盾，这是构成和谐社会的基础；二是社会能代表大多数人的利益，并实现了对社会成员的良好的组织管理，这是和谐社会的社会条件；三是个人对社会能够正确理解，并具有良好的素质，这是和谐社会的个体条件。人与社会的和谐具体表现为社会分工的和谐。社会分工的和谐是社会中各类人员的比例构成的合理性、社会效益的最大化、社会效率的高增长性的综合体现。社会的和谐是其成员都能够为社会提供积极有用的生产劳动，即为社会提供广义的价值，同时社会能够确保财富的社会共享。在分工精细的社会中，每个人都有追求幸福的自由，也有为社会提供福利的义务。每个人凭着自身的身体条件和智能条件，通过自己的努力从事自己理想中的工作，为社会提供必要的服务，社会根据其劳动的质和量给予其合理报酬，这是一种双赢或多赢的状态，社会也将处于良性运行之中。社会的最佳分工是指社会中的每一类人员均以最少的数量为社会提供最丰富、最大的社会价值。

人与自然之间的和谐即天人和谐，是指人在适应自然和改造自然的过程中，遵循自然发展的客观规律，使人与自然处于其共生共存的良性循环状态。它包括两层含义：一是人要适应自然。人先要适应自然，然后才能改造自然。"物竞天择，适者生存"。人如果不能适应自然就没有延续生存的机会，也就谈不上人与自然的和谐。二是人要遵循自然规律对自然界进行适度改造，使自然界更适应人的需要，这样才能实现人与自然的和谐。在人与自然的和谐关系中，人口规模是一个不可忽视的因素。如果没有一定的人口规模，人类社会的发展会是缓慢而艰难的。相反，人口规模过大，也不利于人类社会的发展。这就是人口与社会发展的辩证关系，也是人与自然和谐的张力所在。人口规模过大，不仅会对自然造成巨大的压力，对社会本身也会造成巨大的压力。当前就人的和谐发展需要而言，人口规模已经超过了自然资源的供给能力，世界处于不和谐的边缘，迫切需要科学技术进一步发展以及人类自身调控能力的增强，降低人口规模对社会发展的压力和对自然环境的压力，恢复人与自然的和谐关系。

人与人之间的和谐是指个人之间的和谐，是个人之间没有根本利益冲突的表现，是个人之间相互理解的结果。人与人之间是对立统一的关系，矛盾是存在的。如果所存在的矛盾是对抗性的，这样的关系是不会和谐的。因为，人与人的和谐不是无原则的折中，而是要在明辨是非的基础上，达到相互间的理解从而实现和谐，即孔子所讲的"君子和而不同"。

从现实意义上来看，和谐社会思想的提出，可以为解决当前一系列的社会问题提供理论指南。由于历史原因和客观条件的限制，当前我国社会发展仍然存在着许多问题。从一定意义上说，这些问题正是由于忽略了"和谐"而出现的。以人与自然关系为例，在"天人对立""我是自然界的主人"等观念支配下，我们对自然界进行了无限制的掠夺和征服，并把大自然看成是可以随意填塞的垃圾箱，结果遭到了自然界对人类的报复，人类在陶醉于征服自然界的胜利的喜悦之中的同时，也品尝到了自然界给人类"回报"的苦果。从这个角度看，和谐社会思想对于解决这些问题具有直接的指导作用。

由于弱势群体是社会的各个群体中经济承受力和心理承受力较弱的群体，他们是社会结构的薄弱带，一旦社会各种矛盾激化，经济压力和心理负荷积累到相当程度，影响到他们的生存，那么社会风险将最有可能首先在这一最脆弱的群体身上爆发。当然，这种社会风险有的是直接表现出来的，有的是潜在的，在合适的外在条件下将可能演化为激烈的矛盾冲突。弱势群体的规模和自身特征，使其成为影响社会稳定和社会和谐的巨大隐患。但是，和谐社会绝不是没有利益冲突的社会，相反，它是一个有能力解决矛盾和化解利益冲突，并由此实现利益关系趋于平衡的社会，是一个既充满活力又富有秩序的社会。一方面，我们要通过改革，激发社会各个阶层的创造性活力，放手让一切劳动、知识、技术、管理和资本的活力竞相迸发，让一切社会财富的源泉充分涌流；另一方面，也要注意把改革的力度、发展的速度和社会可承受的程度统一起来，在保持社会生机和活力的前提下谋求社会秩序的和谐稳定，始终做到"活而不乱"。

贫困理论证实了实施农村低保和扶贫政策的必要性；风险社会理论则从风险的角度说明农村贫困地区的现实状况已经给居民带来了各种巨大的风险，只有实施农村低保和扶贫开发政策才有可能逐步化解；社会支持理论更强调社会支持网络的构建，在两项制度实施过程中，除了低保救助和扶持政策之外，还要发动社会各界大力支持与合作，积累更多的资金，并加强配套措施的建设；两项制度的宗旨是消除贫困，这是可持续发展理论的体现，要通过这一制度的实行，消除代内贫困，并阻止贫困的代际传递；和谐社会进一步解释了社会的稳定发展依靠人与人、人与社会、人与自然的和谐，两项制度的实施将促进社会主义和谐社会的构建。

十、共同富裕理论

邓小平指出，贫穷不是社会主义，共同富裕是社会主义的本质特征，共同富裕是社会主义制度不能动摇的原则。[①] 鼓励一部分地区和一部分人先富起来，然后先富带动后富，最终实现全社会共同富裕。

---

① 中共中央文献研究室. 邓小平年谱 1975—1997（下） [M]. 北京：中央文献出版社，2004：1253.

共同富裕是社会主义的本质，也是社会主义的奋斗目标。在"共同富裕"这个概念中，"富裕"代表着一个社会的财富拥有状况，反映了社会的发展程度，是社会生产力发展水平以及社会文明程度的集中体现；"共同"则反映了社会成员如何分配财富，是财富的占有方式，也是社会生产关系性质的集中体现。因此，共同富裕包含了一个社会的生产力和生产关系这两方面的特质和属性，从质的方面确定了共同富裕是一个社会的理想追求，也使共同富裕成为社会主义的本质规定和奋斗目标。

邓小平反复强调："社会主义的目的就是要全国人民共同富裕，不是两极分化。"[①] 社会主义要求实现社会成员的共同富裕，也即社会成员的普遍富裕。社会主义的本质特点绝不是贫穷，而是富裕，但是这种富裕不是社会财富的两极分化，而是全体社会成员的共同富裕。

在新时代，我们需要对共同富裕思想有一个全面、科学的理解，并自觉地用它来指导我们进行全面建成小康社会实践。在个人收入分配方面，初次分配应注重效率，再次分配应注重公平。在农村脱贫攻坚过程中，要牢牢把握共同富裕的思想。农村低保与扶贫开发这两项制度，是农村脱贫的两个驱动力量，通过持续的生活救助和扶贫政策的帮扶措施，"输血"与"造血"相结合，是确保农村广大困难群众摆脱贫困，并最终走向共同富裕的重要手段。

---

① 中共中央文献研究室. 邓小平文选：第3卷［M］. 北京：人民出版社，1993：110-111、195.

第三章　文献综述

第一节　国内的研究

一、关于我国农村贫困原因的研究

近年来，国内学术界对贫困的关注从未减弱，对致贫因素的研究逐步深入。在传统观念中，一般将农村贫困归咎于个人因素和资源禀赋等因素，如在欧美国家很盛行的个人主义贫困论，就认为贫困是个人缺乏远见和懒惰的结果。随着对此研究的深入，研究者又提出了"贫困结构论"，认为贫困是社会结构、社会制度以及社会政策的结果。国内学者在借鉴国外研究的基础上，结合我国农村的实际情况提出了自己的看法。曾志红等从社会制度建设的视角剖析了我国农村致贫因素，认为城乡"二元经济"和"二元户籍"制度的分割局面、农村教育制度差距、政治权利和法律制度障碍以及农村社会保障制度不健全是导致我国农村贫困的重要社会制度因素。[①] 董秀容将贫困成因分为环境破坏型贫困、政策偏向型贫困、教育消费型贫困、疾病型贫困，从这几大板块阐述了农村贫困的原因。[②] 彭红碧从另一个角度分析，认为中国农村贫困是经济、环境、社会、制度因素综合的结果。[③] 程晓娟等运用层次分析法（AHP）对农村贫困的影响因素进行层次划分，从自然、经济、社会三个方面构建了包括 4 个层级27 个指标的农村致贫因素评价指标体系，对四川省某县贫困原因进行了具

---

① 曾志红，曾福生. 我国农村致贫的社会制度分析 [J]. 农业经济，2013 (11)：33-35.
② 董秀荣. 农村致贫因素研究 [J]. 科技资讯，2006 (13)：182-183.
③ 彭红碧. 中国农村贫困现状及影响因素 [J]. 安徽农业科学，2010, 38 (1)：399-401.

体分析。①

　　不同的学者有不同的理论视角，归纳起来，主要有诸如历史和环境成因观、基础设施短缺观、文化贫困观、人力资本投资观、权利贫困观、政策制度诱致的社会排斥观以及家庭因素和个人因素影响等。② 综上所述，国内外学者对致贫因素的认识基本达成一致，普遍认为贫困的发生是制度、环境、人力资本、社会资本等多个因素综合循环作用的结果。例如：

　　1. 自然因素

　　有诸多学者认为自然环境因素是农村致贫主要原因之一。农村生态环境本身具有天然的脆弱性，生态环境一旦被破坏，将难以在短期内恢复，使得农村耕地减少，农业收益降低；被恶化了的生态环境又会增加自然灾害的发生频率，贫困地区农牧业生产往往受到致命的打击，而自然灾害频发又会反过来加剧生态环境的恶化，由此进入恶性循环，农业在这种过程中将受到更为严重的影响。③

　　2. 政策、制度因素

　　政策、制度是导致中国农村贫困的很重要的原因，制度短缺更是各种致贫因素中极为重要的原因。农村现有的土地制度、户籍制度、社保制度以及财税制度等都会影响农民的收入，制度不合理是导致一部分农村人口贫困的原因。长期以来，我国城乡之间形成了较为明显的"二元社会"特点，"二元经济"制度、"二元户籍"制度等，城镇相对发达，农村发展明显滞后。在这种城乡"二元经济"结构中，一个显著的特征是城市社会化分工较为明确而农村仍以小农生产为基础，二者在一定程度上相互排斥，经济社会发展不相容。④ 从劳动力市场来看，在"二元经济"制度下，明显地分割为城市和农村两个劳动力市场，前者较为发达、规范、有序，劳动力能够顺畅流动，就业机会多，收入水平较高；后者由于劳动力受教育程度较低、技能缺乏等不利因素，就业机会少，收入水平低，职业流动不顺畅，更难以融入城市现代生活。此外，在享受公共服务方面，城市与农村也存在较大的差距，尤其是在教育、医疗、养老等方面存在较大差距，

---

　　① 程晓娟，全春光. 基于 AHP 的农村致贫因素研究 ［J］. 江西农业大学学报（社会科学版），2010（3）：35-39.

　　② 廖冰，廖文龙，金志梅. 赣南原中央苏区集中连片特困地带致贫因素分析 ［J］. 江西农业大学学报（社会科学版），2013（2）：249-256.

　　③ 邵延学. 我国农村贫困特点、成因及反贫困对策探究 ［J］. 商业经济，2014（9）：29-32.

　　④ 李杰，廖慧. 农村制度致贫因素分析 ［J］. 现代商贸工业，2012（22）：38-39.

从而使得农村居民提高收入、改善生活质量的努力受到制约。[①]

3. 人力资本因素

教育对于贫困的影响可从两个方面来分析：一是教育匮乏必然导致劳动力水平低下，从而造成收入低下；二是教育匮乏本身就是能力不足或者能力贫困的表现。在现实中我们明显能够感觉到：教育匮乏→就业困难→收入低下→贫困→教育更匮乏，形成了恶性循环。[②] 在科技日益发达的新时期，农村低素质劳动力更难以适应现代农业发展的要求，难以胜任和接受现代农业所采用的新的经营管理理念和方法，从而使得农村贫困人口的就业渠道越来越窄，就业机会越来越少，因而要提高收入也就愈来愈难。[③] 由于教育严重缺乏，人力资本储量不足，在农村家庭内部，父母也往往容易将贫困传递给子女，使得子女继续父母的经历，重复父辈贫困的境遇，形成世代贫困。也就是说由于人力资本不足，农村家庭子女更容易继承父母的贫困，并容易将贫困传递给后代，从而形成恶性贫困遗传链，也就是通常所说的"贫困代际传递"。[④]

二、关于农村低保与扶贫开发衔接的研究

1. 两项制度衔接的意义

学者们大多认为，两项制度的有效实施是建立健全农村社会保障制度的必要基础，是不断完善农村社会救助制度的迫切要求；是实现制度公平、维护农村贫困人口生存权利的基本要求。进入 21 世纪以来，我国加大了农村减贫、脱贫力度，两项制度作为我国农村反贫困的基本制度，为农村减贫事业做出了很大贡献，取得了很大的成效。然而，随着农村脱贫攻坚战的继续推进，农村低保和扶贫开发在各自的运行过程中，也逐步显露出诸多弊端和不足。因此，将农村低保和扶贫开发政策有效衔接，是克服政策自身弊端和不足的有效手段，将促进农村扶贫政策更好地落实。[⑤] 韩国才从两项制度的联系与区别出发分析了进行有效衔接的必要性。[⑥] 蒙秋

---

① 董秀荣. 农村致贫因素研究 [J]. 科技资讯，2006 (13)：182-183

② 尹飞霄. 人力资本与农村贫困研究：理论与实证 [D]. 南昌：江西财经大学，2013：54-60.

③ 刘玉龙. 农村贫困的制度性分析 [J]. 兰州学刊，2005 (1)：217-218.

④ 张立东. 中国农村贫困代际传递实证研究 [J]. 中国人口资源与环境，2013 (6)：45-50.

⑤ 江彬，左停. 关于我国农村扶贫政策与低保政策衔接问题的研究综述 [J]. 安徽农业科学，2013，46 (1).

⑥ 韩国才. 农村扶贫开发与低保的联系与区别 [J]. 新农业，2008 (11)：11.

宏认为，农村低保和扶贫开发都是缓解农村贫困的有效方式，二者应相辅相成，协同作用。农村低保为扶贫开发打下基础，扶贫开发是农村低保的有效补充，但二者不能互相替代，而应该各自充分发挥作用。① 吴维玮认为，两项制度的衔接具有重要的现实意义：有利于促进农村社会保障制度尤其是社会救助制度的不断完善；有利于促进农村经济加快发展，从而缩小城乡收入差距；有利于更好地体现社会公平，加快构建社会主义和谐社会。② 田源等提出，科学合理地把握两项制度之间的关系，认清二者各自的功能定位、发展目标、运行机制，可以有效防止实践中一些地方存在的两项制度孤立进行，使二者充分地协同作用，对于提高贫困地区的扶贫绩效等具有一定的现实意义。③ 卫松认为两项制度虽然不能互相替代，但二者可以有机结合，相互促进，将"输血"和"造血"同时推进，才能更加有效地推进农村脱贫攻坚，尽快尽早地解决我国农村贫困问题。④

2. 加强两项制度衔接的问题及措施

在存在的主要问题方面，王淑娟等学者认为两项制度的衔接成本过高，扶贫开发部门任务较重，难以承担困难群众的能力发展任务，在扶贫开发过程中存在一部分贫困农民利益受损的现象。⑤ 谢有林等认为，两项政策在衔接过程中，存在诸多不足和问题。如一些地方由于宣传不够，群众对低保制度的认识存在偏差，农村低保标准较低，覆盖范围较窄，家计调查难度大，低保对象认定困难重重，基层干部"优亲厚友"的现象仍然存在，扶贫资金特惠制作用不明显。⑥ 在措施方面，黄镜明等学者从加强民主评议、做好贫困人口的统计工作以及加强动态管理等方面，提出要不断完善农村贫困对象识别和瞄准机制。要通过部门联席会议制度、加强资

① 蒙秋宏. 实行农村低保制度与扶贫开发工作的思考——以纳雍县沙包乡天星村为例［J］. 农技服务，2009（26）.

② 吴维玮. 重庆市农村扶贫开发与农村最低生活保障制度衔接研究［D］. 重庆：重庆大学，2011.

③ 田源，董丽晶. 辽宁省完善扶贫开发与农村低保制度衔接机制实践研究［J］. 安徽农业科学，2012，40（11）.

④ 卫松. 我国农村低保制度与扶贫开发政策的有效衔接研究述评［J］. 安徽农业科学，2013（41）.

⑤ 王淑娟，杨成波. 我国农村低保制度与扶贫开发衔接问题分析［J］. 山西师范大学，2012（2）：39.

⑥ 谢有林，谢百胜. 农村低保与扶贫开发如何有效衔接的调查与思考［J］. 老区建设，2009（21）.

源共享等方式，加强两项制度的有机衔接。① 王三秀认为，作为我国农村反贫困的基础制度，低保制度的功能一直被定位于生存保障，其持续改善贫困农民生计的作用十分有限。建议以可持续生计为基本理念，实现该制度功能优化，并进行相应制度建设，对反贫困政策的转型创新具有重要意义。② 蒙秋宏等学者认为两项制度在衔接过程中，要科学划分两项制度各自的作用边界，适时调整两项制度各自的工作方向和目标，各级政府要建立稳定的财政扶贫资金投入机制，同时要有效整合全社会各类扶贫资源。③

三、关于农村低保和扶贫对象识别与瞄准的研究

近年来我国学者围绕两项制度对象识别与瞄准的重要意义、难点及对策等方面进行了大量的研究，取得了较丰富的研究成果。学者们普遍认为，对贫困对象的识别与瞄准是两项制度顺利实施的关键环节，这个环节做不好就会产生错保、漏保的情况，就会影响制度执行效率，削弱制度的公平性。同时，学者们普遍认为要通过制定科学的贫困对象识别办法和严格的识别程序，准确核算贫困对象家庭收入，杜绝"骗保""错保""关系保"等现象，真正做到"应保尽保，应扶尽扶，应退尽退"。

1. 对农村低保和扶贫对象识别与瞄准的主要难点

对于贫困对象的确定，各地结合实际摸索出了一些具体办法和措施，但在现行的农村家庭收入与支出结构复杂、农村扶贫救助运行机制尚不健全等条件下，低保和扶贫对象识别与瞄准还面临诸多难点，学者们主要从以下几个方面进行了探讨：

一是农村家庭收入难以准确核算。邓大松④、李忠林⑤等学者通过调研发现，与以工资性收入为主要收入来源的城镇家庭相比，农村居民家庭收入呈现出渠道多样化、缺乏稳定性和难以货币化等特点。同时，由于忽视农村家庭的支出环节，使得家庭纯收入难以计算。此外，由于对农业生产投入与产出的评估缺乏科学合理的标准，农村低保与扶贫基层工作队伍不

① 黄镜明，尧文金. 扶贫开发和农村低保政策有效衔接的几点思考 [J]. 老区建设，2009（7）：53-55.
② 王三秀. 中国扶贫精细化：理论、策略、保障 [M]. 北京：社会科学文献出版社，2017.
③ 蒙秋宏. 实行农村低保制度与扶贫开发工作的思考——以纳雍县沙包乡天星村为例 [J]. 农技服务，2009（4）：159-161.
④ 邓大松，王增文. 我国农村低保制度存在的问题及其探讨 [J]. 山东经济，2008（1）：62.
⑤ 李忠林，崔树义. 我国农村低保的现状、问题与对策 [J]. 东岳论丛，2009（8）：52.

健全，工作水平不高等因素，进一步加大了农村家庭收入核算的难度。

二是贫困对象识别程序不规范。段应碧认为，由于基层政府政策执行的偏差，贫困户认定过程中的不公平和不公正现象时有发生，同时由于行政监察、社会公共监督和受益人群监督"三位一休"监督体系的缺失，导致部分扶贫资源投入与扶贫目标规划偏离。[①] 李忠林、崔树义通过调研发现，只有57.9%的低保家庭填写过低保申请书或收入调查表，大部分低保户是由乡（镇）干部指定的，只有29.8%的人是由村民评议确定的，不可避免地造成了"应保未保""人情保"等不公平、不公正的现象。调查还发现，只有54.2%的人认为本村低保户的确定是公平的。凌文豪、梁金刚通过调研也发现，农村低保对象瞄准程序不规范，某些环节则遭到了遗漏，申请环节、调查环节、公开环节和核查环节都存在不同程度的缺失。[②]

二是过分强调区域瞄准而忽视人口瞄准。长期以来我国农村社会救助政策过于强调贫困区域的现象一直存在，在很人程度上忽视了农村贫困人口自身，贫困对象瞄准没有细化到贫困家庭和贫困人口。这种重宏观轻微观的瞄准方法，表面上看扩大了扶贫的受益面，但由于扶贫资源很难直接作用于贫困家庭和贫困户，从而使扶贫政策执行产生偏差。廖富洲认为，由于缺乏对微观贫困群体的关注，会忽视贫困对象的差异性，缺乏精确瞄准，政府部门的扶贫资金分配容易出现平均化结果，往往使最贫困的人口无法得到帮助。[③] 邓大松、王增文认为，在这种贫困对象瞄准方式下，有限的扶贫资金虽能够输入贫困地区，但不一定能落实到每一个贫困家庭，导致了农村贫困对象的识别与瞄准的"政策微效"问题。[④]

2. 做好农村低保与扶贫对象识别与瞄准的对策建议

一是要加快建立和完善农村贫困对象家计调查系统，准确有效地核算贫困对象家庭收入及支出。针对贫困对象的识别和瞄准，一些学者认为，应主要以精确核算贫困对象家庭收入来识别与瞄准贫困对象为主要方法，改变过度依赖生活形态来识别与瞄准贫困对象的做法。在实际识别过程中，要结合农村具体情况，制定一套完整有效的家庭收入精确核算办法。一些学者对具体的操作环节非常关注。刘纯阳、陈准认为，应该通过建立

---

① 段应碧. 中国农村扶贫开发：回顾与展望 [J]. 农业经济问题（月刊），2009（11）：7.

② 凌文豪，梁金刚. 农村最低生活保障对象瞄准机制研究——基于对河南省安阳市某村的实证研究 [J]. 社会保障研究，2009（6）：72.

③ 廖富洲. 我国扶贫开发中的政府行为分析 [J]. 中州学刊，2004（3）：59.

④ 邓大松，王增文. "硬制度"与"软环境"下的农村低保对象的识别 [J]. 中国人口科学，2008（5）：18.

农村贫困人口信息网络登记平台，来确认其是否为真正的贫困人口。[①] 张云筝则认为，在核定贫困对象收入时，应采取因地制宜的办法。东部地区在较准确地核定低保申请人家庭收入的基础上，按照贫困标准对贫困家庭进行相应扶持；中西部农村则应更多地依靠民主评议办法来确定贫困对象。[②] 二是规范操作程序，确保贫困对象识别与瞄准过程的公平、公正。自农村低保与扶贫开发政策实施以来，在贫困对象识别与瞄准过程中，影响政策执行公平、公正的主要薄弱环节是民主评议和公示环节。赵福昌等认为，要在基层民政部门管理与领导下，充分发挥群众评议在贫困对象调查、收入评估以及档案资料管理等方面的作用，形成政府管理与群众自治相结合的工作机制。[③] 艾广青、刘晓梅等认为，民主评议是界定贫困对象的重要过程和重要手段。经过调查，他们把最理想的农村低保审批流程总结为"三次入户调查""三次民主评议""三次公示"，充分强调民主评议的功能和作用。[④] 三是建立和完善各项配套措施，更新扶贫与救助理念。张云筝主张，应该建立一系列的监督回馈制度。各级低保和扶贫部门要在一定期限内对贫困对象进行抽查回访，详细了解本地区贫困对象的生活状况。对不符合低保和扶贫政策的农户，要及时使其退出。赵玉等提出通过随机抽查、基层调查、标准量化细化、感性认知体察等方式，加强监管，减少信息不对称情况，维护制度的权威性。[⑤] 汪柱旺认为，在限定贫困对象的条件与范围时，应坚持因地制宜的原则，革除对象认定过程中一些歧视性的规定和做法，充分尊重受助对象的人格和尊严。[⑥]

四、关于贫困对象退出问题的研究

近年来，随着农村低保和扶贫工作的不断推进，如何提高制度实施效率、确保制度公平，成为政府的主要考量。一些地方农村低保和扶贫政策"易进难出"，"福利依赖"现象突出，政府为此提出了"应保尽保，应退尽退"的目标，贫困对象动态管理得到重视，也不断成为学术界关注的热

---

① 刘纯阳，陈准. 农村贫困人口瞄准中主体博弈行为的分析 [J]. 湖南农业大学学报（社会科学版），2011（3）：36.

② 张云筝. 确定农村最低生活保障对象中的问题 [J]. 当代经济管理，2009（1）：61.

③ 赵福昌，财政部财政科学研究所"农村低保制度研究"课题组. 农村低保制度研究 [J]. 经济研究参考，2007（15）：46-56.

④ 艾广青，刘晓梅. 农村最低生活保障对象界定方法探索 [J]. 财政研究，2009（8）：13.

⑤ 赵玉. 提高我国扶贫开发效益的对策研究 [J]. 开放导报，2010（2）：58-59.

⑥ 汪柱旺. 如何恰当选取农村最低生活保障的受助对象 [J]. 金融与经济，2010（10）：27.

点。尤其是在低保制度退出研究方面，学术界积累了一定的研究成果。

其一，在低保退出难的原因分析方面。肖云等认为，低保标准较低、福利依赖、收入核定困难是低保退出难的主要因素。[①] 李佳笃从群众诚信意识不强、个人素质不高、受低保救助及相关专项救助既得利益诱惑等方面分析了低保退出难的深层原因。[②] 王芳以山西省阳城县 S 村为例，以政策执行者和政策受众为研究主体，认为由于中国农村"熟人社会"文化的影响，基层干部普遍有"不想得罪人"的想法，村干部不愿带头说让谁退出低保，只能按照上级文件要求，搞形式上的动态管理，但事实上很难实现"应退尽退"，使得有限的低保资金没有完全用到实处。一些学者也认为，由于低保对象和基层管理人员之间的相互博弈，以及国家对社会稳定的重视，对隐瞒收入、骗取低保等不正当行为，缺乏有效的惩罚措施，行为失信的机会成本很低，低保对象退出十分困难。[③]

其二，在低保退出难的影响方面。丁建义、刘飞等学者从公平与效率的角度进行分析，认为农村低保制度"准入—退出"不顺畅，不仅导致公共资源浪费，制度效率低下，还加剧了农村低保结果的不公平。只有运作高效的退保机制才能使农村低保作为公共产品的效用得到最大限度地发挥，有效的退出才能保证有效的进入，社会整体福利水平才能得到提升。[④]

其三，在对策研究方面。关信平主张建立定量与定性相结合的家庭收入及生活困难评估机制，并提出了动态管理的模式，让经济状况超过低保线的家庭退出救助政策。[⑤] 肖云等主张从建立分类救助模式与脱贫扶助体系、完善家庭收入核定手段、对贫困对象实施动态管理以及强化村级监督等入手，构建我国农村贫困人口退出机制。丁建文等建议从加强法制建设、完善人才队伍、重视文化扶贫、注重横向公平等方面构建农村低保"准入—退出"机制。何情认为享受低保的个体属于弱势群体，除了建立完善的审查标准和程序外，在低保对象退出过程中还需关注个体的价值，不仅要从物质上，而且要从精神上、心理上帮助弱势群体。并建议在政府

① 肖云，等. 农村最低生活保障退出机制构建研究 [J]. 西北人口，2009 (4)：43-47.

② 李佳笃. 健全完善准入管理退出三项机制，促进最低生活保障制度良性健康发展 [J]. 中国民政，2012 (11)：38-39.

③ 王芳. 我国农村低保政策的执行情况研究 [J]. 经济研究导刊，2016 (33)：42.

④ 丁建文，刘飞. 公平与效率下农村低保"准入—退出"机制分析 [J]. 江西农业大学学报（社会科学版），2009 (9)：55-57.

⑤ 关信平. 论建立农村居民最低生活保障制度的条件、原则及运行机制 [J]. 文史哲，2007 (1)：132-133.

的程序化操作之外，可由专业的社会工作介入家计调查，并对特定个案进行情绪辅导和梳理，以维护个体在低保退出中的利益及尊严。[①] 钟玉英主张借鉴日本、美国等发达国家经验，对农村不同低保对象实施分类救助，对有劳动能力的低保对象实行就业援助，对无劳动能力的对象实行医疗、养老、助学等专项救助，有效减少低保易进难出的现象。[②] 张爽、王志凌建议从全面开展排查、建立低保对象跟踪管理制度、鼓励低保对象定期主动报告收入情况、充分发挥群众监督等几个方面，完善农村低保退出机制。[③] 余志刚建议提高低保救助精准性，重点针对无劳动能力的"病、残、老、幼"群体实施精准救助；对越来越多的"支出型"贫困，制定临时救助政策，实行短期的有针对性的援助，帮助其渡过难关后退出低保。[④]

综上所述，关于农村贫困对象退出的研究，目前的研究主要从政府的政策执行、贫困对象个体因素、社会监督等维度深入分析退出难的原因，并提出构建农村贫困对象"准入—退出"机制。研究涉及面广，定性与定量相结合，成果较丰富，为进一步深入研究奠定了良好的基础。但是，已有研究缺乏从农村低保制度和扶贫政策本身的缺陷以及与其他社会制度之间协调角度的研究，对制度困境的深层剖析不足。因此，不仅要分析制度设计本身存在的不足，而且要着眼于农村社会保障制度体系这个大的制度框架，从制度困境出发找到农村贫困对象退出难的根源，才能从根本上实现"应保尽保、应扶尽扶、应退尽退"的目标。

五、关于农村低保和扶贫开发存在的问题的研究

1. 农村低保制度存在的问题

从目前农村低保制度实施情况来看，还存在诸多的不足和问题。邓大松等认为部分地区实际领取低保人数与省级转移支付核定的领取低保的人数存在很大的偏差，而且农村低保对象的界定标准以及贫困家庭收入核算等方面缺乏统一标准和支付规范，并且农村低保管理制度已经不能很好地

---

① 何倩. 低保退出机制中个体价值的尊重与保障［J］. 社会保障研究，2014（4）：75.
② 钟玉英. 国外社会救助改革及其借鉴［J］. 中国民政，2015（18）：55-57.
③ 张爽，王志凌. 农村居民最低生活保障制度动态管理研究［J］. 法制博览，2016（10）：27.
④ 余志刚. 农村贫困退出中的"低保悖论"及路径设计［J］. 农业经济与管理，2016（6）：20.

适应目前我国城乡二元户籍制度逐步被打破、人口自由流动的新形势。①
王楠认为农村低保制度缺乏一个完整健全的制度规范，使得农村低保制度
缺乏退出机制，在农村低保实施过程中的基层工作人员不仅呈现量的缺
乏，而且在专业知识方面也存在不足的情形。② 崔树义等指出，我国农村
低保目前存在六大问题：第一，保障范围小，没有真正意义上体现广覆盖
的基本保障理念；第二，保障标准低，并且地区间差异大，碎片化严重；
第三，低保对象识别和瞄准不科学、不合理；第四，农村低保政策的宣传
力度不够，政策执行的透明度有待提高；第五，一些地方的农村贫困人口
缺乏发展潜力，脱贫动力不足；第六，一些地方农村脱贫的配套政策不完
善，扶贫工作的体制机制不健全、不顺畅，社会保障体系有待进一步完
善。③ 彭忠益等学者认为，农村低保制度覆盖面较小，保障标准有待提高，
农村低保保障低保对象基本生活的作用有限，家计调查方法不够科学，收
入核算方法不够合理，低保对象认定不够公平，农村低保制度的法规体系
还不健全，等等。④

从众多学术研究中我们大致可以总结出我国农村低保制度在实施过程
中有以下几个问题：第一，我国农村低保制度缺乏一套完整可行的法律规
范，致使农村低保在实施的过程中，各地区实施方法存在较大的差异，并
且违规操作现象突出；第二，我国农村低保资金少，保障的覆盖范围小，
保障层次低；第三，缺乏完整的配套政策；第四，在农村低保实施的过程
中，专业人员缺乏；第五，农村低保制度缺乏一套完整、切实可行的审核
和退出机制，骗取最低生活保障的情况依然存在；第六，农村低保评选的
公平、公开程度低。

2. 扶贫开发存在的问题

改革开放以来，我国农村扶贫开发虽然取得了举世瞩目的成就，但目
前还存在诸多问题。焦国栋指出：随着社会主义市场经济的发展以及外部
条件的变化，我国农村扶贫开发面临着扶贫难度加大、经济增长方式转变

① 邓大松，王增文. 我国农村最低保障制度存在的问题及其探讨 [J]. 山东经济，2008
(1).

② 王楠. 公平视角下农村低保进退机制的探讨 [C] //吉林省行政管理学会"政府法制与行
政管理"理论研讨会论文集（行政与法），2012. 中国知网.

③ 崔树义，刘朝立，宋媛馨. 关于完善农村低保制度的调查与分析——基于山东省的问卷调
查 [J]. 山东社会科学，2009 (3).

④ 彭忠益，陈杨剑. 岳阳市部分农村"低保"政策执行偏差原因分析及对策研究 [J]. 企
业家天地，2011 (8).

不易、返贫现象突出、政府主导存在缺陷、资金短缺、贫困地区人口增长过快等问题，制约着扶贫开发的效率。[①] 李秉龙等指出，目前我国扶贫工作面临一些新的压力和挑战，相对贫困和多维度贫困日益突出，连片贫困区的扶贫工作力度需要加强。[②] 王晓丽认为我国农村扶贫开发存在以下问题：农村地区返贫率高；返贫发生地区呈现集中连片与分散插花分布的特点；返贫地区的人口出现消极颓丧的情绪，这种主动的消极颓丧比单纯贫困的不主动、不积极更具危害性，客观上进一步加大了扶贫开发的难度。[③] 赵曦等认为，我国扶贫开发的资金主要依靠中央政府的财政资金投入，但是由于不足的扶贫财政总量投入以及失衡的分配结构的原因，扶贫资金的减贫效率大打折扣。[④] 徐鲲等认为我国西部扶贫开发存在的问题有：扶贫规模较大，脱贫难度增加；返贫率高，返贫原因复杂；地区收入差距继续扩大，相对贫困现象凸显。[⑤] 陈俊指出我国农村扶贫开发出现了许多新的特点：失地农民成为新的贫困群体；贫困女性化现象日益凸显；返贫问题日益严峻；农村贫困中贫富差距出现日益扩大化的现象；农村扶贫"输血"强劲，"造血"不足。[⑥]

从以上学者的基本观点中我们可以总结出我国农村扶贫开发在实施的过程中存在以下问题：第一，扶贫资金不足，并且管理机制缺失；第二，我国的扶贫开发以"输血式"扶贫为主；第三，脱贫地区返贫现象严重；第四，出现许多集中连片式的贫困地区。

第二节　国外的研究

一、农村贫困原因分析

国外的研究大多分析资本投入与减贫的关系，并运用相关理论进行深入研究，如纳克斯的"贫困恶性循环"理论、纳尔逊的"低水平均衡陷

---

① 焦国栋，郑珺. 当前我国农村扶贫开发面临的问题与矛盾 [J]. 中共中央党校学报，2004 (11).

② 李秉龙，李金亚. 中国农村扶贫开发的成就、经验与未来 [J]. 人民论坛，2011 (32).

③ 王晓丽. 农村扶贫开发存在的问题及成因分析 [J]. 吉林工商学院学报，2008 (3).

④ 赵曦，熊理然，肖丹. 中国农村扶贫资金管理问题研究 [J]. 农村经济，2009 (1).

⑤ 徐鲲，李琳. 新阶段西部农村扶贫开发的困境与对策 [J]. 新疆农垦经济，2014 (1).

⑥ 陈俊. 新世纪以来中国农村扶贫开发面临的困境 [J]. 学术界，2012 (9).

阱"理论、缪尔达尔的"循环积累因果关系"理论以及来宾斯坦的"临界最小努力"理论等。他们从不同的角度分析农村贫困原因以及脱贫路径,对我国农村低保与扶贫开发的建设具有一定的参考价值。此外,诺贝尔经济学奖得主阿马蒂亚·森认为能力的缺乏和权利的匮乏是造成贫困的主要原因。贫困结构论从一个社会的制度或者从社会结构的层面来揭示贫困的形成。它认为贫困的形成不仅在于劳动者自身能力的缺乏,更重要的是由于社会的某种作用,由于社会的某些制度安排的不合理,如社会保障、就业等制度安排不合理、不公平,从而造成一些社会成员"失能",竞争不利,从而很容易陷入贫困并可能长期处于贫困状态。[①] 一些贫困地区的制度短缺或制度安排不合理更多地表现为经济、政治、文化等制度与发展市场经济存在错位,或者它们之间存在一定的矛盾。贫困功能理论以功能主义为取向来研究贫困问题,主要强调贫困对于社会具有一定的正向功能。持这种观点的学者不少,主要以美国学者甘斯为代表。[②]

二、贫困对象识别与管理研究

在贫困对象的识别与瞄准方面,国外学者主要总结出了三种不同的扶贫资源分配方式:一是完全瞄准方式,依靠充分的信息来确定谁有资格获得扶贫资源,但获取信息的成本高昂,往往难以获取所需的完全信息。二是不瞄准方式,依赖于主观的判断,将扶贫资源直接分发给需要的贫困家庭,从而可以降低信息收集的成本,但可能导致扶贫资源的流失和扶贫的低效率。三是介于前两者之间的部分瞄准方式,依赖贫困对象的身份特征,把扶贫资源分配给他们,效率较高,但不足之处是缺乏客观的依据,有失公平。

在贫困对象的管理方面,1995 年,英国通过了《求职者法》,贫困者只要申领生存救助金,就表示接受了政府强制性附加的以积极就业为主要内容的津贴领取条件,除需积极寻找工作外,还要求能够胜任工作以及与就业服务机构签订协议等。为此,英国学者认为,该法的宗旨是为失业者建立一个共同的规则体系,采取措施帮助人们重新找到工作,在寻找工作与得到补贴之间有明确的联系。[③] 1999 年,英国就业服务部颁布实施的《重返工作行动计划》中也明确要求受助人与负责失业救助的官员签订求

---

① 关信平. 中国城市贫困问题研究 [M]. 长沙:湖南人民出版社, 1999:20-22.

② 李强. 中国扶贫之路 [M]. 昆明:云南人民出版社, 1997:3-5.

③ HOWARD. Jobseeker's Allowance [J]. Solicitors Journal, November 8, 1996.

职者协议。协议签署之后，负责就业的官员将每两周对申请人的行为进行评估，即实施动态管理，以确定是否履行了协议。英国这种对受助对象的动态管理具有良好的互惠性。从政府的角度来看：20 世纪七八十年代，在英国社会服务、社会保障、教育、保健、住房五大支出项目中，社会保障支出持续增加，平均保持在 4% 以上，远高于其他项目。[①] 这些新政策的实施，一方面，减少了保障津贴申领人数；另一方面，就业的扩大也减少了受助群体的人数，这直接减轻了政府的经济负担。同时，有效避免了由于长期失业而导致的不良健康状况和日益增加的犯罪行为，而这些通常应计入政府治理社会的间接成本。[②] 从受助者来看：强制工作义务从根本和长期来看更惠及受助人。"在家庭收入出现实质性的增加以前，工资水平必须大幅度地提高。"[③] 同时，工作不仅为受助者带来收入，而且能增强其个人的自立能力和自尊感，减少社会排斥感。因此，失业者需要通过工作加强社会联系，获得物质和非物质利益。[④] 尽管存在一定的福利依赖现象，但绝大部分贫困者都有依靠自己能力摆脱贫困处境的主观愿望和潜力。此外，国外学者较早关注受助对象如何退出社会救助制度，研究成果相当丰富。如 T. Eardley 等（1996）对 OECD24 个国家社会救助的管理进行了详细研究，重点探讨了社会救助领域如何预防长期福利依赖现象。Saraceno（2003）考察了受助对象加入和退出社会救助的整个过程，试图破解福利依赖现象的谜团。

三、扶贫模式研究

学术界对于国外扶贫模式的研究也积累了较多的成果。王卓将国际扶贫模式大致分为三类：以巴西、墨西哥为代表的"发展极"扶贫模式；以印度、斯里兰卡为代表的"满足基本需要"扶贫模式；以欧美国家为代表的"社会保障方案"扶贫模式。[⑤]

"发展极"扶贫模式根据不发达地区资源匮乏以及经济发展不均衡情

---

① MICHAEL HILL. The Welfare State in Britain, A Politician History ［M］. Edward Elgar, 1993：110.

② THE EMPLOYMENT COMMITTEE. Second Report：The Right to Word/Workfare HC82 Session 1995-1996 ［R］. London：HMSO, 1996：paras64-69.

③ E MCLAUGHLIN. Flexibility in Work Benefit ［M］. London, 1994：35.

④ CHRISTINA PANTAZIS, DAVID GORDON. Poverty and Social Exclusion in Britain, The Millennium Survey ［M］. London：the Policy Press, January 2006：174.

⑤ 王卓. 中国贫困人口研究 ［M］. 成都：四川科学技术出版社, 2004：69-70.

况，由政府相关部门和大企业在规划的地区或者大城市聚集发展，形成新的经济活动和创新中心，这些中心就像一个"磁场极"，对周边的发展能够产生一定的吸引和辐射作用，具有生产、服务、决策等复合功能，从而促进自身及周边经济的不断增长。

印度政府"满足基本需要"的扶贫战略大致分为两个阶段进行：第一个阶段主要以五年计划为重点，从工业转向农业的发展，重点支持农业、农村发展，推行"绿色革命"，以科技为先导，综合运用农业技术，推广新品种，提高产量，以解决贫困地区粮食短缺问题，帮助农村脱贫。第二个阶段通过实施多种综合计划，通过帮助和促进贫困地区的发展来达到脱贫的目标。这些综合计划主要包括农村教育、医疗、基础设施的改善，提升农村贫困人口的生产生活条件。"满足基本需要"扶贫战略的大力实施，在很大程度上缓解了印度农村的贫困程度。[①]

"社会保障方案"扶贫模式主要是通过国家财政手段实施收入再分配来实现的。其主要做法是政府直接为贫困人口或穷人提供教育、卫生、生活补助等，满足贫困人口基本的家庭生活需要。这种扶贫模式以发达国家为多见，其经济实力较为雄厚，贫困人口少，以社会保障方案作为一种福利制度，是发达国家反贫困的主要措施，效果也很好。美国的扶贫政策内容也比较丰富，涵盖医疗保障、住房保障、失业救助和社会福利等项目，美国政府在实施扶贫减困政策时，主要做法是"政府主导、社会参与、民众评判"，体制机制比较顺畅，扶贫效率较高。其主要表现为：一是贫困人口以及弱势群体表达利益诉求的渠道相对比较畅通，与政府之间的信息交流和沟通比较顺畅；二是美国扶贫政策的执行有雄厚和稳定的资金来源；三是经过长时间的发展探索，其贫困救助体系比较健全；四是各类扶贫减困项目能够得到比较好的实施。[②]

这些研究虽然是基于他国国情，与我国现实国情差距甚远，但可为我国农村脱贫攻坚提供参考和借鉴，或为扶贫工作打开新的视野。

---

① 王卓. 中国贫困人口研究［M］. 成都：四川科学技术出版社，2004：71-72.
② 黄爱军，朱奎. 美国扶贫减困的主要特点及启示［J］. 江西农村经济，2010（8）：68-70.

第四章　新中国成立以来农村贫困对象动态管理相关法规政策分析

第一节　农村贫困对象动态管理起始阶段（1949—1977 年）

从 1949 年中华人民共和国成立之初到 1978 年，我国初步建立起了适合当时国情的农村社会保障体系，为新中国的战后重建、恢复生产力以推进社会主义建设和维护社会稳定起到了重要作用。在当时的情形下，由于贫困人口众多，需要社会救助的面很宽，而且由于国家财力十分有限，救助水平低，救助方面还没有提出动态管理的概念，但各项救助工作却体现了动态管理的理念。这一时期主要从以下几个方面加强对贫困人口的救助和管理：及时将因灾致贫的农村贫困人口纳入救助范围，做好救灾济贫工作；制定比较完整的"五保"供养制度，同时建立了集体供养与家庭供养相结合的符合现实情况的"五保"供养模式；开展农村合作医疗，解决农村贫困人口的基本医疗需求，减少因病致贫现象。

（一）加强对农村灾民的救助和管理

新中国成立之初，广大农民分得了土地等基本的生产资料，使得生产迅速得到恢复，农民的生活得到了基本保障。同时党和政府也积极制定一系列政策，采取一系列措施，不断探索建立农村社会保障制度，使之适合当时的社会条件。但由于建国伊始，百废待兴，很难在短期内改变我国长期以来积贫积弱的面貌，同时在建国初期，我国农村面临着一系列严重的自然灾害和饥荒等比较突出的社会问题。因此，为了战胜当时的自然灾害、饥荒等问题，帮助农村贫困群众渡过难关，党和政府开始在农村开展救灾济贫工作，解决农村因灾致贫问题，将灾民及时纳入受助范围。1949年12月，政务院（国务院的前身）向各地发出了《关于生产救灾的指示》，要求灾区的各级政府和部门要把救灾作为当前工作的中心，要成立各级生产救灾委员会，发动灾区人民开展生产自救。通过几年的不懈努力，灾民的生活得到了极大的改善。1952年5月14日，内务部（民政部的前身）根据当时的社会情形，发布了关于生产救灾工作领导方法的指示，要求各地加强组织领导，同时对各地救灾工作的一些具体内容和方法也做出了明确要求。面对贫困人口分布广，数量众多，农村社会救灾济贫形势比较严峻的情况，在当时财政十分困难的情况下，国家仍拨出了大量的救济资金用于救济贫困农民。为了更好地做好救灾济贫工作，1967年，内务部、财政部颁发了《抚恤、济贫事业费管理使用办法》，重点是加强对救灾济贫资金使用过程的监管，对资金的合理、有效使用起到了很好的保障作用。1963年9月21日，中共中央、国务院面对特大洪灾，发布了关于生产自救的决定，明确了救灾工作的根本方针、救灾方法和途径，对灾民的生活安排提出了具体要求。1966年"文化大革命"爆发，内务部和各地民政部门相继被撤销，我国农村社会救济工作处于停滞和瘫痪状态。

二、建立农村"五保"供养制度

新中国成立以后，党和政府十分关心城乡有特殊困难的群众的生活。《1956—1967年全国农业发展纲要》明确提出："农业合作社对于社内缺乏劳动力、生活没有依靠的鳏寡孤独的社员，应当统一筹划，在生活上给予适当照顾，做到保吃、保穿、保烧（燃料）、保教（儿童和少年）、保葬，使他们生养死葬都有指靠。"从此，"吃、穿、烧、教、葬"这五项内容作为特殊困难群众的保障内容，简称"五保"，享受"五保"的农户被称为"五保户"，我国农村"五保"供养制度由此形成。

1956年6月，第一届全国人大三次会议通过《高级农业生产合作社示范章程》，规定："农业生产合作社对于缺乏劳动力或者完全丧失劳动力、生活没有依靠的老、弱、孤、寡、残疾的社员，在生产上和生活上给予适当的安排和照顾，保证他们的吃、穿和柴火的供应，保证年幼的受到教育和年老的死后安葬，使他们生养死葬都有依靠。"1960年《全国农业发展纲要》对"五保"供养制度进一步完善，明确"五保"户享受的五个方面生活保障内容：保吃、保穿、保住、保教、保葬。从此，"五保"制度就载入了中国的史册。但后来，由于受到"大跃进"和"文化大革命"的影响，农村大部分敬老院被迫解散，"五保"工作受到严重挫折。

"五保"供养制度的建立，标志着我国对特定困难人群建立起了系统的救助制度。凡是符合"五保"特点的人口都应被纳入供养体系，分别给予吃、穿、住、教、葬等方面的基本保障，既体现了对救助对象的动态管理，应保尽保，又体现了救助内容的因户施策、因人施策。

三、建立农村合作医疗制度

新中国成立初期，为了保障广大农民的身体健康，解决农村普遍存在的缺医少药和看病难的问题，不断改善广大农民的医疗卫生状况，一些地方的农村合作医疗制度开始逐渐兴起。当时国家提出医疗卫生要"面向工农兵"，同时将农村"有医有药"这一具体要求作为我国医疗事业发展的首要目标。[①] 1955 年初，山西省高平县米山乡最早开始探索实行"医社结合"，群众提供"保健费"，而生产合作社则提供"公益金"进行补助，二者结合，率先在全国建立起农村合作医疗制度，被原国家卫生部称为"无病早防、有病早治、省工省钱、方便可靠"的初级卫生保健机制。[②] 这种模式对解决当时广大农村群众看病就医，提供基本医疗需求，起到了重要作用，构筑了我国最早的防止因病致贫返贫的防线，得到了政府的肯定并迅速推广。1958 年实行人民公社化后，农村合作医疗不断加快发展，广大农民获得的医疗卫生保健服务水平得到进一步提高。1959 年 11 月，全国农村卫生工作会议在山西稷山县召开。这次会议总结了陕甘宁边区"卫生合作社"、山西省高平县开展合作医疗以及其他地区的实践经验，并肯定了农村合作医疗制度的必要性。此后，原卫生部党组向中共中央上报了《关于人民公社卫生工作几个问题的意见》。意见中首次使用了"合作医疗"一词。1960 年 2 月，中共中央转发了这个文件，并要求全国各地参照文件执行。这是新中国政府下发的第一个关于农村合作医疗制度的文件，对推动农村合作医疗制度的建立和发展起到了积极的作用。

为了更好地解决广大农民看病难的问题，原卫生部根据中央指示，于 1964 年 4 月下发了《关于继续加强农村不脱离生产的卫生员、接生员训练工作的意见》，对推动农村医疗卫生队伍建设和医疗卫生事业的发展，起

---

① 《当代中国》丛书编辑委员会. 当代中国的卫生事业（上）[M]. 北京：中国社会科学出版社，1986：3.

② 汪时东，叶宜德. 农村合作医疗制度的回顾与发展研究 [J]. 中国初级卫生保健，2004（4）.

到了十分积极的作用。1965 年，针对我国医疗资源布局不合理和农村缺医少药等问题，毛泽东先后做出了"组织城市高级医务人员下农村和为农村培养医生"及"把医疗卫生工作的重点放到农村去"的指示。同年 9 月，中共中央批转了原卫生部党组《关于把卫生工作重点放到农村的报告》。城市积极支持农村的医疗卫生工作，弥补农村医疗卫生资源的不足，农村医疗卫生工作得到了很大提高，合作医疗制度进一步在全国推广，农村医疗水平得到明显提高。这与当前我国医疗改革诸多政策措施的目标、理念是一致的，如医疗联合体建设。[①]

"文化大革命"期间，我国农村合作医疗的发展出现了超常规的现象。1968 年 12 月 5 日，《人民日报》刊发《深受贫下中农欢迎的合作医疗制度》的报道，介绍了乐园人民公社的合作医疗经验。该报道对农村合作医疗制度给予了充分肯定和高度评价，认为合作医疗解决了农民群众看不起病和吃不起药的突出问题，缓解了农民看病就医困难，广大农民的身体健康也得到了基本保障，用当时的话说："农业合作化挖了穷根，合作医疗挖了病根。"[②]

1976 年 7 月，原卫生部总结了全国农村合作医疗事业的发展情况，并向国务院建议，要不断充实提高赤脚医生、合作医疗，并加快在老、少、山、牧等地区积极发展合作医疗。据统计，在合作医疗发展的最鼎盛时期，农村从事医疗卫生工作的各类人员总计达到了 500 多万人。[③]

由于受到"文化大革命"的冲击，农村合作医疗的发展受到了极大的影响，出现了诸多问题。如重政治效应，轻实际效果，客观上扭曲了农村合作医疗的性质，同时形式主义也较为严重；医疗卫生事业缺乏有效的监管，小病大治、多开药、开好药等道德风险普遍存在，造成医疗资源的严重浪费。总的来说，这一时期的农村医疗保障体系框架比较脆弱，受到当时的政治环境的影响，脱离农村生产力水平，发展不切合实际。尽管如此，这一时期合作医疗实践过程中采取对农村贫困人口进行分类救治，控制治疗费用，减轻贫困大病患者费用负担，实施健康扶贫工程，对于保障

① 2017 年 4 月 26 日，国务院办公厅印发《关于推进医疗联合体建设和发展的指导意见》，全面启动多种形式的医疗联合体建设试点。建设和发展医疗联合体，是深化医疗医保医药联动改革、合理配置资源，使基层群众享受优质便利医疗服务的重要举措，有利于调整优化医疗资源结构布局，促进医疗卫生工作重心下移和资源下沉，提升基层服务能力；有利于医疗资源上下贯通，提升医疗服务体系整体效能，更好地实施分级诊疗和满足群众健康需求。
② 倪兵万. 深受贫下中农欢迎的合作医疗制度 [N]. 人民日报, 1968-12-05.
③ 卫生部基层卫生与妇幼保健司. 农村卫生文件汇编（1951—2000）[G]. 北京：419.

农村贫困人口享有基本医疗卫生服务，防止因病致贫、因病返贫，仍然起到了很大的作用。

综上，这一时期农村贫困救助工作处于探索阶段，对贫困人口的动态管理处于起始阶段。在当时的情况下，这对解决农村贫困人口最起码的生活需求，促进农村尽快恢复生产，维护社会稳定等起到了很大的作用。但由于贫困人口众多，政府财力有限，管理经验缺乏，这一时期的社会救助也存在一些不足：从救济范围来看，救济面比较窄，救济的人数极为有限，一般只包括特定群体和特殊困难户，一些确实需要救济的贫困对象难以进入救济的范围，应救助而未救助的情况比较普遍。从救济对象看，缺乏明确和客观的标准，尚未开始探索构建贫困人口识别和瞄准机制，救济对象的确认多凭主观感觉，对贫困对象的认定比较随意和主观，使得救助政策执行缺乏公平，引起了一部分群众对政策执行不满意。从救济标准来看，由于资金来源单一，仅靠国家财政拨款，救济标准很低，对保障农民基本生活的作用十分有限，而且缺乏科学性，随意性较大，国家救济款多时，就多发，拨款少时，就少发。从具体操作上看，缺乏严格完整的程序，各地在政策执行过程中，缺乏明确规范的操作流程，对资金使用监管不力，出现了资源浪费甚至贪污、挪用现象。

第二节 农村贫困对象动态管理探索阶段（1978—2006 年）

1978 年，中国改革开放的大幕拉开。农村从土地经营制度开始，一系列重大变革逐步展开，家庭承包经营制取代了集体经营制度，极大地激发了农民生产劳动的热情，极大地解放了生产力。通过一系列的重大改革，农村经济和社会面貌焕然一新，贫困人口大大减少。这一阶段农村贫困对象的动态管理的探索主要分为两个阶段：

一、扶贫开发不断向纵深发展

土地经营制度改革大大激活了农村生产力，在改革开放政策的不断推动下，中国农村绝大多数地区凭借着自身的发展优势，经济普遍得到快速发展，但是少数地区由于自然条件较差、地理偏远等方面因素的制约，发展比较滞后。一些贫困地区经济落后，与其他地区的发展差距逐步拉大。

从那时起，我国农村发展过程中，地区之间的不平衡就逐渐凸显出来，贫困地区仍有相当一部分人收入很低，甚至难以维持基本的生存需要。

1984 年 9 月 30 日，党中央、国务院发出《关于帮助贫困地区尽快改变面貌的通知》，指出，各地农村经济发展不平衡，仍有几千万人口未摆脱贫困，一些地方困难群众的温饱问题仍未得到完全解决，绝大部分是山区、少数民族聚居地区以及革命老区。通知要求各级党委和政府高度重视，采取有效的可行的措施，帮助贫困地区人民尽早摆脱贫困，尽快赶上其他地方经济发展的步伐。

1987 年 3 月 14 日，国务院向全国各地转发了民政部《关于探索建立农村基层社会保障制度的报告》，明确提出要积极探索建立农村基层社会保障制度。经过近十年的改革开放，各地程度不同地出现了一些新的社会问题：随着农村产业结构、劳动力结构的不断变化，家庭向小型化转变，家庭的养老扶幼功能在削弱；生活条件和医疗条件改善，人口寿命延长，老年人口比重增加，养老任务加重，等等。适应农村新的形势，建立农村基层社会保障制度，已经成为农村经济体制改革必然的配套要求。报告勾勒了农村基层社会保障制度的雏形，以"社区"为单位，以自我保障为主，充分重视家庭的保障作用。特别强调内容要因地制宜，由少到多。我国东部、中部、西部三个经济地带的自然资源、经济发展水平差别很大，保障的内容不可能搞一个模式。贫困地区主要搞救济和优抚，首先解决"五保户"和群众的温饱；经济中等水平地区，在救济优抚的基础上，开展福利生产，兴办福利事业，开展群众性的互助储备金活动；经济发达地区，应在上述基础上，积极引导群众开展社会保险。根据不同的贫困程度采取不同的措施，从一定程度上讲，这些构思已具有精准扶贫的含义，即精准施策。在资金来源方面，报告强调，要根据各地区贫困程度不同和保障项目性质的不同而区别对待，要增强群众的自我保障观念，把个人在社会保障中的权利和义务统一起来，防止产生依赖思想。这些表述也体现了对贫困对象进行规范管理，以及"应保尽保、应扶尽扶"的理念。

1990 年 2 月 23 日，国务院批转《国务院贫困地区经济开发领导小组〈关于九十年代进一步加强扶贫开发工作的请示〉的通知》（国发〔1990〕15 号）。通知要求：从 1991 年开始，全国贫困地区各级政府要在解决大多数群众温饱的基础上，逐步转入以脱贫致富为主要目标的经济发展以及扶贫工作新阶段。要稳定地解决农民的温饱问题，大力加强农村基础设施建设，不断改善生产生活条件，不断改善农村生态环境；要根据分类指导的原则，不同的地区可以提出有区别的具体要求。在这里，已经初步体现出精准扶贫的思想。

1994 年 4 月 15 日，国务院印发《国家八七扶贫攻坚计划》，决定从 1994 年到 2000 年，集中人力、物力、财力，动员社会各界力量，力争用 7 年左右的时间，基本解决全国农村 8 000 多万贫困人口的温饱问题。这是一场难度很大的扶贫攻坚战，也是今后 7 年全国农村扶贫开发的基本纲领。这是新中国历史上第一个有明确目标、对象、措施和期限的扶贫开发行动纲领。该计划根据各地不同的贫困原因，制定了详细的脱贫方针、路径和保障措施，明确了各部门的扶贫任务。

1996 年 10 月 23 日，中共中央、国务院发布《关于尽快解决农村贫困人口温饱问题的决定》。决定指出，今后五年的扶贫开发工作，重在充分发扬贫困群众自力更生、艰苦奋斗精神，坚持开发扶贫，要突出重点，集中力量解决农村贫困人口的温饱问题。这里强调要发扬群众自强不息的精神，初步体现了扶志的思想，也体现了要杜绝农村"福利依赖"现象的意思。

2001 年 5 月，中央扶贫开发工作会议召开，制定并颁布了《中国农村扶贫开发纲要（2001—2010 年）》，这是继"八七计划"之后又一个指导全国扶贫开发的纲领性文件，对 21 世纪初的扶贫战略做出了全面描述，明确提出了今后十年扶贫开发的奋斗目标、基本方针、重点对象以及主要政策措施。以此为标志，我国农村的扶贫开发工作又进入了一个新的阶段。纲要根据贫困地区的致贫原因，制定了产业发展、基础设施、劳动输出、文化教育、异地拆迁、科技支撑等方面的具体措施。同时明确提出，要加强对扶贫开发工作的动态统计监测，认真做好有关信息的采集、整理、反馈和发布，及时了解和全面掌握扶贫开发的发展动态。要制定详细的符合实际的规范、程序和方法，动态、全面地反映贫困人口收入、支出以及生活水平的变化，为科学制定扶贫措施提供依据。

党和政府出台的这一系列重大政策和措施，是指导我国农村扶贫开发工作的纲领性文件，对于促进农村贫困地区的经济社会发展，帮助困难群众解决温饱，尽快脱贫致富，发挥了非常积极的作用。

二、农村低保从试点逐步走向成熟

进入 20 世纪 90 年代，一些地方开始了真正的农村低保制度试点。1992 年，山西省在左云县率先开展了试点工作，取得经验后，又在阳泉市的 3 个区县扩大试点。

1994 年，国务院召开了第十次全国民政会议。会议提出"到本（20）

世纪末在农村初步建立起与经济发展水平相适应的层次不同、标准有别的社会保障制度"。

1994 年，上海市政府办公厅转发了市农委、财政局、民政局《关于做好本市农村工作的意见》，批准在 3 个区县开展农村低保制度的试点工作。

1995 年 12 月 11 日，广西壮族自治区武鸣县颁布了《武鸣县农村最低生活保障线救济暂行办法》，规定从 1996 年 1 月 1 日起正式实施。这是我国第一个县级农村低保制度文件。该暂行办法规定：凡该县农村户口的孤老、伤残、孤幼或因病、因灾等特殊情况造成家庭经济收入达不到最低生活保障线的村民，即为保障对象。这个暂行办法已经显现出农村低保制度的雏形，而且体现了"应保尽保""分类救助"的思想和宗旨。

1996 年 1 月，民政部召开全国民政厅局长会议，明确提出要加大农村社会救济制度的改革力度，探索建立农村低保制度，并将此项工作列为当年的工作要点。例如，在民政部门的推动下，许多有条件的地区开始了建立农村最低生活保障制度的尝试。民政部确立了在山东烟台、河北平泉、四川彭州和甘肃永昌四地进行农村低保试点，分别代表了发达、中等发达和欠发达三种不同经济发展程度的农村地区。

从 1997 年 5 月开始，民政部提出了"巩固、扩大东部试点，积极启动西部试点，抓两头、带中间，因地制宜，稳步推进"的总体要求，开始扩大农村低保试点，并分别在东部、北部和西部召开了专题会议，对农村低保制度建设进行了专题研究，强调农村也需要建立居民最低生活保障制度；到 1997 年年底，全国已有 997 个市县已经初步建立起了农村低保制度。但总体来说，进展缓慢，取得的成效十分有限。

2004 年、2005 年中央一号文件都提出有条件的地方要积极探索建立农村低保制度。2006 年，《中共中央 国务院关于推进社会主义新农村建设的若干意见》（中发〔2006〕1 号）要求，进一步完善农村"五保户"供养、特困户生活救助、灾民补助等社会救助体系；有条件的地方，要积极探索建立农村最低生活保障制度。在中央精神的指引下，各地推进农村低保建立的力度不断加大，建立农村低保制度的省份越来越多，逐步由东部向中西部地区推进。

全国许多省市都在不断加快农村低保的试点工作，因地制宜地制定了一系列规定和办法。例如，2006 年 5 月，江西省政府下发了《关于完善社会救助体系的意见》，决定从 2006 年 7 月 1 日起在全省全面建立农村低保制度。各部门加强调研，密切配合，加快农村低保制度的建设。江西省民政厅和江西省财政厅联合制定了《关于建立农村居民最低生活保障制度的实施意见》，对农村低保保障范围、保障标准、家庭收入计算项目、申请审核审批程序、资金筹措与发放等内容进行详细规定，确保该省农村低保制度全面、顺利和有效实施。在实施意见中，还对低保对象动态管理进行了规定，明确要求按照"应保尽保、应退尽退"的原则，加强低保对象管理，加强动态监测和定期审核，按规定调整。同时，还组织各级低保管理部门开展"回头看"工作，通过组织抽查、暗访等形式，及时了解低保家庭经济变化情况，在做细做实工作的基础上，及时按照相关程序对低保对象停发、减发或增发保障金，做到低保对象有进有出。

综上，这一阶段的农村贫困对象动态管理处于探索阶段。党的十一届三中全会召开以后，随着家庭联产承包责任制的推广，农村生产力得到极大解放。在这样的背景下，农村扶贫工作从依靠体制改革带动农村脱贫到大规模开发式扶贫，从扶贫攻坚阶段到巩固成果、综合开发阶段，从"输血"式扶贫到"造血"式扶贫，扶贫工作一步一步走向纵深，对贫困人口的管理也从粗放到逐步精细，扶贫效率不断提高，政策执行的公平性也越来越好。与此同时，改革开放后随着人民公社组织体制和以队为基础的集体经济的解体，原来依托于集体经济发展起来的农村各项社会保障事业面临考验。为适应农村经济体制改革以后新的形势，我国对计划经济时期的社会救济制度进行了一系列改革：改变以往单纯的救济办法，把社会救助与扶贫开发结合起来，把救济与扶志、解决农民生活与发展相结合，由单纯"输血"转化为扶持生产的"造血"；有条件的地方加快农村低保制度的试点和实施，将临时救济逐步转化为定期定量救济，对贫困人口实行持续稳定的生活保障；转变资金筹集方式，拓宽社会救助资金来源渠道，探索实行了乡（镇）统筹集体困难补助费，提高社会救助水平和可持续性。同时加强对社会救助资金的监管，提高透明度。

第三节　农村低保和扶贫对象动态管理发展和完善阶段（2007 年至今）

这一阶段，以农村低保制度在全国范围的建立为标志，农民脱贫进入农村低保和扶贫开发政策"两轮驱动"模式，农村社会救助以及整个农村社会保障体系进入大整合、大发展阶段。农民脱贫过程中，更加注重各项政策的协调性，更加注重具体措施的针对性和有效性，更加注重扶贫和低保政策执行的精准性、公平性和高效性,我国扶贫事业进入了一个新的历史时期。

一、农村低保全面实施,动态管理逐步完善

2006 年 12 月,中央召开的农村经济工作会议以及《中共中央 国务院关于积极发展现代农业 扎实推进社会主义新农村建设的若干意见》(中发〔2007〕1 号)都明确提出,要在全国范围建立农村低保制度。

2007 年 7 月 11 日,国务院下发了《关于在全国建立农村最低生活保障制度的通知》(国发〔2007〕19 号),明确提出 2007 年在全国建立农村低保制度。通知要求合理确定农村低保标准,确保农村低保能够维持当地农村居民基本生活;农村低保要随物价和生活水平的提高进行适时调整;要求农村低保从"申请、审核和审批→民主公示 →资金发放 →动态管理"这几个方面进行严格规范管理,尤其是在低保对象动态管理方面,明确要求基层政府以及民政工作人员采取多种形式,及时了解低保对象以及农村困难群众的生活状况,符合条件的要及时纳入低保保障范围,低保对象家庭经济状况发生变化的,要及时按程序和有关规定停发、减发或增发低保待遇;要加强低保工作的民主评议和公示,确保政策执行的公开透明。

在国务院的指导下,全国各地全面建立了农村低保制度,并逐步完善。在动态管理方面,在前期低保工作积累的基础上,也取得了很大的成绩,各地相继出台了一系列加强低保对象动态管理的文件或规范。重庆市在这方面取得的成效比较明显。

2008 年 7 月 25 日,重庆市第三届人民代表大会常务委员会第五次会议通过《重庆市城乡居民最低生活保障条例》,第二十六条明确规定:"最低生活保障工作实行动态管理。区县(自治县)民政部门以及乡(镇)人民政府、街道办事处应当对获得最低生活保障家庭的人口、收入、财产和消费支出状况定期核查。共同生活的家庭成员中有重病、重残人员,且家庭收入基本无变化的,每年核查一次;共同生活的家庭成员和收入状况相对稳定的,每半年核查一次;共同生活的家庭成员中有在法定劳动年龄内,且有劳动能力但处于无业状态的,原则上城市每月核查一次,农村地区每季度核查一次。"

2009 年 8 月 7 日,重庆市民政局印发《重庆市城乡居民最低生活保障申请审批规程(试行)》(以下简称《审批规程》)和《重庆市城乡居民最低生活保障动态管理规范(试行)》(以下简称《动态管理规范》),进一步规范城乡居民最低生活保障管理工作,增强低保工作实施的透明度，确保公开、公平、公正，做到应保尽保、应退则退，不应保坚决不保，提高城乡低保工作质量。为规范重庆市城乡居民最低生活保障申请审批工作，在《审批规程》中，从"户主申请→审查受理→调查核实→听证评议→张榜公示→乡（镇）（街道）审核→区县（自治县）民政局审批→张榜公布→发放低保证和低保金"这九个方面，非常具体地对低保工作整个流程进行了规范。《动态管理规范》中，从"分类管理→定期复核→重在督查→证件管理"等方面，明确了对低保对象要进行动态管理，尤其是在定期复核流程中，明确了各类低保对象的复核期限，规定续保申请需要提交的各类材料，对提出续保申请的低保家庭要进行调查核实，区县（自治县）民政局要对续保申请上报材料逐一进行审核，乡（镇）人民政府（街道办事处）和村（居）民委员会要对延续、提高、降低或者终止最低生活保障待遇的审批结果予以张榜公示。

2009年9月1日，广西壮族自治区人民政府颁布了《广西壮族自治区农村居民最低生活保障办法》，从"保障标准与保障对象、申请与审批、保障管理"等环节，对农村低保工作进行详细规范。在低保对象动态管理方面，要求"县级人民政府和乡（镇）人民政府、街道办事处应定期或不定期抽查和了解农村贫困人口的生活状况，及时将符合条件的农村贫困人口全部纳入保障范围"。

2014年3月28日，上海市民政局发布《上海市城乡居民最低生活保障申请家庭经济状况核对实施细则》，规范了本市城乡居民最低生活保障申请家庭经济状况核对工作。细则详细规定了城乡居民最低生活保障申请家庭的可支配收入和家庭财产，具有很强的可操作性，是对城乡低保申请家庭的收入进行核查和动态监测的依据，对低保对象的动态管理起到了很好的保障作用，为全国其他地区的贫困对象动态管理提供了一定的经验借鉴。

2015年3月10日，民政部、国家统计局发布《关于进一步加强农村最低生活保障申请家庭经济状况核查工作的意见》，对科学核查农村低保申请家庭经济状况，准确认定低保对象、合理确定救助金额、及时发放救助资金，以及对于加强农村低保规范管理、确保农村低保制度持续稳定健康发展具有重要意义。在基本原则方面，一是坚持因地制宜。立足农村经济社会和基层社会救助经办力量、保障条件实际，科学确定不同类型地区的核查内容、方法和程序，充分发挥地方的自主性和创造性，防止生搬硬套和"一刀切"。二是坚持量化测算。根据农村困难家庭实际，灵活运用各地建立的居民家庭经济状况核对机制和核对平台，重点做好家庭经营净收入和工资性收入的核查，量化测算核查结果，用数据来体现家庭经济状况差异，做到简便可行、易于操作。三是坚持政府主导。充分发挥乡（镇）人民政府（街道办事处）的主体责任，不断健全基层救助经办机构。建立民政部门牵头、相关部门配合的工作机制，协同做好农村低保申请家庭经济状况核查工作。积极探索社会参与机制，通过政府购买服务等方式引进社会工作服务机构等第三方组织，鼓励、引导社会力量参与核查工作，提高社会参与度和公信力。四是坚持依法行政。依据国家有关法律法规开展农村低保申请家庭经济状况核查工作，做到有法可依、有章可循，切实维护困难群众合法权益。意见从家庭收入和家庭财产两方面详细明确了低保申请家庭的核算办法，对核查主体的权利和义务、核查方式进行了详细规定，使得对农村低保对象的识别和动态管理具有了很好的操作性。

二、农村低保与扶贫开发相互衔接，动态管理不断得到充实和发展

农村扶贫开发和最低生活保障制度，是国家扶贫战略的两个重要支点，是国家对农村贫困群体扶助政策体系的两大组成部分。两项制度的衔接有利于我国早日实现"基本消除绝对贫困现象"的目标。目前，两项制度在运行过程中，在贫困对象识别、扶持措施以及管理环节等方面的衔接都不够充分，需要进一步探索和总结，促进两项制度的有效衔接，提高扶贫政策的有效性。实现农村低保和扶贫开发政策有效衔接，是确保到2020年实现"绝对贫困现象基本消除"奋斗目标的重大举措，同时也是做好新时期扶贫工作的必然要求。实现两项制度有效衔接，是完善国家扶贫战略和政策体系的重大实践，是关系今后十年乃至更长时间扶贫工作的基础性制度建设科学性的重要措施。实现两项制度的有效衔接，对于充分发挥两项制度的扶贫功能，保障农村贫困人口的基本生活，提高贫困人口的收入水平和自我发展能力，稳定解决温饱并实现脱贫致富，确保农村贫困人口共享改革发展成果等，都具有重大意义，也将为到2020年基本实现消除绝对贫困现象的目标奠定坚实基础。

2009年，国务院向扶贫办、民政部发出了《关于开展农村最低生活保障制度与扶贫开发政策有效衔接试点工作的通知》（国开办发〔2009〕1号）。2010年5月7日，国务院办公厅转发扶贫办等部门《关于做好农村最低生活保障制度和扶贫开发政策有效衔接扩大试点工作意见的通知》（国办发〔2010〕31号），提出要把反贫困战略与农村最低生活保障制度有效结合起来，明确了两项制度各自的对象，同时从程序衔接、政策衔接和管理衔接三个方面对衔接的内容进行详细要求。尤其是在动态管理方面，明确要求县级

人民政府扶贫办和民政部门，以及乡（镇）人民政府要加强农村低保和扶贫对象档案建设，加强对救助和扶持对象的定期考核，同步调整。对收入达到或已经超过农村低保标准的贫困人口，要按照有关规定办理退保手续，使其退出低保救助政策；对已实现脱贫致富的贫困户，在经过村民小组民主评议和公示无异议后，要逐步减少直至停止扶持政策；对于因各种原因返贫的，要将其及时吸纳为扶贫对象。此外，民政部门和扶贫办要加强信息沟通，实现资源共享。

以国务院通知为指导，全国各地结合自身扶贫工作，两项制度衔接扩大试点工作在全国展开，河南、江西和重庆等省市，结合本地实际，扎实开展工作，将两项制度有效衔接，充分发挥了两项制度的脱贫效果。

湖南省大力开展两项制度有效衔接试点县工作。作为两项制度试点县，邵阳县、保靖县把有劳动能力、脱贫致富愿望强烈、最需要帮助的贫困对象逐一找出来，一户一户地扶，一个一个地帮。同时湖南省还制定了《湖南省"两项制度"有效衔接试点工作考核试行办法》，坚持实事求是、客观公正、公开透明、注重实效、奖优罚劣、推动工作的原则，对两项制度衔接工作进行考核。尤其是在对贫困对象动态管理方面，制定了具体的考核细则，充分体现了"应保尽保、应扶尽扶，应退尽退"的原则。

2010 年 6 月份开始，甘肃省以国家扶贫开发工作重点县为主，在 55 个县（市、区）开展农村最低生活保障制度和扶贫开发两项制度有效衔接扩大试点工作，旨在通过两项制度的有效衔接，逐步建立"基本生活靠最低保障，脱贫致富靠扶贫开发"的新机制。对农村低保对象，通过农村最低生活保障制度保障他们的基本生活；对扶贫对象，通过实施扶贫政策提高他们的收入水平和自我发展能力，稳定解决温饱并努力实现脱贫致富。

重庆市在武隆、丰都、铜梁三个区（县）先期试点工作的基础上，两项制度有效衔接扩大试点工作在主城区以外的 33 个区（县）全面展开，全市除主城区外的 31 个区（县）开展两项制度有效衔接试点，在工作中抓基础、树典型、建制度，使该项工作有序展开。在试点工作中，按照实现"五个对接"（识别对象对接、识别方式对接、识别程序对接、管理制度对接、扶持政策对接），建立"四个机制"（对象识别机制、动态进出机制、工作联动机制、长效管理机制），运用"两个成果"（民政低保工作成果、扶贫建档立卡成果），防止"两个倾向"（扶贫标准定得过高，扶持规模过大的倾向；群众期望过高，基层乱报胡报的倾向），搭建"一个平台"（扶贫对象与低保对象信息共享平台），实现"一个目标"（"应保尽保，应扶尽扶"）的总体要求，扎实有序地全面推进试点工作。

重庆市的酉阳县通过制度建设，推动两项制度有效衔接试点工作。酉阳县纪委、监察局印发了《关于农村最低生活保障制度与扶贫开发政策有效衔接工作纪律要求的通知》，对工作开展做出了明确的纪律要求：一是严格责任追究制度；二是严格规范工作程序；三是严禁弄虚作假行为。与此同时，全县采取民主选举方式推选出了556名农民义务监督员，每个村成立义务监督小组。其主要职责和义务是：参加乡（镇）和村委召开的相关工作会议，接受教育培训；举报县、乡（镇）、村工作人员在工作中的违法违纪行为，传达、转递村民的举报和控告；参与低收入家庭入户调查和评定；宣传和解释相关政策；列席村支两委召开的专题会议；向村、乡（镇）、县扶贫办和民政部门提出工作建议。义务监督员由乡（镇）人民政府直接管理，聘用期结束后，经县扶贫办、县民政局复核，将从中续聘一批作为"农村社会事务义务监督员"，具体行使两项制度衔接后期的管理监督工作。

2016年9月17日，国务院办公厅转发《民政部等部门关于做好农村最低生活保障制度与扶贫开发政策有效衔接指导意见》（国办发〔2016〕70号），明确提出了"坚持应扶尽扶、坚持应保尽保、坚持动态管理、坚持资源统筹"的四项基本原则。在两项制度管理衔接方面，要求对农村低保对象和建档立卡贫困人口实施动态管理。乡（镇）人民政府（街道办事处）要会同村（居）民委员会定期、不定期地开展走访调查，及时掌握农村低保家庭、特困人员和建档立卡贫困家庭人口、收入、财产变化情况，并及时上报县级民政、扶贫部门。县级民政部门要将农村低保对象、特困人员名单提供给同级扶贫部门；县级扶贫部门要将建档立卡贫困人口名单和脱贫农村低保对象名单、脱贫家庭人均收入等情况及时提供给同级民政部门。健全信息公开机制，乡（镇）人民政府（街道办事处）要将农村低保和扶贫开发情况纳入政府信息公开范围，将建档立卡贫困人口和农村低保对象、特困人员名单在其居住地公示，接受社会和群众监督。

三、以精准扶贫为引领，贫困对象动态管理更加细化

精准扶贫思想最早是由习近平总书记提出的。2013年11月，习近平总书记到湖南湘西考察，做出了"实事求是、因地制宜、分类指导、精准扶贫"的重要指示。2014年3月全国"两会"期间，习近平参加代表团审议时又强调，农村扶贫工作要提高精准度，要精确识别和瞄准扶贫对象，因户施策，进一步阐释和丰富了精准扶贫理念。2015年，习近平在贵州省实地考察时，就扶贫开发工作又进一步提出了"六个精准"的基本要求。

2014 年 12 月 4 日，国务院办公厅发布了《国务院办公厅关于进一步动员社会各方面力量参与扶贫开发的意见》（国办发〔2014〕58 号），广泛动员全社会力量共同参与扶贫开发，要求坚持精准扶贫，推动社会扶贫资源动员规范化、配置精准化和使用专业化，真扶贫、扶真贫，切实惠及贫困群众。从大力倡导民营企业扶贫、积极引导社会组织扶贫、广泛动员个人扶贫、深化定点扶贫工作和强化东西部扶贫协作等方面，培育多元社会扶贫主体，形成政府、市场、社会协同推进的大扶贫格局。创新参与方式上，要求构建信息服务平台：以贫困村、贫困户建档立卡信息为基础，结合集中连片特殊困难地区区域发展与扶贫攻坚规划，按照科学扶贫、精准扶贫的要求，制定不同层次、不同类别的社会扶贫项目规划，为社会扶贫提供准确的需求信息，推进扶贫资源供给与扶贫需求的有效对接，进一步提高社会扶贫资源配置与使用效率。在完善保障措施方面，要求建立科学、透明的社会扶贫监测评估机制，推动社会扶贫实施第三方监测评估。充分尊重贫困群众的主体地位和首创精神，把贫困地区的内生动力和外部帮扶有机结合，不断提高贫困地区和贫困群众的自我发展能力。

2015 年 12 月 23 日，中共中央办公厅、国务院办公厅印发《关于加大脱贫攻坚力度 支持革命老区开发建设的指导意见》，要求进一步加大对革命老区的扶持力度，实施精准扶贫、精准脱贫，着力破解区域发展瓶颈制约，着力解决民生领域突出困难和问题，着力增强自我发展能力。要按照区别对待、精准施策的原则，以重点区域、重点人群、重点领域为突破口，加大脱贫攻坚力度，带动老区全面振兴发展。

2016 年 4 月 23 日，中共中央办公厅、国务院办公厅印发《关于建立贫困退出机制的意见》，要求各地深入实施精准扶贫、精准脱贫，以脱贫实效为依据，以群众认可为标准，建立严格、规范、透明的贫困退出机制，促进贫困人口、贫困村、贫困县在 2020 年以前有序退出，确保如期实现脱贫攻坚目标。要坚持规范操作的原则。严格执行退出标准、规范工作流程，切实做到程序公开、数据准确、档案完整、结果公正。贫困人口退出必须实行民主评议，贫困村、贫困县退出必须进行审核审查，退出结果公示公告，让群众参与评价，做到全程透明。强化监督检查，开展第三方评估，确保脱贫结果真实可信。

2016 年 5 月 26 日，原中国保监会、国务院扶贫办发布《关于做好保险业助推脱贫攻坚工作的意见》，要求全面贯彻习近平总书记系列讲话精神，牢固树立和贯彻落实创新、协调、绿色、开放和共享的发展理念，深入学习领会党中央、国务院精准扶贫、精准脱贫基本方略的深刻内涵，增强打赢脱贫攻坚战的使命感紧迫感，以满足贫困地区日益增长的多元化保险需求为出发点，以脱贫攻坚重点人群和重点任务为核心，精准对接建档立卡贫困人口的保险需求，精准创设完善保险扶贫政策，精准完善支持措施，创新保险扶贫体制机制，举全行业之力，持续加大投入，为实现到2020年打赢脱贫攻坚战、全面建成小康社会提供有力的保险支撑。要坚持精准原则。把集中连片特困地区、老、少、边、穷地区，国家级和省级扶贫开发重点县，特别是建档立卡贫困村和贫困户作为保险支持重点，创设保险扶贫政策，搭建扶贫信息与保险业信息共享平台，开发针对性的扶贫保险产品，提供多层次的保险服务，确保对象精准、措施精准、服务精准、成效精准。

2016年6月20日，国务院扶贫办发布《关于实施健康扶贫工程的指导意见》，要求按照党中央、国务院决策部署，坚持精准扶贫、精准脱贫基本方略，进一步加强统筹协调和资源整合，采取有效措施提升农村贫困人口医疗保障水平和贫困地区医疗卫生服务能力，不断提高贫困地区人口的健康水平。要求坚持精准扶贫、分类施策。在核准农村贫困人口因病致贫、因病返贫情况的基础上，采取一地一策、一户一档、一人一卡，精确到户、精准到人，实施分类救治，增强健康扶贫的针对性和有效性。在动态管理方面，要求对患大病和慢性病的农村贫困人口进行分类救治。

2016年7月26日，人力资源和社会保障部、国务院扶贫办发布《关于开展技能脱贫千校行动的通知》，强调实施技能脱贫千校行动，是从"授鱼"到"授渔"精准扶贫的具体举措，各级人力资源和社会保障部门、扶贫部门要将技能脱贫千校行动作为一项重大政治任务，从扶贫攻坚的战略高度，提高对工作重要性的认识，以更加精准的措施、更强的力度，借助优质职业技术学校大力开展技能精准脱贫工作。要明确目标任务，加强对贫困家庭劳动力的培训资助，推进免费接受技工教育，努力实现"教育培训一人，就业创业一人，脱贫致富一户"的目标。明确工作要求：要坚持精准帮扶，建立技工院校电子注册和统计信息管理系统、职业培训实名制信息管理系统与建档立卡贫困人口信息系统精准比对机制，确保扶助对象精准识别。要加强工作考核，把技能脱贫成效纳入地方脱贫攻坚工作考核范围，以建档立卡贫困家庭子女就学状况、资助状况和就业状况为重点，对各地及各技工院校技能脱贫工作实施进展和成效进行考核评价。

2016年8月4日，人力资源和社会保障部发布了《关于在打赢脱贫攻坚战中做好人力资源社会保障扶贫工作的意见》，要求按照精准扶贫、精准脱贫基本方略，充分发挥人力资源社会保障部门职能作用，加大就业创业、技能培训、社会保险和人事人才扶贫力度，完善政策措施，创新工作机制，强化精准发力，为打赢脱贫攻坚战做出积极贡献。要分类为贫困人口提供精准的就业服务，根据贫困地区劳动力掌握的技能水平状况以及他们的就业需求，进行分类施策，提供更加精准的帮扶和精细的就业服务。输出地和输入地要加强劳务协作，加强工作衔接、信息共享，动态掌握劳务对接人员就业情况。要求掌握扶贫底数，各级人力资源和社会保障部门要与扶贫部门建立贫困人口和贫困劳动力信息共享机制，开展建档立卡贫困人口和贫困劳动力基本信息及就业、培训、社会保险等信息的比对，精准识别、动态掌握扶贫对象情况，为实施人力资源和社会保障部门精准扶贫、动态评估成效提供数据支撑。

2016 年 8 月 11 日，原国家旅游局、国家发展改革委、国务院扶贫办等 12 个部门联合发布《乡村旅游扶贫工程行动方案》，要求深入实施乡村旅游扶贫工程，充分发挥乡村旅游在精准扶贫、精准脱贫中的重要作用。坚持精准施策、提高实效的原则，按照"六个精准"的要求，精准锁定乡村旅游扶贫重点村、建档立卡贫困户和贫困人口，精准发力，精准施策，切实提高乡村旅游扶贫脱贫工作成效。

2016 年 10 月 11 日，中共中央办公厅、国务院办公厅印发《脱贫攻坚责任制实施办法》，其中，第十五条明确规定：县级党委和政府应当指导乡、村组织实施贫困村、贫困人口建档立卡和退出工作，对贫困村、贫困人口精准识别和精准退出情况进行检查考核。第十六条规定：县级党委和政府应当制定乡、村落实精准扶贫精准脱贫的指导意见并监督实施，因地制宜，分类指导，保证贫困退出的真实性、有效性。

2016 年 12 月 2 日，人力资源和社会保障部、财政部、国务院扶贫办发布《关于切实做好就业扶贫工作的指导意见》，要求摸清基础信息。各地扶贫部门要在建档立卡工作基础上，切实担负起摸查贫困劳动力就业失业基础信息的责任。对未就业的摸清就业意愿和就业服务需求，对已就业的摸清就业地点、就业单位名称和联系方式，并填写农村贫困劳动力就业信息表，组织专人审核并将信息录入扶贫开发信息系统。各地要定期联系、主动走访已就业贫困劳动力，及时掌握其就业失业情况，对就业转失业的，及时办理失业登记，按规定落实失业保险待遇，提供"一对一"就业帮扶，帮助其尽快上岗。鼓励人力资源服务机构对已就业农村贫困劳动力持续、跟踪开展就业服务，按规定给予就业创业服务补贴。

2017 年 1 月 22 日，人力资源和社会保障部办公厅发布《关于做好农村贫困劳动力就业信息平台有关工作的通知》，工作目标方面，要求依托互联网，通过平台建设全国农村贫困劳动力就业信息实名制动态数据库，形成跨部门、跨地区联动维护机制，使各级人力资源社会保障部门明确本地区就业扶贫工作对象，并动态管理农村贫困劳动力就业失业信息，记载提供相关就业服务和享受政策情况，全面体现本地区就业扶贫工作进展和成效。工作任务方面，要求掌握基本信息。人力资源和社会保障部每年1月份将国务院扶贫办扶贫开发信息系统中的农村贫困劳动力基本信息交换导入平台，并于每季度初通过与该部掌握的就业和社会保险信息进行比对，更新相关信息。各级人力资源和社会保障部门于每季度初三个工作日内，通过平台了解掌握本地户籍和在本地就业的农村贫困劳动力信息，作为就业扶贫工作对象。要动态更新就业失业信息。各地要加强对辖区内就业扶贫工作对象的跟踪服务，及时掌握其就业失业状态，有针对性地提供职业指导、职业介绍、技能培训和权益维护等服务，对符合条件的落实相关扶持政策，并在平台上及时更新就业失业状态变动情况和提供服务落实政策情况。

2017年6月27日，民政部、财政部、国务院扶贫办三个部门联合发布《民政部 财政部 国务院扶贫办关于支持社会工作专业力量参与脱贫攻坚的指导意见》，强调坚持以人为本、精准服务，科学评估贫困群众服务需求，分类制定个性化扶贫方案，有效配置扶贫资源，灵活选择服务方式，开展有针对性的个案服务，助力精准扶贫、精准脱贫；要求社会工作专业力量配合社会救助经办机构对贫困群众开展需求评估、分析致贫原因、制定救助方案，促进救助对象的精准识别和精准管理，推动贫困群众服务需求与扶贫资源精准对接。

2017年8月1日，人力资源和社会保障部、财政部、国务院扶贫办联合发布《关于切实做好社会保险扶贫工作的意见》，明确了社会保险扶贫的目标任务，通过充分发挥农村社会保险政策的积极作用，不断完善和落实农村社会保险的扶贫政策，尽快实现社会保险的全覆盖，并不断提高社会保险的待遇水平和保障能力，为农村精准脱贫提供有力的支持。要求人力资源和社会保障部、国务院扶贫办建立信息共享机制，定期开展建档立卡贫困人口与全国社会保险参保人员数据信息比对工作。各级人力资源和社会保障部门要建立管理台账，做好人员标识，动态掌握建档立卡贫困人口参保和待遇保障情况，为实施社会保险精准扶贫提供数据支撑。各地财政部门要做好社会保险补助资金的预算安排和分配下达，确保按时足额拨付到位。

2017年11月21日，中共中央办公厅、国务院办公厅印发了《关于支持深度贫困地区脱贫攻坚的实施意见》，对我国农村深度贫困地区的脱贫攻坚工作做出了十分全面的部署，要求各地方加强扶贫资源统筹和整合，坚持精准扶贫思想，精确识别和瞄准困难群体，集中一切扶贫资源和力量解决本区域内的深度贫困问题。各级扶贫部门要做实做细贫困人口的建档立卡工作，加强对贫困人口的精准识别、精准管理和精准退出。

四、一系列综合性法规和专项法规政策的实施，推动了农村扶贫和
　　社会救助事业加速发展

2011 年 12 月 1 日，中共中央、国务院印发的《中国农村扶贫开发纲要（2011—2020 年）》是今后一个时期我国扶贫开发工作的纲领性文件。纲要要求做好扶贫对象管理，要建立健全扶贫对象识别和瞄准机制，做好贫困对象的建档立卡工作，实行扶贫对象动态管理，确保贫困人口得到切实有效的扶持。在行业扶贫方面，要完善社会保障制度。逐步提高农村最低生活保障和"五保"供养水平，切实保障没有劳动能力和生活常年困难农村人口的基本生活。健全自然灾害应急救助体系，完善受灾群众生活救助政策。加快农村社会养老保险制度建设，重点支持贫困地区社会保障服务体系建设，改善贫困地区危房改造试点，帮助贫困户解决基本住房安全问题。

2012 年 1 月 19 日国务院发布《农村残疾人扶贫开发纲要（2011—2020 年）》（国办发〔2012〕1 号），要求各地区、各有关部门进一步提高对农村残疾人扶贫开发工作的认识，切实做好残疾人扶贫工作。纲要提出了 2011—2020 年农村残疾人扶贫工作的总体要求和任务目标，制定了相应的保障政策和扶持措施，加强组织领导，要将符合条件的农村贫困残疾人纳入最低生活保障制度等社会救助制度，实现"应保尽保"。加强农村残疾人扶贫资金使用管理，完善残疾人扶贫专项资金和项目管理办法，提高扶贫资金使用效率。加大资金使用情况监督检查力度，强化审计监管，防止和杜绝挤占、挪用、贪污扶贫资金等现象，确保资金安全。做好统计监测绩效评估，将农村残疾人扶贫列入政府扶贫统计、监测和检查范围，完善统计报表制度和信息管理系统，制定农村残疾人扶贫工作指标体系及评估标准，对残疾人贫困人口和残疾人扶贫规划执行情况实行年度动态监测。在规划执行中期和期末进行全面考核与绩效评估。

2014 年 2 月 21 日，国务院通过《社会救助暂行办法》，这是我国第一部统筹各项社会救助制度的行政法规。办法将最低生活保障、特困人员供养、受灾人员救助、医疗救助、教育救助、住房救助、就业救助和临时救

助 8 项制度以及社会力量参与作为基本内容，建立了完整清晰的社会救助制度体系。规定社会救助坚持托底线、救急难、可持续，与其他社会保障制度相衔接，社会救助水平与经济社会发展水平相适应。社会救助工作遵循公开、公平、公正、及时的原则。办法要求最低生活保障家庭的人口状况、收入状况、财产状况发生变化的，应当及时告知乡（镇）人民政府、街道办事处。县级人民政府民政部门以及乡（镇）人民政府、街道办事处应当对获得最低生活保障家庭的人口状况、收入状况、财产状况定期核查。最低生活保障家庭的人口状况、收入状况、财产状况发生变化的，县级人民政府民政部门应当及时决定增发、减发或者停发最低生活保障金；决定停发最低生活保障金的，应当书面说明理由。办法要求县级以上人民政府民政部门应当建立申请和已获得社会救助家庭经济状况信息核对平台，为审核认定社会救助对象提供依据。

2015 年 11 月 23 日，中共中央政治局审议通过《关于打赢脱贫攻坚战的决定》，明确要求到 2020 年，稳定实现农村贫困人口不愁吃、不愁穿，义务教育、基本医疗和住房安全有保障。决定提出了基本原则，要求各地要坚持精准扶贫，不断提高扶贫成效。在脱贫攻坚工作中要着重抓好"精准"二字，努力解决好"扶持谁、谁来扶、怎么扶"的问题，真正做到扶真贫、真扶贫、真脱贫，真抓实干，切实提高扶贫成效，增强扶贫工作的可持续性。要做好贫困人口的建档立卡工作，并要求定期进行全面核查，加强动态监测，实行动态管理，确保贫困对象有进有出。要根据贫困人口不同的致贫原因以及脱贫需求，实行分类救助和扶持，精准施策。加强农村低保对象家计调查工作，严格核查申请对象家庭收入，做到"应保尽保"。加强农村低保制度和扶贫开发政策的有效衔接，加强贫困人口数据互通、资源共享，加强信息平台建设，提高农村脱贫整体效果。

2016 年 4 月 16 日，民政部发布了《民政部关于贯彻落实〈中共中央国务院关于打赢脱贫攻坚战的决定〉的通知》（民发〔2016〕57 号），进一步提高民政系统承担脱贫攻坚任务的认识，明确贯彻落实决定的重点任务。要求不断完善农村低保制度，做到"应保尽保"。脱贫攻坚过程中要加强农村低保与扶贫开发的有效衔接，其他重点任务，根据致贫因素分别采取相应的对策，做到统筹协调、精准施策。

2016 年 12 月 2 日，国务院印发了《"十三五"脱贫攻坚规划》，阐明了"十三五"时期国家脱贫攻坚总体思路、基本目标、主要任务和重大举措，要求各地脱贫攻坚要坚持精准扶贫、精准脱贫；精确瞄准、因地制宜、分类施策，大力实施精准扶贫脱贫工程，切实做到真扶贫、扶真贫、真脱贫。要加强贫困对象的建档立卡工作，不断健全贫困对象精准识别与动态管理机制，实行贫困对象有进有出。要根据贫困人口的致贫原因精准施策，切实做到项目安排精准、资金使用精准、措施到户精准。要严格执行贫困对象退出制度。

第五章　农村低保与扶贫对象
动态管理问卷调查分析

　　本课题组先后开展了两次问卷调查。第一次以重庆市农村居民为调查对象，于 2015 年 1 月至 2015 年 8 月深入重庆各区县开展问卷调查和个案访谈。① 第二次问卷调查于 2016 年 1 月至 2016 年 12 月在全国范围内展开。第二次问卷调查分成两个部分进行，第一部分以全国农村居民为调查对象，第二部分以基层低保和扶贫工作干部队伍为调查对象。② 通过问卷调查和个案访谈，本研究获取了大量的第一手资料。

---

　　① 本次问卷调查的调查员来自重庆大学和重庆三峡学院公共管理专业在校本科生。课题组成员经过多次会议讨论，研究确定调查思路，对调查员进行了培训，并在正式调查之前对问卷进行了试调查。本次问卷调查采取配额抽样方法，在重庆市各区县共发放问卷 1 300 份，主要覆盖渝东北和渝东南贫困地区，问卷发放比例为渝东北 40%，渝东南 35%，其他地区 25%。回收有效问卷 1 215 份，有效率为 93.5%。问卷共 38 个题目，由被调查者基本信息、家庭收支情况、农村贫困现状、农村低保与扶贫开发实施情况、贫困对象动态管理现状等部分组成。对回收的有效问卷使用 SPSS 统计软件进行分析。此外还对部分区县扶贫办和民政局以及乡（镇）基层低保与扶贫工作人员进行了个案访谈。

　　② 本次问卷调查，调查员来自四川大学、重庆大学、西南政法大学、重庆三峡学院、重庆工程学院、长江师范学院、湖北民族学院等高校的教师、研究生和本科生。在前期研究经验积累的基础上，问卷调查采取判断抽样，在全国范围内共发放 2 000 份问卷。其中，农村居民部分共发放 1 300 份，回收有效问卷 1 176 份，有效率为 90.5%。基层工作人员发放问卷 700 份，回收有效问卷 575 份，有效率为 82.1%。问卷内容主要包括被访者基础情况、农村低保和扶贫开发工作现状及问题、贫困对象动态管理等。同时，调查员还进行了大量的深入访谈。

第一节　第一次问卷调查基本情况

一、被调查对象的人口特征

1. 性别比例

在回收的 1 215 份有效问卷中，男性有 678 人，占总人数的 55.80%，女性有 537 人，占总人数的 44.20%。见图 5-1。

图 5-1　性别比例

2. 年龄结构比例

在回收的 1 215 份有效问卷中，本课题组将被调查对象划分为五个年龄段，具体年龄段及样本分布为：10～20 周岁占 3%，21～30 周岁占 7.80%，31～40 周岁占 10.20%，41～50 周岁占 46.70%，51 周岁及以上占 32.30%。见图 5-2。从年龄结构来看，被调查对象以中老年人为主，反映了当前重庆农村常住人口老龄化程度较高，青壮年大多外出务工或求学的情况，因此 40 周岁（含）以下的样本所占比例较低。这与我们在农村走访到的情况相符，留守农村的大多为年龄偏大、知识和技能缺乏者，也是农村低保和扶贫政策的主要对象。

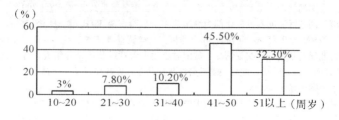

图 5-2　年龄结构比例

3. 文化程度分布比例

1 215 名被调查对象的文化程度分布情况为：小学及以下 42.6%，初中为32.9%，高中或中专为16.1%，大专为5.2%，本科及以上为3.2%。见图5-3。从数据可以看出，被调查对象的学历较低，初中及以下占到了75.5%。人力资本储量不足、文化水平较低、技能缺乏、观念落后等，这些都是农村居民的真实写照，也是导致贫困的一个重要因素。

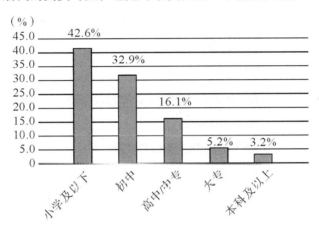

图5-3　文化程度分布比例

4. 调查对象类型

在1 215份有效问卷中，我们对被调查对象的类型进行了分类统计，其中享受农村低保者占24.40%，享受扶贫政策者占19.6%，其他占56%。见图5-4。

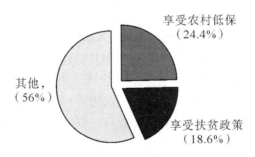

图5-4　调查对象类型分布

二、被调查对象的家庭经济状况

1. 收入来源分布比例

分析调查对象家庭的收入来源，可以很好地了解其致贫原因及贫困状况。农村居民的家庭收入来源多样化，但主要集中在传统农业和外出务工两方面，其他收入来源占比较小。调查样本中，选择农业收入的有510人，占42%，选择外出务工或者经商收入的人超过总数的一半以上，为755人，占62.1%。另外，选择子女及亲朋好友提供的有153人，选择政府提供的低保金的有244人，选择扶贫资金的有112人，选择其他收入来源的有176人。见图5-5。

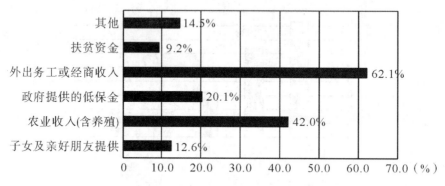

图5-5 家庭收入主要来源分布（可多选）

2. 家庭收入与支出分布比较

支出型贫困是农村贫困的一个重要类型，农村居民所获得的基本民生保障还远远不够，尤其是养老、医疗、教育这些关键领域。通过比较家庭收入与支出，可以反映被调查对象经济状况。课题组将家庭年人均纯收入划分为5个层次，调查统计发现，家庭人均年纯收入在2 300元及以下的有426人，占35.1%；2 301~4 000元的有287人，占23.6%；4 001~6 000元的有188人，占15.5%；6 001~8 000元的有196人，占16.1%；8 001元及以上的有118人，占9.7%。2011年11月，我国贫困线标准由原来的1 196元提高至2 300元。本次调查发现，重庆市农村家庭年人均纯收入普遍偏低，年人均纯收入低于2 300元的占到35.1%，比1/3还略多一点，说明贫困人口还很多，脱贫任务艰巨。同时，农村居民的支出与收入的变化并不一致，家庭年人均纯收入4 001元以上的只占41.3%，而家庭年人均支出4 001元以上的占63.6%。当然调查过程中不排除有少数农村居民有意少报收入或隐瞒实情的情况，但恰恰也反映了他们对当前的家庭收入不够满意，而普遍认为家庭支出过大。见图5-6。

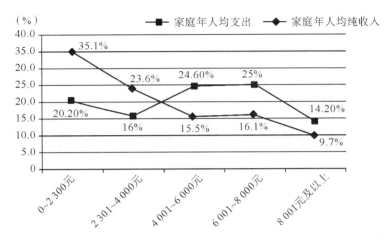

图5-6 家庭收入与支出分布对比

3. 家庭主要开支分布

调查中问到"您的家庭开支主要用于哪些方面?",有效答卷中,选择用于吃饭的占69.5%,子女教育的占66.7%,穿衣的占54%,医疗的占50%,住房的占28.7%,农业生产投入的占27.2%,其他占15%。见图5-7。通过数据可以看出,农村居民的支出主要用于日常开支,教育、医疗所占比重较高,反映当前农村由于收入偏低、基本民生保障不够导致的支出性贫困问题较为突出。尤其是因病致贫、因学致贫现象突出。

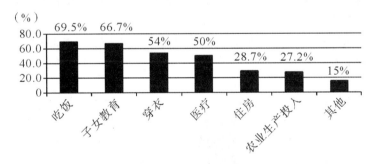

图5-7 家庭主要开支分布(可多选)

4. 致贫原因分布

问卷调查了解到,导致农村贫困或返贫的原因是多方面的:因学致贫、收入来源少、因病致贫、劳动力缺乏、因老致贫、多子女家庭、遭遇自然灾害或突发事件等。可以说,农村贫困家庭致贫原因是各不相同的,有的是单一因素,更多的则是多种因素的叠加,贫困的程度也更加严重。

见图 5-8。

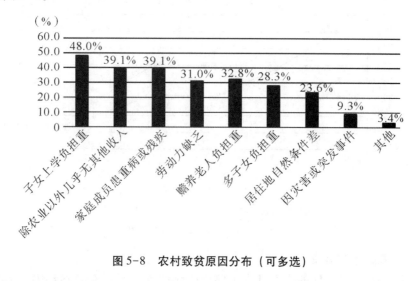

图 5-8　农村致贫原因分布（可多选）

5. 参加保险情况

针对"您和您的家人目前参加了哪些保险？"这个问题，在有效答卷中，有 628 人选择了新型农村养老保险，占 51.7%；1 043 人选择了新型农村合作医疗，占 85.8%；有 63 人选择了商业保险，占 5.2%；选择未参与任何保险的人数有 91 人，占 7.5%。见图 5-9。从数据可以看出，由于农村因病致贫现象突出，长期以来农村看病贵、看病难问题较为严重，因此农村居民对于医疗保险较为重视，而养老对他们来说相对遥远，重视不够。农村居民对于通过商业保险化解风险了解不够，普遍缺乏风险意识，甚至还有 7.5% 的人没有参与任何保险。

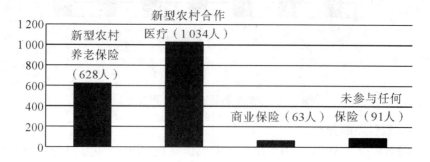

图 5-9　参加保险情况（可多选）

6. 农村合作医疗实施效果

"因病致贫、因病返贫"一直是我国农村长期面临的社会问题，"一病回到解放前"是对许多贫困家庭的真实写照。新型农村合作医疗是降低农民就医成本，减轻农民医疗负担的一项重要社会政策，也是帮助贫困人口摆脱困境的有效举措。针对"您觉得农民参加新型合作医疗后，如果生病了，自己承担的医疗费用相比以前怎样"这个问题，通过调查，1 215 份有效问卷里有 751 人觉得相比以前减轻了，占总人数的 61.8%；有 332 人认为不好说，占 27.3%；有 84 人觉得没什么变化，占 6.9%；有 48 人认为增加了，占 4%。见图 5-10。这表明新型农村合作医疗制度对减轻农民负担起了积极作用，但是调查了解到，由于一些基层医院（医生）对参保与未参保的患者实行区别对待，存在大处方、小病大治等道德风险，致使少数参保的患者医疗费用比参加前反而增加了。

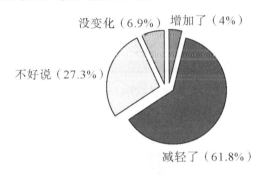

图 5-10　农村合作医疗实施效果

第二节　第二次问卷调查基本情况

一、被调查对象的人口特征

1. 样本的地域分布

在接受调查的 1 176 个样本中，有 115 人来自东部地区，占总人数的 9.8%，195 人来自中部地区，占总人数的 16.6%；来自西部地区的人数最多，为 866 人，占总人数的 73.6%。见图 5-11。西部贫困地区尤其是集中连片特困地区是我国扶贫开发的主战场，脱贫任务艰巨。因此，本课题组第二次问卷调查较多地抽取了西部地区样本，根据西部地区贫困人口分布状况，采取判断抽样方法获得样本。

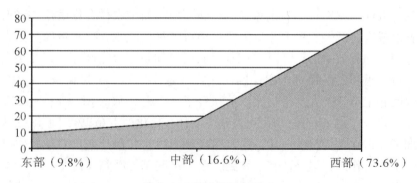

图 5-11　样本的地域分布

2. 性别比例

在回收的 1 176 份有效问卷中，男性有 635 人，占总人数的 54%；女性有 541 人，占总人数的 46%。见图 5-12。从数据来看，男性比女性高 8%，与第一次问卷调查情况基本一致，反映了农村居民中男性比女性更易于沟通，更易于全面了解其家庭以及所在地的贫困状况。

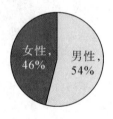

图 5-12　性别比例

3. 年龄结构比例

从年龄结构分布来看，与第一次问卷调查来自重庆的样本基本一致，被调查对象以中老年人为主，农村常住人口老龄化程度较高，青壮年大多外出务工或求学，因此 40 周岁以下的样本所占比例较低。在回收的 1 176 份有效问卷中，本次调查将被调查对象划分为七个年龄段，具体年龄段及样本分布为：20 周岁及以下占 3.7%，21~30 周岁占 15.1%，31~40 周岁占 14.2%，41~50 周岁占 29.3%，51~60 周岁占 16.1%，61~70 周岁占 12.8%，71 周岁及以上占 8.8%。见图 5-13。第二次将样本年龄结构进行细分，是为了更好地了解各个年龄层次的贫困状况，尤其关注各个年龄层次的贫困原因，如老年贫困问题，在不同的年龄层次都有不同的表现。

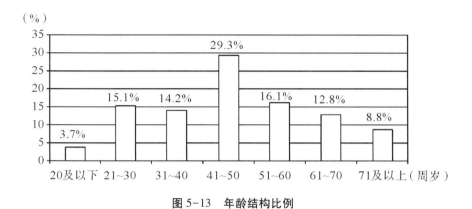

图 5-13　年龄结构比例

4. 被调查对象的类型分布

1 176 名被调查对象中，享受低保的村民占总人数的 12.3%，享受扶贫政策的村民占总人数的 13.4%，同时享受低保和扶贫两项政策的村民占总人数的 9.8%，普通村民占总人数的 64.5%。在第二次抽样过程中，更加关注享受农村低保和扶贫政策的人群，分析致贫原因，了解他们的脱贫需求，共占样本比例达到 35.5%。见图 5-14。

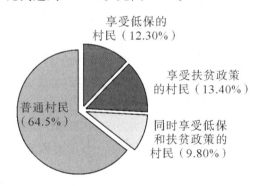

图 5-14　调查对象类型分布

5. 文化程度分布

1 176 名被调查对象的文化程度分布情况为：小学及以下 35.7%，初中为 37.8%，高中或中专为 17.5%，大专为 6.6%，本科及以上为 2.4%。从数据可以看出，与第一次问卷调查情况一致，被调查对象的学历较低，初中及以下占到 73.5%。见图 5-15。这反映了西部农村人力资本储量不足，农村人口文化水平较低，农村各类人才严重不足，农村人才流失严重，导致西部农村发展后劲不足。这与长期以来我国西部地区农村教育落后直接相关，也是导致西部农村贫困的一个重要因素。

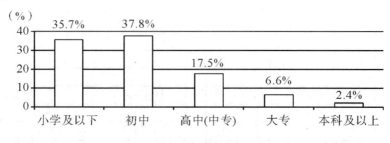

图 5-15　文化程度分布

6. 家庭人口数分布比例

调查显示，家中只有 1 人的为 0.1%，家中有 2 人的为 2.1%，家中有 3 人的为 17.7%，家中有 4 人的为 37.3%，家中有 5 人的为 26.1%，家中有 6 人及以上的为 16.6%。调查样本中，家庭以 4 人和 5 人为主，共占 63.4%，反映了农村家庭规模状况。见图 5-16。

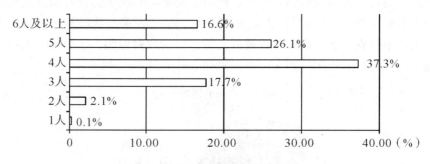

图 5-16　家庭人口数量分布比例

7. 家庭老年人口数分布比例

家庭养老负担重是导致农村贫困的一个重要因素，因老致贫现象突出。调查显示，家中没有老年人为 25.9%，家中有 1 位老年人的为 34.4%，家中有 2 位老年人的为 32.9%，家中有 3 位老年人的为 3.7%，家中有 4 位老年人的为 2.8%，家中有 5 位老年人的为 0.3%。从数据分析看，农村家庭有 1 位以上老年人的共占 74.1%，以 1 位和 2 位老年人占比最高，合计达 67.3%。见图 5-17。

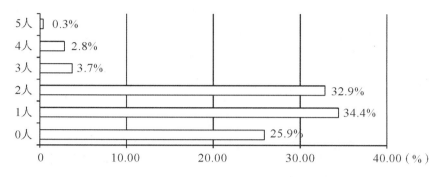

图 5-17 家庭老年人口数量分布比例

8. 家庭未成年人口数分布比例

家中没有未成年人的为 35.1%，家中有 1 位未成年人的为 37.3%，家中有 2 位未成年人的为 25.5%，家中有 3 位未成年人的为 1.7%，家中有 4 位未成年人的为 0.3%，家中有 5 位及以上未成年人的为 0.1%。未成年人需要抚养成本、教育投入，这往往是一些农村家庭贫困的原因。从数据来看，64.9%的家庭有 1 位以上未成年人需要抚养或上学，抚养成本和教育投入构成其家庭开支的一部分，在收入缺乏保障的情况下，支出型贫困成为可能。见图 5-18。

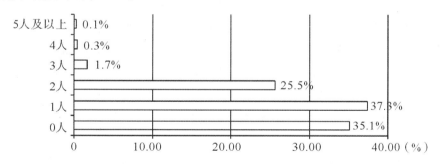

图 5-18 家庭未成年人口数分布比例

9. 家庭常年务工人数分布比例

数据显示，被调查样本中，家庭没有人外出务工的为 28.7%，家中有 1 人务工的为 37.7%，家中有 2 人务工的为 29.5%，家中有 3 人务工的为 2.6%，家中有 4 人务工的为 1%，家中有 5 人务工的为 0.3%，家中有 6 人及以上务工的人为 0.2%。调查显示，有 71.3%的样本家庭有 1 人以上常年外出务工。见图 5-19。我国农村地区尤其是西部农村，收入来源主要依靠农业和外出务工这两部分。改革开放以来，我国农村剩余劳动力外出务工呈逐年上升趋势，这是我国工业化和城镇化的必然结果。当然这也反映了我国农村农民增收渠道单一，农业产业化发展滞后。农村大量劳动力外出，对农村经济社会的发展以及乡村振兴带来了不利影响。

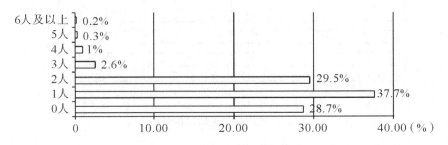

图 5-19　家庭常年务工人数分布比例

10. 家庭常年患病人数分布比例

长期以来，我国农村因病致贫返贫现象突出，一些研究机构调查显示，我国农村贫困原因中，疾病导致贫困的比重接近全部贫困人口的一半。本次调查数据显示，样本中家庭没有人患病为 47.5%，家中有 1 人常年患病的为 38.3%，家中有 2 人常年患病的为 12.6%，家中有 3 人常年患病的为 1.3%，家中有 4 人常年患病的为 0.2%，家中有 5 人常年患病的为 0.1%。可见，所有样本中，有 1 人以上常年患病的家庭占到 52.5%，略超过样本量的一半。见图 5-20。这个比例十分惊人，所有样本不都是贫困人口，但常年患病人数却如此之多，反映了当前农村居民的健康状况比较糟糕，农村看病难、看病贵问题的真正解决还需要很长时间，还需要付出巨大的努力。

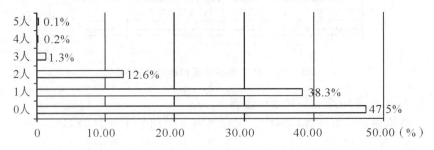

图 5-20　家庭常年患病人数分布比例

二、被调查对象的家庭经济状况

1. 家族收入来源

本次问卷调查将农村居民的家庭收入来源细分为农业（含养殖）收入、外出务工或经商收入等11个类别。数据显示，比重较高的仍是农业和务工收入。调查样本中，选择农业（含养殖）收入的有635人，占54%；选择外出务工或者经商收入的有633人，占53.8%；其次，选择打零工的有540人，占45.9%。另外，选择子女供养的有342人，选择退耕还林的有324人，选择粮食直补的有293人，选择养老金的有301人，选择计划生育政策补助的有201人，选择政府提供低保金的有269人，选择扶贫资金的有269人，选择其他收入来源的有295人。见图5-21。从数据可以看出，农村家庭收入来源多样化，但主要仍然依靠农业和务工两部分收入。同时，收入多样化，致使家庭收入核算的难度加大，给低保和扶贫对象的识别带来困难。

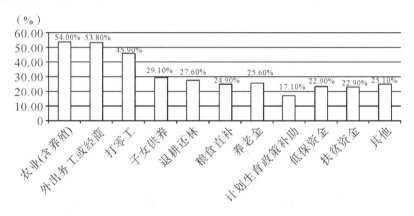

图 5-21 家庭收入来源（可多选）

2. 家庭年人均纯收入

问卷调查将家庭年人均纯收入划分为5段，家庭人均年纯收入在2 300元及以下的有328人，占27.9%；2 301~4 000元的有445人，占37.8%；4 001~6 000元的有241人，占20.5%；6 001~8 000元的有85人，占7.2%；8 001元及以上的有77人，占6.5%。从调查数据来看，农村家庭收入水平偏低，年人均纯收入低于4 000元的占65.7%。见图5-22。当然不排除问卷调查时被调查对象故意压低和虚报家庭收入，但可以大致反映出农村家庭收入的客观情况，以及农村居民对家庭收入的满意度较低。从图5-22也可以看出，勉强维持开支和入不敷出者占比达82.6%。

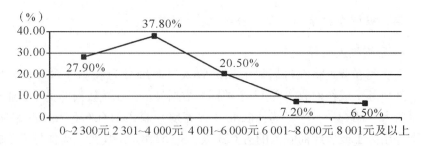

图 5-22　家庭年人均纯收入

3. 家庭经济状况

当调查中问到"目前您家庭的经济状况如何?"时,有 256 人选择家庭欠债(入不敷出),占 21.8%;有 714 人选择勉强维持开支,占 60.8%;有 201 人选择生活比较宽裕,占 17.1%;只有 4 人选择家庭很富裕,占 0.3%。见图 5-23。

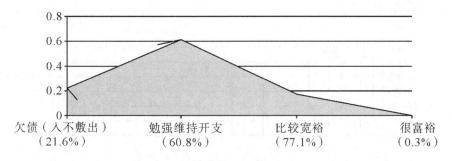

图 5-23　家庭经济状况

4. 家庭主要支出

当调查中问到"您的家庭开支主要用于哪些方面?"时,选择用于吃饭穿衣的占 70.2%,住房的占 38.8%,医疗的占 46.8%,子女教育的占 64.3%,农业生产投入的占 36%,人情开支的占 40.1%,其他占 27%。见图 5-24。支出占比较高的仍然是日常开支以及教育、医疗等,与第一次调查数据基本相似,表明农村居民支出仍以教育、医疗等基本民生为主,在收入没有较大幅度增长的情况下,支出型贫困仍较为突出。

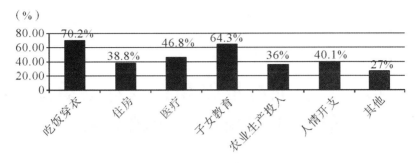

图 5-24 家庭主要支出（可多选）

5. 参加保险情况

针对"您和您的家人目前参加了哪些保险?"这个问题，在被调查对象中，有519人选择了新型农村养老保险，占44.1%；821人选择了新型农村合作医疗，占69.8%；有274人选择了商业保险，占23.3%；选择未参与任何保险的有312人，占26.5%。见图5-25。

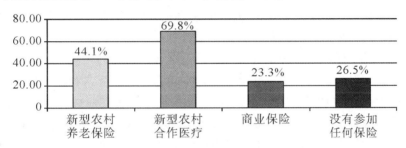

图 5-25 参加保险情况

从调查数据分析来看，当前农村家庭虽然经济来源较广泛，但缺乏稳定的来源。农业收入"靠天吃饭"，外出务工收入往往不具有连续性，存在收入中断的情况。收入水平偏低，支出较大，尤其是基本民生支出占家庭收入比例较高。农村脱贫攻坚在"三不愁三保障"方面虽然取得了巨大成绩，但支出型贫困仍然存在，尤其是在医疗、教育方面的支出，是导致贫困人口致贫的重要原因。在此情况下，农村居民参加各类保险的能力不足，积极性不高，因而面临各类风险，同时缺乏有效的规避和化解途径。

第六章　农村低保和扶贫对象动态
管理机制现状与问题分析

　　所谓机制是指机体的构造、功能和相互关系，泛指一个工作系统的组织或部分之间相互作用的过程和方式。农村低保和扶贫对象动态管理机制则可定义为：农村低保和扶贫对象管理过程中的制度、措施及其相互作用的过程与方式，是有关贫困对象动态管理过程中制度化、系统化的方法体系。笔者认为，这个动态管理机制应包括五个子机制：贫困对象识别机制、贫困对象分类救助机制、贫困对象自身"造血"机制、动态考核与退出机制、部门联动与资源整合机制。通过这五个机制的相互作用，可以对低保和扶贫对象进行科学、规范管理，不局限于动态进入和退出机制，还要加强监督，包括信息及时更新和互联互通，实现"应保尽保、应扶尽扶、应退尽退"的目标。本章整体上运用SPS（Structured-Pragmatic-Situational）分析方法，即结构化—实用化—情境化的研究方法，综合运用问卷调查数据和访谈案例，结构上按照"农村低保和扶贫对象动态管理机制"（参见图6-1），从五个方面探讨当前农村低保和扶贫对象动态管理的现状与问题。

　　相关数据来源于研究组开展的问卷调查，而问卷设计建立在研究组大量文献分析、社会调查等前期扎实的工作之上，因而问题紧紧围绕实用化展开，力求使研究结论具有良好的政策参考和经验借鉴作用；情境化的要求体现在案例研究上面，研究分析从实际出发；还原现实，忠于事实，以某县、某乡（镇）、某村、某基层工作人员或某农村居民为分析对象，围绕农村低保和扶贫对象动态管理工作各个环节的情境展开。在此基础上，本章运用跨学科综合研究方法，用调研资料、数据及大量案例来阐释和充实模型，使研究具有很强的结构性，从而能够比较完整和全面地分析农村低保和扶贫对象动态管理现状与问题。

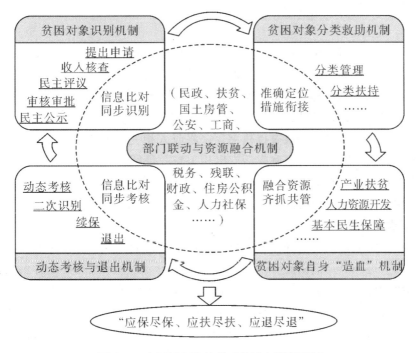

图 6-1　农村低保和扶贫对象动态管理机制

第一节　贫困对象识别机制现状与问题分析

一、贫困对象识别机制现状

农村低保制度作为社会保障的最后一道"安全网"，其在救灾济贫、缓解贫困社会成员的生存危机方面有着不可替代的作用。扶贫着重提高贫困人口的发展能力。两项制度共同发力，形成农村脱贫的"两轮驱动"。根据精准扶贫的要求，首先要精准识别和瞄准贫困对象，精确找到最需要帮扶的贫困人口。因此，贫困对象的识别是两项制度的基础和首要环节，准确地识别和确定帮扶对象对合理地配置有限的扶贫资源，提高脱贫工作的效率具有重要意义。能否准确识别贫困对象，直接关系到扶贫工作的效果。准确识别与瞄准所需要帮扶的贫困对象是两项制度顺利实施的基础和前提，也是确保两项制度公平和高效运行的重要保障。两项制度对象的识别过程包括提出申请、收入核算、民主评议、审核审批和民主公示等环节，是一个较为复杂的过程。

1. 提出申请

申请是农村低保与扶贫政策中贫困对象识别机制的第一个环节。课题研究组在调查中了解到，大部分地区由县级民政和扶贫部门公布关于申请农村低保和贫困户的条件，如对申请人户口、收入、支出水平等条件进行了具体要求。符合条件的居民需要携带申请书、居民户口簿、居民身份证复印件、家庭经济状况核查授权书、家庭收入相关有效证明材料、家庭财产相关有效证明材料、家庭生活支出相关有效证明材料以及审批管理机关要求提供的其他有关材料，向户籍所在地乡（镇）、居委会人民政府提出书面申请，自我申请有困难者可委托村（居）民委员会代为申请。

2. 收入核查

社会救助是一项选择性社会福利政策，农村低保和扶贫政策能否有效实施的关键环节是能否建立有效的受益者选择机制。[①] 既然是选择就要制定选择的标准，标准不统一，就不能形成统一的政策，就会加大选择的难度。课题研究组在调查中了解到，有些地区出台了相应的收入核算制度，明确了家庭收入核算的适用范围、家庭收入计算项目、家庭收入计算方法、就业能力系数的确定以及残疾和患有疾病人员的界定标准，为科学合理计算申请家庭收入，精准识别救助对象，做到"应保尽保、应扶尽扶"提供了切实可行的政策依据，但是大部分地区仍处于政策空白或不完善阶段。收入核查是任何选择性救助制度面临的共同难题，在两项制度收入核查中，这个问题尤为突出，收入核实缺乏统一标准，工作人员也缺乏相应的核查手段。随着农村流动人口以及外出务工人员的增多，农村家庭的收入来源逐渐变得多元化，而财产的多元化则容易导致财产的隐瞒和造假。此外，农作物收入、牲畜养殖收入等，由于市场价格的不稳定以及物价差异等，往往难以用货币进行量化，使得基层工作人员在收入核查过程中实实在在地面临诸多困难。在对乡（镇）干部进行问卷调查时，问到当地"是否建立贫困对象家庭收入核算办法"这个问题时，有399人选择"是"，占69.4%；128人选择"否"，占22.3%；47人选择"不清楚"，占8.2%。见图6-2。

---

① 刘晓梅. 农村低保家庭收入核查机制研究 ［J］. 农业经济问题，2010（9）.

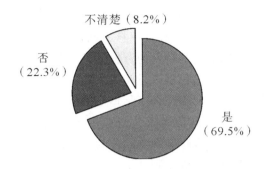

图6-2　是否建立家庭收入核算办法（N=575）

3. 民主评议

为了弥补收入核查的不足，确保贫困对象识别的公平，民主评议是一个比较有效的办法。各地大多建立了比较完善的基层民主评议制度，一些地方还成立了民主评议小组，成员大多由基层工作人员、党员代表、地方人大代表以及村民代表等组成，并明确规定评议小组的工作职责，有的地方还对评议小组成员组成情况进行公示，确保评议小组能够公正履职。评议会上，首先由会议主持人通报之前的脱贫攻坚工作开展情况，包括当前贫困人数、户数，成功脱贫人数、户数，以及扶贫工作完成情况和低保发放情况等，并介绍历年来的动态调整情况，比如新增贫困人数、户数，退出贫困对象机制人数、户数；把存在的问题亮出来，解决群众的疑惑，讲解低保相关政策和申请办理程序。其次由符合上述贫困户标准的居民在会议上进行自我介绍，主要介绍家庭人员组成情况、收支情况、供养学生情况、房屋情况以及自身情况等，同时由参会评议员进行记录和评价，确认各居民所述情况是否属实。在每个申请人员都介绍完毕后，最后由参会的评议员进行讨论商量，通过举手表决、少数服从多数的方式认定贫困对象。通过召开民主评议会，使低保与扶贫工作更加人性化、透明化，推动两项制度公平、公正、公开进行，大大降低了"错评""漏评"的发生。通过民主评议评选出符合条件的贫困户，确保两项制度在阳光下运行。有的地方还开展了评议小组"大走访"活动，详细全面地了解贫困人口的生产生活情况。在走访的基础上，及时召开民主评议会，确保群众拥有足够的参与权。

4. 审核审批

审核审批是贫困对象识别机制中的一个重要部分。

审核是审查核定，指获得审核证据并对其进行客观的评价，以确定该对象是否满足享受帮扶资格的一系列过程。首先，乡（镇）政府对民主评议确认的贫困对象的相关资料进行审核，确认贫困对象的资料不存在作假、虚造的情况，以保证贫困对象的资料完整、真实；其次，将资料提交到县民政局进行审批。审批包括以下步骤：第一，材料审查。在审查过程中，一旦发现资料存在任何不符合实际情况的作假、谎报，该对象的资料会被退回，并且不再享受低保政策；资料不齐全的，会被退回并要求补齐。第二，入户抽查。该步骤最主要的目的是通过抽查再次确认个人资料的真实性，确保贫困对象精准识别。第三，集体审议。通过工作人员集体审核、讨论、评议后，确认最终贫困对象名单。第四，审批前公示。为了保证居民的知情权得到保障，对审批结果进行公示，使审批更加公正、民主。第五，做出审批决定，最终确认贫困对象。

通过该审核审批流程，进一步确认了贫困对象的实际情况是否符合贫困对象识别条件，并通过公示增强贫困对象审批审核的透明度，接受群众监督，并执行严格的上报程序，将低保制度真正落到实处。

各地县级民政和扶贫部门大都对审核进行了明确要求，制定了相应的审核审批办法，一些地方要求在全面审查乡（镇）、街道上报材料的基础上，还要按照不低于30%的比例入户进行抽查。虽然抽查比例各有不同，但是对于基础工作人员的收入核查、民主评议工作是一个很好的监督。

审批是指审查批示，即对下级呈报上级的公文进行审查后批准执行。当然，调查中也发现一些地方审核审批不严，存在"走过场"的情况，使得审核审批流于形式。

5. 民主公示

公示是政府机关事先预告群众周知，并用于征询意见、改善工作的一种方式。在调查中，大部分基层政府能够认真执行"四议两公开"制度，对基层事务等进行公开公示。有的地区采取固定公示与公示入户相结合的方法对贫困对象进行公示，即乡（镇）人民政府（街道办事处）和村（居）民委员会将辖区内贫困家庭情况（包括家庭成员、收入情况、保障金额、帮扶措施等信息）在固定公示栏长期公示，接受群众监督。同时以村（社区）为单位，定期将辖区享受低保和扶贫的名单公示入户。公示的方式呈现多样化趋势，但有少数地方公示不及时，或者存在村民知晓率低的情况。

典型案例6-1　重庆市奉节县农村低保精准识别"八步走"工作方法

奉节县结合实际，因地制宜，制定了一系列有效措施，完善贫困对象识别办法。2017年重新修订了《奉节县最低生活保障条件认定办法实施细则》，农村贫困识别办法趋于完善。奉节县各乡（镇）按照县民政局、扶贫办的要求，对贫困人口进行精准识别，准确核算贫困对象家庭收入，全面开展资格复查，以内部审计、部门信息比对和信访举报等为突破口，加大复查力度，杜绝"骗保""错保""关系保"等现象，努力实现"应保尽保，应扶尽扶，应退尽退"的目标。

奉节县认真落实精准扶贫要求，全县紧紧围绕精准扶贫要求，要求各乡（镇）切实加强组织领导，提高贫困对象识别精准度，以"不漏一户、不错一户"为原则，探索出"八步走"工作方法，有力地推动了贫困对象识别的高效、有序开展。

第一步，农村贫困家庭以户为单位提出申请。对群众进行耐心的扶贫政策讲解，积极动员符合条件的群众自愿填写《贫困户申请书》。可委托村（居）委会代为提交申请。

第二步，乡（镇）（街道）服务窗口审查受理。乡（镇）（街道）低保和扶贫工作办公室要及时受理申请，经信息核对不符合条件的，要书面告知申请人。

第三步，家庭经济状况调查。对提出申请的农户，由乡扶贫工作领导小组和驻村干部开展入户调查，进一步核实农户信息，初步确定参加民主评议的困难户。

第四步，各村民小组召开群众代表大会，对确定的困难户，进行民主评议，通过民主评议确定贫困户初选名单。

第五步，乡（镇）（街道）公示并审核，进行片区公示。各村民小组将贫困户初选名单，在醒目位置进行公示，公示无异议后报村民委员会进行初步审核，对符合条件的贫困户进行初定公示；根据上报的贫困户初定名单，乡（镇）扶贫办乡领导小组进行集体会审，对每一户贫困户进行严格审核，对符合条件的贫困户，在公示栏中进行三次公示。

第六步，县民政局审批。在三次公示期间，如没有产生任何异议，公示期结束后，乡扶贫工作小组办公室以正式文件上报县扶贫办和民政局进行最终贫困户的审定。

第七步，长期公示。县扶贫办和民政局通过材料审查、入户抽查、集体审议和审批前公示四步后，最终做出审批决定，并将审批结果在全县范围进行长期公示。

第八步，填发低保证，发放低保金。对公示无异议的审批结果，按照申请家庭的基本信息，填发低保证，发放低保金。

"八步走"工作方法为农村低保对象科学、民主、公正、公开的识别奠定了基础，按照"三评估三公示二公告（即驻村工作队调查评估、村级评估、中介评估，村民小组公示、村级公示、乡（镇）公示，中介评估公告、网上公告）"的模式，锁定低保对象和扶贫对象，为农村低保工作的开展奠定良好的基础。参见图6-3。

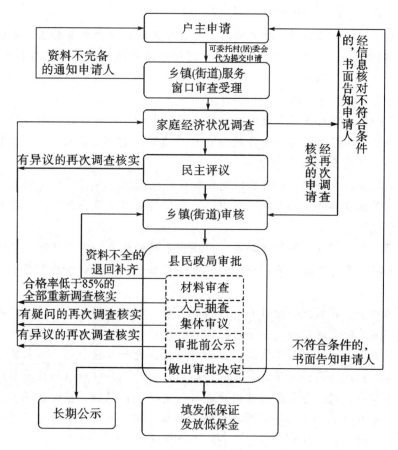

图6-3　奉节县农村低保申请流程图

（资料来源：奉节县民政局）

二、贫困对象识别机制问题分析

课题组在深入农村尤其是西部农村调查和访谈中了解到，农村低保和扶贫对象识别虽然取得了一定的成绩，积累了一定的经验，但存在的问题仍然突出。一些地方基层政府主观上认为识别过程太过繁杂，工作量大，往往简化程序；客观上受制于基层工作的复杂性、基层工作人员不足等条件，使得对贫困人口的精准识别仍然面临较大的困难。尤其是识别过程的各个环节很难顺畅运行，较为薄弱的环节主要是入户调查、收入核算、民主评议、民主公示等，较大地影响了贫困对象识别的精准度。

1. 农村家庭收入难以准确核算

与城市相比，农村居民家庭收入有其自身特点，现行的收入核算在农村地区普遍缺乏针对性，基层难以规范操作实施。在核算方法上也不够科学，可操作性较差，主要表现为"四难"：

一是细化难。随着农村家庭收入来源趋于多元化，既有传统农业收入，包括种植业收入、养殖业收入，同时还有工资性收入、转移性收入以及财产性收入。一些地方虽然探索性地制定了较为详细的家庭收入核算办法，但面对繁杂的收入项目，在具体核算过程中仍然面临诸多困难。从问卷调查数据可以看出，农村家庭的收入来源非常多样化，家庭的主要收入中大部分来源于农业（含养殖）、外出务工或经商、打零工，分别占总收入的54%、53.8%、45.9%；其他的收入来源于子女供养、退耕还林、养老金，分别占总收入的29.1%、27.6%、25.6%。从中可以看出要想准确核算家庭收入存在着较大困难。此外，入户调查以及收入核算时，往往忽略了申请对象的支出情况。

二是量化难。一般来说，农村家庭的种植业、养殖业等农产品价格需通过上年产量、市场价格以及成本等要素来进行核算。但是由于种植（养殖）品种繁多，再加上季节周期性、市场价格不确定等因素的影响，难以用合理的参考标准量化核算。各地普遍采用一些土办法，如"进村上门看房子，进屋看谷子，吃饭看盘子，穿着看身子，银行看折子"，有的区县则参照家庭电话费、用电量、衣着服饰等生活形态来确定贫困对象。

三是核定难。农村低保主要以上年收入作为认定依据，但是由于时间跨度较长，家庭收入构成比较复杂，计算项目繁多，一些收入情况很难确定，缺少客观的数据记录，主要依靠申请人回忆申报以及邻里的反映来了解情况，难以逐项核实和认定，客观性和精确度较差。因此，农村家庭收入的特殊性以及缺乏科学的核算方法，增加了贫困对象识别的难度，也缺乏客观性和准确性。

四是货币化难。农村家庭收入中农业收入占了相当大的比重。农业收入主要来源于农副产品的收入，而农副产品受价格影响较大，且其成本较难估算，因而在收入计算过程中难以货币化，在衡量过程中具有很强的随意性，增加了家庭收入核实的难度。此外，农村家庭的收入不稳定，季节性变化较强，也给收入核算带来困难。农作物的季节性较强，且易受自然灾害、病虫瘟疫、气候变化等影响。灾害频发的歉收年和风调雨顺的丰收年相比，收入差距悬殊。此外，农户的种植技术、对农田的管理水平等个人因素都会造成收入的不稳定。

在对乡（镇）干部进行问卷调查时，当问到"您觉得贫困对象家庭收入核算的难点是什么？"时，304 人选择"难以出具收入证明"，占52.9%，253 人选择"隐瞒和虚报收入"，占44%；223 人选择"农副产品成本难以估算"，占38.8%；206 人选择"实物难以货币化"，占35.8%；其他选择分别为"收入具有多元性""金融资产难以核实""其他"，分别占29.4%、14.1%、5.6%。参见图6-4。

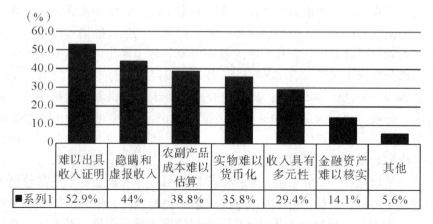

图 6-4　家庭收入核算难点（N=575）（可多选）

访谈 6-1

访谈对象：四川省自贡市贡井区艾叶镇民政办主任

访谈时间：2015 年 2 月 6 日

访谈地址：四川省自贡市贡井区艾叶镇镇政府办公室

农村低保和扶贫对象确定确实面临许多困难，尤其是在家庭收入核算方面，还没有具体的核算办法，主要依靠村干部、组长入户调查，了解民情。但是入户调查了解的情况是否每一户都客观、真实，这个确实不敢肯定。我每年也参加了几个村的入户调查，在家庭收入核算方面主要面临这些难点：第一，收入难以货币化。农民的收入多种多样，但普遍规模很小，一个家庭就粮食作物来说就有好几种，还有每一个季的蔬菜、水果等。这些农产品的价格随季节变化，所以在货币转化过程中，很难确定一个大家认同的标准，精确计算农业收入存在很大的难度，因此只能按当前市场行情大致估算，所以存在较大的随意性。同时，很多农产品是由农户自产自销的，很难进行界定。第二，收入的不稳定性。除农作物收成的季节性以及受自然灾害的影响较大等因素外，随着外出务工人员的增加，对他们的收入予以界定也存在很大难度。季节性外出务工，时断时续，工资时高时低，同时也很难获取外出务工的收入证明。第三，存在一些人为户口分离的情况，即把年老的父母与子女分开。农村老人大多没有退休金，失去劳动力，没有生活来源，他要申请吃低保，没有理由不给他。因此，户口分开后，由老人单独申请最低保障。特别是多子女老人，大家都知道有低保、扶贫等救助政策，这种不吃白不吃的好处，促使他们把老人单独设置一个户口，钻制度的空子，而把法律规定由子女承担的赡养义务推给政府。这时，我们在核算家庭收入的时候，是以法定赡养关系还是以户籍为依据，存在两难选择。如果以赡养关系为准，那么就会涉及几个家庭，在核实人均收入时会受到抵触，都会隐瞒自己家庭的真实收入；以户籍为依据，老人确实该享受救助，但明显很难服众，村里其他人都会觉得不公平，有的人会说"有儿有女甚至儿女都很有钱，还吃低保"，而且会导致一些人效仿这种做法，从而进一步增加了我们工作的难度。

访谈 6-2

访谈对象：重庆市万州区龙驹镇灯台村村支书

访谈时间：2016 年 3 月 1 日

访谈地址：重庆市万州区龙驹镇灯台村村委会办公室

农村贫困对象收入核算确实面临诸多困难。由于本地外出务工的人员比较多，他们的收入大多是务工收入，农产品以及养殖收入很少，所以本村在贫困对象认定过程中，重点是要计算外出务工收入。由于外出务工人员务工地点不一样，工资性收入差距较大，所以核算的金额也不一样，根据所在务工地实行差别计算。比如在东部沿海或发达地区务工的人员，我们按照每天 200 元的工价计算，扣除生活费 50 元，还剩 150 元，一个月按务工 20 天计算，共计每月 3 000 元的收入。在本地或西部地区务工的，由于工价较低，按照 120 元一天计算，扣除生活成本每天 40 元，每月 1 600 元的收入。每年按照工作 10 个月计算年收入，然后再计算年人均纯收入。如果年人均纯收入低于贫困线，就给予救助。这个方法比较简单，不够严谨和科学，但在当前我村工作人员不够的情况下，只能大致按照这个办法核算，然后结合民主评议，尽量做到客观公正。这个方法具有一定的操作性，但是最大的问题是很难核实申请对象提供的收入数据，他们很难提供收入证明，即使有收入证明也难确保其客观真实性。所以，很难准确计算收入，只能根据以上大致的标准核算，这与现实还是有一定的误差。对于故意少报瞒报收入的情况，我们核实起来难度很大，或者根本无法核实。

从调研访谈中了解到，由于缺乏科学有效的核算机制，基层乡（镇）干部在选择低保对象时往往存在一些问题。一方面，申报低保者有意隐瞒自身家庭收入的真实情况，把家庭养老责任推给政府；另一方面，一些村干部也会利用自身职务之便，存在优亲厚友、"关系保""人情保"等情况。这样，就会让应该获得救助的人员没有得到救助，使低保的作用不能很好地发挥。这个也反映出，当前由于我国农村地区的教育水平低，人们的素质不高，在低保和扶贫政策执行过程中出现了较大的诚信缺失。必须要通过宣传教育等方式，让广大村民了解到低保和扶贫政策的初心和意义，提高他们对国家各种惠民政策的认识，同时，加大对各级乡（镇）干部的培训和监督，低保和扶贫政策才能真正体现公平，更加高效运行。

2. 民主评议和公示环节往往被忽略

在农村低保和扶贫对象确定过程中，民主评议与公示环节存在着一些问题。

一是民主评议不规范。由于缺乏科学的家庭收入与支出核算办法，各地在结合农村实际的基础上，实践总结出了"民主选穷"的形式，在一定程度上确保了贫困对象瞄准效率和精度。民主评议和公示是确保贫困对象认定公开、公平、公正的重要环节。但在政策执行过程中，民主评议和公示往往被忽略，如有的地方在确定两项制度对象时，民主评议往往流于形式，没有充分征求广大村民的意见，有的乡（镇）贫困户的产生甚至直接由基层干部指定，贫困户产生的结果及相关信息也没有及时公示；有的地方不严格执行政策，随意性较大，或由于工作难度大而采取"轮流坐庄"的办法，导致该扶持的贫困户没得到扶持，该救助的没得到救助。因此，贫困对象认定不规范、不公平的现象仍比较突出。调查了解到，农民在申请低保和扶贫资格时，70.7%的被调查者认为存在"走后门（找关系）"现象；33.7%的人认为所在地在确定低保和扶贫对象时没有公开征求过群众意见；30.7%的人认为所在地在确定低保和扶贫对象时没有举行听证评议会；32.2%的人觉得所在地在确定低保和扶贫对象时不公平；73.2%的人认为当地存在应该享受低保和扶贫待遇却没有享受到的情况。参见表6-1。

表6-1　　重庆市农村贫困对象识别公平性情况（N=1 215）

样本项目内容		频数（人）	百分比（%）	有效百分比（%）
您所在地农民在申请低保和扶贫资格时，存在下列哪些现象？（可多选）	走后门（找关系）	859	70.7	70.7
	装穷（隐瞒收入）	730	60.1	60.1
	装病	329	27.1	27.1
	其他行为	147	12.1	12.1
	不清楚	72	5.9	5.9
您所在地确定低保和扶贫对象时是否公开征求过群众意见？	是	356	29.3	30.0
	否	399	32.8	33.7
	不清楚	430	35.4	36.3
	未填或无效	30	2.5	
您所在地在确定低保和扶贫对象时，是否举行了听证评议会？	是	392	32.3	32.7
	否	368	30.3	30.7
	不清楚	440	36.2	36.6
	未填或无效	15	1.2	
您觉得您所在地在确定低保和扶贫对象时是否公平？	不公平	388	31.9	32.2
	比较公平	479	39.4	39.7
	很公平	52	4.3	4.3
	不清楚	287	23.7	23.8
	未填或无效	9	0.7	
您所在地农村有没有应该享受低保和扶贫待遇，却没有享受到的？	有，较多	220	18.1	18.1
	有，较少	666	54.8	55.1
	没有	72	5.9	6.0
	不清楚	251	20.7	20.8
	未填或无效	6	0.5	

从数据分析来看，民主评议不够规范。民主评议就是由村委会组织相

关人员对拟申请享受农村最低生活保障的人员所进行的一种公开评议和表决。民主评议应当遵循以下程序：宣讲政策、调查人员介绍家计调查情况、传阅申请材料和证明材料、组织与会人员现场评议、投票表决形成结论、签字确认。

访谈 6-3

访谈对象：湖北省利川市柏杨坝镇李子村村民王某某

访谈时间：2015 年 3 月 6 日

访谈地址：湖北省利川市柏杨坝镇李子村王某某家中

王某某，男，35 岁，在家务农。在笔者问到村里低保名额确定过程中有没有进行民主评议时，王某某说："民主评议，我没有听说过。我只知道村里开会时，有说过每个村会有些名额，然后就说哪些家庭比较困难，名额就给了他们。""就说了有哪些人，但究竟怎么困难没说，也没有问我们是不是同意。反正意思差不多，就是村里都定好了。"

短短几句话说出了该村在民主评议过程中存在的问题。一些地方民主评议常常"走过场"，这是因为在农村里，地域的限制使得村民与村干部十分熟悉，甚至一些村民代表往往同村干部存在着某种利益关系，他们通常不会持反对意见。此外，随着农村外出务工人员的增加，常年留在农村的大多数是老人、妇女、儿童，这就使民主评议陷入参与性和代表性不足的困境。

访谈 6-4

访谈对象：重庆三峡学院在校贫困学生倪某某

访谈时间：2016 年 4 月 8 日

访谈地点：重庆三峡学院教学楼

倪某某是重庆酉阳人，现就读于重庆三峡学院，他的母亲患有精神疾病，常常神志不清，有时不认识自己的亲人。去年，他的母亲因意外摔断了腿，因为家庭没有钱，他的母亲的腿没有得到及时医治，后来就一直瘫痪在床上，不能下地走路。他的父亲年龄较大，并且经常酗酒，没有一份正式的工作，没有收入来源。但是，倪某某一直有读书梦，希望可以通过读书来改变自己的命运。他从初中开始就在外打工，做过很多兼职，服务员、发单员、救生员等。他在大学期间创业，在学校门口摆摊，卖酉阳特产，以自己的努力赚取学费、生活费。每月，他省吃俭用，还要寄 200 元钱给在老家的母亲。没有课的时候，周末、寒暑假他都在外打工，做兼职。为了赚钱，每年春节他都不能回家过年，因为过年的时候工作比平常的工资高很多。重庆《三峡报》还对他进行过专访，他讲述了他从小到大的生活情况，他的艰苦奋斗、自强不息精神感动了无数人。在上大学期间，他多次向村里申请低保补助，每次申请了都没有下文，申请书就像石沉大海一样，没有得到回复。后来，他在市长公开信箱中写明自己的家庭情况，咨询自己是否符合领取低保的条件。不到一个星期，他家乡的村干部就打电话给他，叫他回家办理低保手续，现在他家已享受到低保补助。

　　从访谈中可以发现，倪某某家庭困难，是有资格申请到低保的，但当地的民主评议环节存在不足，没有真正做到公平公正公开，致使他家一直未能享受低保补助。此外，每次申请以后，申请并没有得到当地政府的反馈，当地政府也没有利用好公示栏，接受群众的监督，打造阳光低保。调查中了解到，因为低保指标有限，往往是"僧多粥少"的情况，村民之间争夺情况激烈，低保的民主评议环节往往如同虚设，更别谈公示监督了。随着农村年轻劳动力大量外出务工与农村人口向城镇不断转移，贫困对象识别和认定的民主评议与监督制度很难有效落实，同时也给部分农村基层干部不合理分配贫困指标和排斥部分贫困对象提供了可能。贫困对象识别机制作为低保扶贫体制中的首要环节，同时也是低保扶贫制度的核心环节，它是低保扶贫制度是否精准有效、是否公平公正的关键因素，同时也是低保和扶贫是否能够有效实施的首要保障。

　　二是公示环节不严格。确定低保和扶贫对象后，基层民政和扶贫部门应将保障对象的姓名、家庭收入、保障金额、扶贫措施等内容进行张榜公示。进行这种公示有利于村民对那些隐瞒家庭收入以骗取低保或搞"关系保""人情保"的人进行举报，以保障制度的公平性。从调查结果来看，基层部门的公示是不到位的。在第二次问卷调查中，农村居民问卷部分只有31.4%的被调查对象认为基层民政部门定期将低保名单张榜公示，而对乡（镇）干部或者村干部的调查中，认为定期将低保名单张榜公示的占69.6%。对同一个问题的回答，两个数据之间存在着较大的差值。一方面，可能由于基层工作人员工作疏忽，将公示贴在少有人知道的地方，张贴时间较短或者长期不更换，农村居民对实际情况不了解等，导致对同一问题的反应不一；另一方面，则可能确实存在基层工作人员在公示环节做得不够好，形式主义较为严重，公示情况不被广大群众认可，因而看法和认识不一致的情形。

3. 人际关系的压力，导致贫困对象认定过程中"人情保""关系保"现象突出

中国人历来注重"礼尚往来"。在公共政策执行过程中，基层工作人员可能根据人际关系的亲疏程度以及感情深浅程度，出现任人唯亲、优亲厚友、徇私舞弊等违规行为。在农村低保和扶贫对象识别过程中，基层干部同样会受到"人情社会"的影响，亲情、友情也会给他们的工作带来压力，从而导致优亲厚友、"人情保""关系保"现象的产生。

从问卷调查数据可以看出贫困对象识别中的具体问题（参见表6-1），如在问及调查对象所在地农民在申请低保和扶贫资格时存在哪些现象，有70.7%的回答是"走后门（找关系）"，60.1%认为存在装穷现象，27.1%的人认为存在装病现象；而对于另外一个问题的回答，同样可以发现贫困对象的识别与确定存在问题：在问到调查对象所在地确定低保和扶贫对象是否公开征求过群众意见时，仅有30.0%的人回答"是"。

访谈 6-5

访谈对象：安徽省石台县岱迁村村支书

访谈时间：2015 年 2 月 10 日

访谈地点：安徽省石台县岱迁村村委会办公室

在访谈中，村支书认为，目前农村低保制度实施过程中的"人情保"现象比较突出。农村社会比较注重人情观念，办事讲关系，"走后门"现象也在一定范围内存在。我们村干部在低保工作过程中，也遇到不少这样的情形。在接受贫困群众申请低保的过程中，有时会迫于宗族关系的压力。姓氏较多的人口，在争取一些惠民政策时往往会有优势。特别是村里面的长辈，他要申请低保，只要条件差不多，我们这些年轻的村干部，很难拒绝，给我们很大的压力，有时感觉工作根本做不下去。所以他们的申请我们也不敢反对，只好把申请手续送到乡（镇）办公室。此外，据我了解，其他很多领导也有一些亲戚朋友，时不时向他们讨要低保指标，利用各种人际关系来施压，如果领导不答应，可能会影响到他的正常工作，有时甚至很难在这里待下去。所以我们这些处于最底层的工作人员，有时只好睁一只眼闭一只眼，谁也不敢得罪，每到申请低保的时候，工作确实非常难做。

访谈 6-6

访谈对象： 重庆市万州区天星村村民刘某某
访谈时间： 2016 年 6 月 2 日
访谈地点： 重庆市万州区天星村刘某某家中

虽然我们国家为了实现扶贫的公正、公平，花费了大量的人力物力，但政策在实行过程中难免存在疏漏，一些不公平、不公正的现象仍然比较突出。"关系保""人情保"在我们村也较为突出。我了解的一位村民，他的家庭情况比较好，家里开有一个饭馆，在城区也购买了商品房，平时他花钱大手大脚，用的苹果手机，一身上下都是名牌，但是他家却是低保户。他家里没有患重大疾病的人，有一个学生在上中学。按道理这样的家庭根本不该享有低保资格，周围群众意见也大，但听说他有关系，村里面迫于压力不得不给他低保。

从这些事例可以看出，由于低保对象中认定的不公平，部分真正需要低保补助的群体没有享受到低保的待遇，农村中存在的"关系保"现象使得低保的补助资金失去了部分作用。低保和扶贫政策执行不公平现象存在于各个地区，如何减少不公现象，减少农村贫困对象认定的随意性，显得尤为重要。

4. 两项制度对象识别程序缺乏衔接，识别机制不健全

健全的对象识别机制是两项制度衔接的基础，是两项制度有效运行从而发挥整体功能的重要保障。但目前这两项制度都缺乏有效的对象识别机制，难以准确界定对象从而使真正需要摆脱贫困的人群都被纳入其中。两项制度的工作对象大致可分为三类：单纯的扶贫对象、单纯的低保对象以及同时享受低保和扶贫政策的对象。目前，在两项制度的实践过程中，由于民政部门与扶贫部门之间的协作和沟通不足，对两项制度所共同指向的工作对象即交叉群体的界定不明确。扶贫部门往往只关注单纯的扶贫对象，即年人均纯收入低于国家扶贫标准、有生产能力的贫困户；而民政部门确定的农村低保往往局限于丧失劳动能力或没有劳动能力的贫困人口，只关注单纯的低保对象。然而，对一些突然遭遇疾病或者灾害而陷入暂时性贫困的农民及由于子女年幼需要社会帮扶发展的农民却不能明确界定。他们是两项制度所共同指向对象的交叉点，这部分群体没被纳入两项制度扶持范围，将直接影响到两项制度的有效衔接以及两项制度的脱贫功能。具体来说，对象识别程序衔接不够表现在以下两个方面：

一是两项制度的对象识别过程不同步。由于两项制度分属两个不同的

部门,具有各自的工作计划和部署,因此对于两项制度的申请者,村委会调查核实、民主评议、乡(镇)政府审核、县级部门审批、公布民主评议和审批结果等环节,往往是分开进行的。民政系统对低保对象进行复核时,由于没有与扶贫部门很好地配合,对于交叉群体是否应该同时享受两项制度的扶持,没有做出明确的界定。这就使得一方面部分有劳动能力的低保对象没有被确认为扶贫对象,从而造成对象识别的"脱靶"现象。在对乡(镇)干部进行问卷调查时,当问到"低保对象与扶贫对象是否同时申请、同步识别"这个问题时,345人选择"是",占60%;166人选择"否",占28.9%;62人选择"不清楚",占10.8%。另一方面又存在不合理的重叠情况,有劳动能力的贫困户既享受扶贫开发的政策支持,又长期享受低保救助的政策待遇,使得一部分有劳动能力的贫困户长期依赖低保维持生活从而失去发展动力,引致"贫困陷阱"。课题组调查发现,8.5%的农村居民调查对象认为两项制度存在较多的不合理重叠,38.9%表示有但较少。参见图6-5。

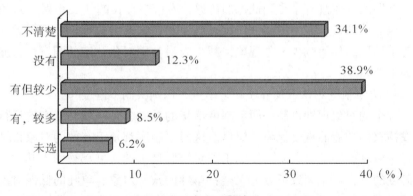

图6-5 两项制度不合理重叠情况(N=1 176)

二是贫困人口的统计口径不一致。农村扶贫标准,本应由统计部门牵头,成立由统计、扶贫、民政三个部门组成的贫困人口认定统计小组,开展具体的认定工作。但目前仍有一些地区的贫困人口统计工作是由各部门分开进行的,统计指标及权重、统计方法、统计时间等都不一致,造成各部门贫困人口的数据差异较大,这给贫困人口的识别工作带来了困难,从而使两项制度在实施过程中难以对贫困人口进行清晰界定,无法准确地将贫困人口纳入低保对象或扶贫对象。

5. 贫困对象识别监督和奖惩机制缺乏,漏保错保现象突出

从监督机制来看,农村低保对象识别环节缺乏联动,信息难以共享,

监督难以实施。全国范围内尚未建立起与现实需要相适应的金融信用体系和军民个人收入申报制度，个人收入和金融资产不公开透明，缺乏有效的收入监控和调查统计手段。在农村低保对象家庭收入核查过程中，由于农村家庭收入来源多样化，需要从多个部门了解和掌握其收入状况。但目前还没有从法律上规定交通、房产、银行、证券等部门在农村低保对象认定过程中应承担准确提供信息的义务，虽然部分地区通过行政手段要地区内相关部门给予积极配合，但区域外相关部门仍缺乏有效的沟通衔接机制，并且此行政手段不具有法理性。因此，在实际操作中，由于缺乏协调和联动，部门之间的信息难以共享，使得民政部门难以准确掌握农村低保对象的信息，农村低保对象动态调整监管也难以有效准确开展。

在低保对象识别和动态管理过程中，问卷调查显示，在入户调查、征求群众意见、民主评议以及定期公示这几个环节，否定的回答都高于肯定的回答（见图6-6）。这充分反映了农村低保在执行过程中存在一定程度的不规范、不公平，群众对基层政府低保工作实施的满意度不高，加大了应退尽退的难度。

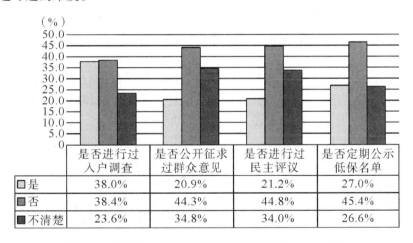

	是否进行过入户调查	是否公开征求过群众意见	是否进行过民主评议	是否定期公示低保名单
□是	38.0%	20.9%	21.2%	27.0%
■否	38.4%	44.3%	44.8%	45.4%
■不清楚	23.6%	34.8%	34.0%	26.6%

图6-6　农村贫困对象识别过程规范性统计（N=1 176）

访谈6-7

访谈对象：重庆市奉节县太和乡民政办工作人员

访谈时间：2016年1月2日

访谈地点：重庆市奉节县太和乡政府办公室

低保就像免费的午餐，谁都想吃。在每次低保申请过程中，我们都会严格把关，尽量做到公平。但是由于人手有限，入户调查工作量很大，难度极大。一些低保户收入水平和生活水平明显提高了，但通过隐瞒收入、找关系等不正当手段滞留于低保中，不愿退出。特别是隐瞒收入这种情况，农村一些老人通常不会把钱存在银行里，而是放在自己家里，他有多少钱，你也没法知道。就算他存在银行里，也不会如实告诉你，你得逐个核实，这样工作量就大了。可对这些行为无可奈何，我们没权对他们进行处罚，只有把工作做细一点。

首先，从监督方面看，对政策执行者和政策受众监督不力。

监督机制从整体上来看分为两部分，一方面是对低保与扶贫对象的监督，另一方面是对政策执行者的监督，这两方面监督机制的缺乏造成了低保与扶贫政策的异化。

政策执行者和政策受众都存在违规现象，究其原因，在于缺乏保证制度公平运行的监督及奖惩制度。一方面，对于低保经办人员来说，责任追究制度不健全，对于工作不力、庸政懒政、"优亲厚友"等现象未及时通报批评，缺乏严格的约束制度，权力寻租现象突出；另一方面，对于低保申请者来说，现行制度缺乏预防道德风险的有效监督及奖惩制度，虚报家庭收入、"走后门"等违规行为很普遍，而这些违规行为几乎不会受到任何惩罚。

目前，一些地方针对政策执行者的监督机制存在漏洞。在缺乏上级监督的情况下，基层部门往往会敷衍了事，这在民主评议和低保公示环节中体现得比较明显。前文已有论及，此处不再赘述。

从问卷调查结果分析来看，基层民政部门的民主评议和公示是不到位的（参见图6-7）。在问卷调查中，在问到"当地是否进行过民主评议和是否公示了低保名单"时，村民的肯定回答大大低于否定回答，表明村民对基层执行者的工作是不满意的。而基层干部的回答则相反，肯定的回答大大高于否定的回答。然而，评价政策执行效果的优劣的主体应该是政策的受众，而不是政策执行者本身。村民与基层干部两者数据之间存在的强烈反差，正说明公示环节的薄弱，体现了针对政策执行者的监督机制缺失。

从问卷调查中也可以发现针对低保和扶贫对象的监督机制的缺乏。在回答关于低保和扶贫对象的确定是否公平时，有27.9%的人认为不公平，38.6%的人认为比较公平，仅有12.6%的人认为很公平。参见图6-8。在问及不公平的原因时，有超过50%的人认为是关系户的存在，其他原因还包括程序不合理，执行不公开、不透明，骗保等。从问卷调查中可反映出实际上低保与扶贫对象的确定存在很大问题，而原因在很大程度上可以归

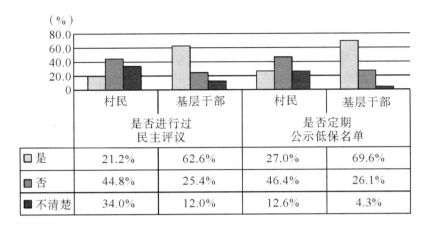

	是否进行过民主评议		是否定期公示低保名单	
	村民	基层干部	村民	基层干部
□ 是	21.2%	62.6%	27.0%	69.6%
■ 否	44.8%	25.4%	46.4%	26.1%
■ 不清楚	34.0%	12.0%	12.6%	4.3%

图 6-7　民主评议和民主公示情况（N=1 176）

旨于监督机制欠缺，这给不规范的操作留下了一定的空间，使得制度目标难以实现。

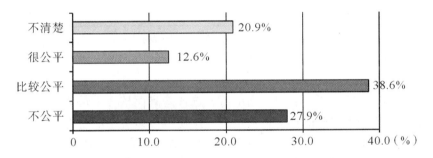

图 6-8　确定低保和扶贫对象时公平情况（N=1 176）

其次，从奖惩方面看，措施不明确，难以调动社会监督。

从政府方面来看，其所出台的举报奖惩措施往往流于形式，没有进行对外宣传，这从客观上造成村民的不举报行为，使得奖惩机制难以发挥作用。

监督机制的顺利实施在很大程度上决定于是否有激励措施。奖惩措施在很大程度上能够推动监督机制的施行与完善。调查中发现大部分地区有一定的监督机制，但其实际效果却很小，问题主要在于监督机制的执行没有很大的施行动力，如针对低保与扶贫对象的监督机制，政策在鼓励举报错保漏保，鼓励村民举报发现的不公平现象，但是由于缺乏激励措施，村民没有必要因为举报而破坏相互之间的关系，这就使得不公平现象得不到抑制，并且不公平现象就算被公开了，也并无任何惩罚措施，这也阻碍了

"应保尽保"。而针对政策执行者的监督机制，由于缺乏激励，执行者往往缺乏责任心，政策操作过程中容易达不到效果并且偏离原来的目标。

6. 申请者与核查人员之间存在博弈，影响制度公平和效率

低保申请者与核查人员之间的博弈指在收入核算时，低保申请者为了获得低保资格或者更多的低保补助金，会在隐瞒收入与不隐瞒收入之间进行选择；与此同时，低保核查人员为了权衡成本与效益，也会在认真核查与敷衍了事之间进行选择，这就构成了双方之间的博弈。由于缺乏针对申请者不道德行为的约束机制，申请者往往为了获得自身利益会隐瞒收入，收入核查人员则倾向于降低成本。具体博弈情况如表6-2所示。

表6-2 低保申请者与核查人员之间的博弈

核查人员 申请者	认真核查	敷衍了事
隐瞒	h, −C+a	H, −a
不隐瞒	h, −C	h, 0

注：h表示申请者不隐瞒收入时能获得的低保补助金；H表示申请者隐瞒收入后能获得的低保补助金；a表示申请者隐瞒收入与不隐瞒收入之间获得的低保补助金的差额，即H−h；C为收入核查的成本。

从博弈矩阵中可以看出，当申请者选择隐瞒而核查人员选择认真核查时，低保申请者的隐瞒行为将被辨别，这使得申请者不能获得低保资格或不能多获得低保补助金，其收益为h，而核查人员在核查时花费了成本C，但是也获得了追回的收益a，最后收益为−C+a；当申请者选择不隐瞒收入而核查人员选择认真核查时，申请者的收益为h，核查人员收益为−C；当申请者选择隐瞒收入而核查人员选择敷衍了事的时候，由于核查人员的失职，申请者成功隐瞒收入而获得收益H，核查人员没有付出成本同时也没有追回本不该分配的资金，最后收益为−a；当申请者选择不隐瞒收入而核查人员选择敷衍了事时，申请者的收益为其本该获得的收益h，核查人员的收益为0。从双方的博弈中可看出，对于低保申请者来说，其占优策略是隐瞒自身收入，因为缺乏有效的惩罚机制，其隐瞒行为不会损失其利益。对于核查人员来说，其选择则具有不确定性，当申请者选择隐瞒时，核查人员的选择由C与a的大小决定；当申请者选择不隐瞒时，核查人员会更倾向于敷衍了事。申请者与核查人员之间不存在纯纳什均衡。在这样的情况下，就要考虑混合策略下的纳什均衡。

在这里假设申请者不隐瞒的概率为q，则隐瞒的概率为1−q，可知：

核查人员在认真核查时的期望值为：

$$q(-c)+(1-q)(-c+a)=a(1-q)-c \qquad (6-1)$$

核查人员在敷衍了事时的期望值为：

$$q×0+(1-q)(-a)=-a(1-q) \qquad (6-2)$$

若两种选择期望值相等，则得到：

$$q=1-\frac{c}{2a}$$

当申请者有 $q>1-\frac{c}{2a}$ 的概率隐瞒收入时，核查人员选择核查所获得的期望值小于敷衍了事的期望值，此时核查人员会选择敷衍了事；当申请者有 $q<1-\frac{c}{2a}$ 的概率隐瞒收入时，核查人员认真核查的期望值高于敷衍了事的期望值，此时核查人员会选择认真核查。

根据博弈可知，只有在申请者保持较低的隐瞒收入的概率时，制度的实施效果才能得到保证。但现实中，由于惩罚机制缺失，申请者缺乏如实报告收入的自觉。

同样假设核查人员认真核查的概率为 p，则敷衍了事的概率为 1-p，可知：

申请者在不隐瞒收入时的期望值为：

$$p×h+(1-p)×h=h \qquad (6-3)$$

申请者在隐瞒收入时的期望值为：

$$p×h+(1-p)×H=ph+H-pH \qquad (6-4)$$

若两种选择期望值相等，则得到：

$$p=1$$

这样的概率意味着只有当核查人员认真核查的概率大于 1 的时候，申请者不隐瞒收入的期望值才会大于隐瞒收入时的期望值，而这种情况是不存在的，所以在实际选择中申请人员总会选择隐瞒收入，这也就是其占优策略。

因核查人员与申请者之间博弈的存在，导致了大量低保申请者竭力隐瞒家庭收入，加之农村收入的动态变化信息难以收集，这给收入核查造成了主观和客观障碍并存的局面。调研访谈也了解到，低保申请者存在装穷（隐瞒收入）现象，在各种不正当行为中最为普遍，同时还存在找关系、装病等现象。同时，调研结果也表明，基层干部入户调查不力，也给双方博弈提供了条件。当被问到"基层干部是否对低保申请者进行过入户调查"时，38.4%的被访者回答"否"，回答"是"的占38%，回答"不清楚"的占23.6%。否定回答高于肯定回答，表明入户调查比例过低，入户调查的实施状况较差。这说明低保核查人员存在敷衍了事现象，或者存在失职，这在客观上也给低保申请者隐瞒收入提供了机会。

7. 缺乏完善的金融信用体系

金融信用体系建立在系统对公民个人或者企业金融和信用信息的收集上，并依靠法律来规范相关部门对信息的操作和提取。其实早在1934年，德国就成立了第一个公共调查机构（现代金融信用体系的雏形），其目的是为商业银行、中央银行和其他银行监督单位提供有关公司和个人债务状况的信息。而现代金融信用体系所包含的内容已经得到发展，以个人金融信息部分为例，其包括个人住房贷款、助学贷款和银行等金融机构的交易记录、个人资产、工资收入等信息。因为金融信用体系是具有法律性和权威性的，因此政府或者其他部门在需要金融信用信息时，就能够提取和使用比较客观的信息，从而一定程度上保证了信息的真实性。一些城市虽然相继开始试点和推行，但总体而言，还并未真正建立起完善的信用体系，政府在进行收入审核时，也就不能掌握公民的个人收入和金融资产。加上缺乏有效的监控和统计手段，以至于增加了家庭收入审核的难度，造成了一些人以违规手段获取低保和扶贫政策的帮扶。

第二节　贫困对象分类救助机制现状与问题分析

一、贫困对象分类救助现状

我国开展扶贫开发30多年来，取得了举世瞩目的成就。但由于我国农村人口基数大，仍存在着较大规模的贫困人口。党的十九大报告指出，到2020年要实现全面建成小康社会的奋斗目标，现有贫困人口全部脱贫。在实现目标的过程中，对贫困人口的分类救助是达到目标的关键因素。尤其是目前的集中连片特困地区多为山大沟深之地，生产生活条件差、自然灾害多、基础设施落后，要实现如期脱贫，难度不小，必须实现精准脱贫。随着农村"精英"纷纷进城和外迁，农村现有贫困人口多数是"空巢老人"、留守妇女、儿童和困难户，有相当一部分是老、弱、病、残的失能群体，他们普遍受教育程度低，能力欠缺，脱贫致富非常困难，而且脱贫后也很容易返贫。而且与"小康社会"相对应的"脱贫"内涵也更为丰富，不仅包括收入水平的提高，还包括住房、饮用水、道路、卫生、教育、社会保险等生活及福利条件的改善。面对日益艰巨的扶贫任务，扶贫工作也需要"提质增效"，需要从"粗放扶贫"转向"精准扶贫"，从"漫灌"转向"滴灌"，从"千篇一律"转向"量身定做"，大力提升扶贫的针对性和有效性。精准扶贫需要做到扶持对象精准、项目安排精准、资金使用精准、措施到户精准、因村派人精准、脱贫成效精准。

国务院扶贫办 2015 年年底的调查显示：全国现有的 7 000 多万贫困农民中，因病致贫的有 42%，因灾致贫的有 20%，因学致贫的有 10%，因劳动能力弱致贫的有 8%，其他原因致贫的有 20%。在调查中，许多地方实行了分类救助、分类扶持，其中包括如低保救助、建档立卡救助、医疗救助、临时救助等。在整个救助体系中，往往低保一家独大，成为救助资金的主要组成部分，其他救助发挥的作用不大。从另外一个角度来看，救助的分类也不够明确，不能很好地满足贫困人口的实际需求，低保和扶贫制度正面临一系列的挑战，各级政府的脱贫任务仍然十分艰巨。

课题组在调查中了解到，有的地区根据自身情况加强了对贫困人口的分类救助和扶持，并加强分类管理，取得了良好的效果。一方面，加强对贫困对象的分类管理。比如在贫困对象识别过程中，扎实做好贫困人口的入户调查，详细了解和掌握每一户家庭的收入、年龄结构、身体状况和就业等情况，详细分析每个贫困者的致贫原因，在此基础上做出科学的分类。目前，大部分地区依据是否有劳动能力对贫困人口进行分类。另一方面，完善分类扶持政策和措施，精准施策。比如，一些地方对于 A 类贫困对象（没有劳动能力或劳动能力丧失的贫困人口）实行社会救助，对其提供稳定的最低生活保障；而对于 B、C 类贫困对象（有劳动能力和一定发展潜力的贫困人口），扶持的重点则放在培育其自我发展能力上，使其通过增强自身"造血"功能逐步摆脱贫困。

从调查中可以看出，农村贫困人口分类救助和扶持，一些地方在政策的引导下逐渐变得规范和有序，各地在不断探索适合本地的措施，积累经验，并取得了一定的实效。但从整体上看，低保与扶贫的分类救助仍需要更多的支持，包括政策、资金以及大量人力的投入，需要不断抓实基层工作等。

二、贫困对象分类救助问题分析

低保制度是一种传统的"输血式"扶贫，重在关注贫困对象的生存权；扶贫开发则是一种"造血式"扶贫，重在提高贫困对象的发展能力。

两项制度是我国农村当前最重要的脱贫措施，两项制度相辅相成，前者是后者的有效补充，后者则是前者的提升和发展。因此，二者既要各尽职能，又要相互促进。然而，课题组在调查中了解到，由于两项制度在实践中协调和衔接不够，产生了两个方面较为突出的问题。

1. 贫困对象分类不够明确

一方面，对两项制度对象的识别存在盲区。在贫困对象识别过程中，低保制度属于"输血式"扶贫，其覆盖的群体大多不能靠自身的发展摆脱贫困，因此民政部门确定的低保户大多局限于丧失劳动能力或没有劳动能力的贫困对象。而扶贫开发是"造血式"扶贫，其覆盖的群体大多具有一定的发展能力，因此扶贫部门确定的扶持对象主要是年人均纯收入低于国家扶贫标准、有生产能力和发展潜力的贫困对象。然而，课题组在调查中发现，一些地方对那些偶然遭遇疾病、自然灾害或教育负担过重而陷入暂时性贫困的人口却不能明确界定，即处于两项制度的盲区。这部分人口又可被称为低保和扶贫的边缘群众，常常徘徊在贫困线上下，往往被民政部门和扶贫部门的"明确分工"遗漏了，从而得不到相应的帮扶。

另一方面，对两项制度对象的识别又存在错位现象。即一些地方将部分无劳动能力、本属于低保对象的贫困人口列为扶贫开发对象，同时又将部分有劳动能力的贫困对象列为低保救助对象，彼此占有对方的资源，而扶贫效果又不明显，使得两项制度各自有限的资金得不到高效利用。这些都是由于两项制度在识别贫困户以后缺乏有效的衔接与沟通，对贫困人口缺乏明确的分类造成的。

在对乡（镇）干部的问卷调查中，当问到"低保对象与扶贫对象是否同时申请、同步识别?"时，超过60%的干部回答是，29%的干部回答否。虽然肯定回答高于否定回答，低保和扶贫开展同步识别的占多数，但仍有近三成的地区没有进行同步识别，而60%的肯定回答也有虚高的可能。低保对象与扶贫对象同时申请、同步识别，能很好地节省人力物力，为贫困人口分类打下良好的基础。但是在实际中，识别方法比较混乱，贫困对象分类标准不明确。

2. 救助和扶持措施缺乏针对性

调查中了解到，对于低保和扶贫分类处于盲区的贫困对象，有的地方将其列入低保户，发放低保金，但缺乏基金、技术、项目等方面的扶持，使得这部分人口发展潜力得不到改善从而始终徘徊于贫困线；有的地方则将其列为扶贫对象，但扶持措施缺乏针对性，没有考虑到贫困户的差异性脱贫需求，分类施策效果不佳。问卷调查了解到，导致农村贫困或返贫的原因是多方面的：因学致贫、收入来源少、因病致贫、劳动力缺乏、因老致贫、多子女家庭、遭遇自然灾害或突发事件等。可以说，农村贫困家庭致贫原因是各不相同的，有的是单一因素，更多的则是多种因素的叠加，贫困的程度也更加严重。全国范围的问卷调查显示，当问到"您认为导致家庭贫困的原因有哪些？"时，有 804 人选择收入来源少，占 68.4%；有587 人选择家里有病人，占 49.9%；有 747 人选择子女上学负担重，占63.5%；有 496 人选择赡养老人负担重，占 42.2%；有 357 人选择居住地自然条件差，占 30.4%；有 327 人选择灾害或突发事件，占 27.8%；有151 人选择其他，占 12.8%。见图 6-9。

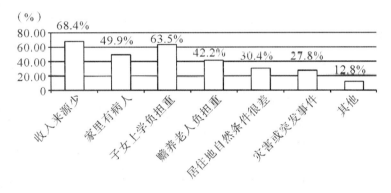

图 6-9　家庭贫困原因（N＝1 176）（可多选）

重庆部分问卷调查也了解了农村家庭贫困或返贫原因，也集中反映在收入来源少，教育、医疗、养老负担较重，基本民生保障欠缺等。因此，致贫原因不同，那么贫困户脱贫需要的条件也是多方面且具有差异性的。有的重点需要资金扶持，有的需要提供就业机会，有的需要改善基础设施及生产条件，有的则需要加强社会保障等基本民生政策等。参见表 6-3。

表6-3　重庆市农村贫困原因、脱贫所需条件及返贫情况（N=1 215）

样本项目内容		频数（人）	百分比（%）	有效百分比（%）
导致您的家庭或者您周围家庭贫困的主要原因有哪些?（可多选）	子女上学负担重	583	48.0	48.0
	除农业以外几乎无其他收入	475	39.1	39.1
	家庭成员患重病或残疾	475	39.1	39.1
	劳动力缺乏	377	31.0	31.0
	赡养老人负担重	399	32.8	32.8
	子女抚养负担重	344	28.3	28.3
	居住地自然条件差	287	23.6	23.6
	灾害或突发事件	113	9.3	9.3
	其他	41	3.4	3.4
您所在地脱贫最需要的条件是什么?（可多选）	资金支持	775	63.8	63.8
	就业机会	679	55.9	55.9
	社会保障的完善（医疗、养老等）	633	52.1	52.1
	技能培训	621	51.1	51.1
	教育扶持	471	38.8	38.8
	打开农副产品销路	420	34.6	34.6
	住房改善	394	32.4	32.4
	基础设施改善	394	32.4	32.4
	科技（技术）支持	329	27.1	27.1
	其他	33	2.7	2.7
您所在地有无摆脱贫困后又返贫的现象?	有	518	42.6	43.0
	没有	233	19.2	19.4
	不清楚	452	37.2	37.6
	未填或无效	12	1.0	

表6-3(续)

样本项目内容		频数（人）	百分比（%）	有效百分比（%）
您所在地返贫的主要原因是什么?（可多选）	因病返贫	440	36.2	36.2
	子女上学	259	21.3	21.3
	突发事件	209	17.2	17.2
	自然灾害	175	14.4	14.4
	扶贫缺乏针对性	160	13.2	13.2
	其他	69	5.7	5.7

一些地方在精准施策上比较欠缺，缺乏个性化、有针对性的扶持措施。比如一些地方推进整村扶贫项目，引进大项目，搞大开发，但一些贫困户由于居住分散、劳动力缺乏、土地不集中、技能缺乏等原因，难以融入整齐划一的扶贫项目中，特别是难以从片区开发或整村推进这些扶贫模式中受益。即使一部分贫困户暂时脱贫，也因为各种原因而返贫。而有的贫困户具备一定的发展能力，但一些地方基层政府视野不开阔，信息闭塞，在项目开发、整村推进方面停滞不前，救助和扶贫采取单一的资金扶持方式，很难取得理想的效果。

访谈6-8

访谈对象：重庆市城口县咸宜镇民政干事

访谈时间：2016年1月5日

访谈地点：重庆市城口县咸宜镇镇政府办公室

我们这里贫困人口较多，贫困的主要原因有：山高路远，地形较陡，耕地面积少，自然条件恶劣，暴雨、泥石流等自然灾害突出。收入来源较少，缺乏产业支撑，年轻人大多外出务工，但由于技能缺乏，因此挣得的工资性收入也并不高。村民大部分文化水平较低，视野不开阔，依靠传统的农业和小规模养殖业谋生。大部分人长期处于贫困状态或贫困边缘。这几年来，在上级政府的大力支持下，我们通过加强农林特色产业，完善基础设施，大力发展旅游产业，积极创造条件招商引资等，经济条件得到了一定的改善。目前的扶贫项目主要有：城口山地鸡、中药产业、养蜂、养山羊。通过发展这些产业，居民收入有所增加，生活水平得到改善。但是，农民增收受到限制，面临的主要问题是产业都不成规模，农户居住分散，很难集中发展，实际上一些农户还是单枪匹马地干，产量少，规模小。大多数农户对于脱贫致富热情很高，但是自己到底适合通过什么途径，发展什么产业，发展多大规模的产业，没有经过深思熟虑，往往盲目上马。二则受制于有限的工作人员，因此在制定扶持措施的时候，很难逐门逐户进行分析和评价。为了把上级的扶贫政策尽快落实到位，往往"一刀切"，从而忽略了贫困户之间的差异性，使得扶贫措施大打折扣，效果不好。

从上述事例中可以看出"一对一"帮扶未能有效落实扶贫政策。精准脱贫要求我们在分析贫困人口致贫具体原因的基础上，有针对性地制定帮扶方案，也就是要因户施策。然而，不少地方缺乏对贫困人口致贫原因的详细分析，扶持措施往往"一刀切"，图省时省事，使得脱贫措施难以精确瞄准贫困人口。

第三节　贫困对象自身"造血"机制现状与问题分析

一、贫困对象自身"造血"现状

增强贫困对象自身的"造血"功能，就是要提高其发展潜力，是从源头上解决农村贫困人口问题，使其脱贫致富和逐步退出相应保障的根本力量。特别是对于具有发展能力的贫困对象，可以通过引导其自力更生，给予政策、资金、技术等方面的援助，创造条件提高其发展潜力。对于贫困对象自身"造血"功能的改善，各地目前主要从以下几个方面入手：

一是确保农村贫困对象的基本权利得到实现。各地加大工作力度，确保贫困对象享有基本的医疗健康服务、接受义务教育、参与农村各项社会保障制度。比如不断完善新型农村合作医疗保险和新型农村养老保险，缓解和从根本上解决农村"因病致贫、因病返贫"的现象，逐步消除农村居民的老年后顾之忧。加大农村教育财政支出和教育专项救助，使教育负担过重的家庭能得到及时援助。只有基本的权利得到保障，他们的发展和脱贫才具有坚实的基础。

二是加大外部扶贫资源的输入。一些地方积极发挥公共财政的引导作用，加强贫困地区的基础设施建设，改善生产生活条件。尤其是结合当前乡村振兴战略的要求，将农村脱贫工作纳入整体规划，对贫困地区和贫困户实行重点扶持。增加财政扶贫贴息资金额度，引导和带动更多的信贷扶贫资金投入农村扶贫开发工作。因地制宜地实施产业化扶贫，引导贫困户发展脱贫产业，推进农村一、二、三产业融合发展，增强贫困人口持续脱贫致富的能力。

三是加强对农村贫困对象的人力资源开发。这方面主要通过完善农村教育体系，通过基础教育、成人教育和技能培训等多种方式提高贫困对象的人力资本储量，增强其市场竞争力，防止贫困的代际传递，使贫困对象适应市场变化的需要，获得可持续的发展能力，逐步摆脱贫困。

增强贫困人口自身"造血"功能，就是要变"输血式"扶贫为"造血式"扶贫，是推进贫困地区稳定脱贫的根本力量。课题组在调查中了解到，一些地方牢牢把握精准扶贫思想，结合当地实际，整合资源，综合施策，通过加强农村基础设施建设、加大产业扶贫力度、提高农村人力资本水平、搞好农村基本民生保障等，使得农村贫困人口自身"造血"功能得到较大的提升。尤其是党的十九大召开以来，在乡村振兴战略和脱贫攻坚战略的指引下，各级政府加大农村工作力度，推进乡村产业振兴、人才振兴，推进乡村一、二、三产业融合发展，大力推进美丽乡村建设和乡村旅游扶贫等，贫困人口自身造血功能得到大幅提升。例如，一些地方通过产业拉动促脱贫。充分整合当地资源，推进乡村旅游特色化产业发展思路，通过政府主导、村级主抓、群众主体、产业搭台，积极培育壮大集体经济新型经营主体，带动贫困人口发展商品蔬菜、养殖等特色产业，建立农村电子商务服务站点，推动种养业和服务业实现规模化、集约化、网络化发展，形成"一人带一户、一场带一组、一业带一村"的发展格局。在产业发展过程中，充分发挥当地能人带动效应，大力实施党员创业带富工程和"能人治村"战略，从农村党员、致富能手、回乡高校毕业生、外出务工人员、退伍军人中选拔培养村级后备干部，使其成为美丽乡村建设"带头人"。同时依托培训资源，强化农村党员干部培训，增强他们带领群众致富的素质和能力。

二、"造血"机制自身存在的问题

1. 农村产业发展滞后，脱贫带动效应不明显

调研发现，一些地方农村产业结构不合理，主导产业不明确，规模较小，缺乏品牌意识，效益不好。农产品阶段性、季节性供过于求和供给不足并存，农业供给侧结构改革急需进一步深化。传统产业投入大，但收入低，新兴农业产业缺技术、缺资金、缺人才，等等。存在的问题主要表现

在以下几个方面：

一是农村产业结构单一。种植业是农村主导产业，是农村经济收入的主要来源。在西部农村大部分地区，受气候条件的制约以及市场信息闭塞的影响，导致农产品结构单一，农业"靠天吃饭"，收入不稳定。同时由于受地形、自然条件的限制，仍然沿袭传统的农业耕作方式。虽然一些地方也在探索"农户+基地+合作社"等模式，但是农户本身的耕作依旧是比较传统的方式，农产品科技含量低，效益也不理想。农村第二产业和第三产业的发展还相当滞后，农产品商品化程度较低，市场竞争力小。一些地方着力打造"一县一特色""一村一品"，实施"公司+农户+基地"的模式，但大都未形成规模化，缺乏技术指导，加工和包装简单，加之销售渠道不畅，发展受限。

二是政府引导不够，贫困人口参与度不高。近几年我国农村开展精准扶贫工作以来，从整体上来看取得了一定的效果，但扶贫依然是在政府主导下进行的，对贫困人口的引导不足。政策的制定、项目的设计和引进、资金的运作、具体工作的实施等都是由政府一手操办的，各级政府部门按章办事，多数时候政府担当着扶贫的主要主体，甚至有唱独角戏的嫌疑。在这整个精准扶贫过程中，农民很难甚至无法参与其中，只能被动地接受，这说明政府没有将引导扶贫对象参与扶贫的工作做好，也说明了村民的参与主动性不强。这主要体现在两方面：第一，政府在扶贫过程中"自编自导自演"，并没有将精准扶贫理念及具体政策措施向大家解读或宣传，工作落实不到位，村民没有感受到自己是扶贫、脱贫的主体。村民对精准扶贫政策的解读和了解较少，有的甚至完全不关注，他们自身没有要参与的意识。第二，政府在实施扶贫项目的时候没有充分做到听取当地村民的意见，一味求多图快，强调数量不注重质量，只注意到当前的实施，而没有考虑到其后续发展需要的一些条件，导致农产品滞销、工程停工等问题。而贫困户对于政府的政策制定没有参与机会，参与不了扶贫项目，政府说怎么做就照着做。一些基层政府只顾头不顾尾，一味地贪多，却不注重扶贫的质量。而农户对政府的扶贫政策也没机会提出任何质疑，把政府当成了扶贫脱贫的主体，却没有丝毫的责任意识。在整个精准扶贫实施过程中，扶贫对象处于比较被动的状态。

三是自然条件较差，精准扶贫难度大。我国贫困人口大多分布在中西部农村，自然条件较差，交通等基础设施落后，贫困人口居住分散，分布范围广，这对于推动产业扶贫而言难度较大。一些贫困地区的村级公路还没有硬化，一方面不利于外来者前来考察、投资，难以引进农业产业；另一方面也不利于贫困人口"走出去"。贫困地区的网络通达度低，获取信息的渠道十分有限，信息相对闭塞，发展的机会也就不那么容易得到，要摆脱贫困就更难了。

四是劳动力素质不适应产业发展的需要。农村青年劳动力大多外出发展，留守下来的大多以中老年人为主。他们以务农为生，知识文化水平普遍较低，对新事物的接受能力也较低，他们坚持一贯的农作方式、生活方式，小农经济的发展模式依然是他们最熟练、认为最放心的运营模式，生产方式长久以来得不到改进。种植、养殖仍然按照传统的方式进行，对于要求流转土地开展规模化的农业产业，顾虑重重，甚至不能接受。农民的思想观念转变困难，要么需要政府的推动，要么就是引进外商，通过外力推动农业生产方式变革。

五是农村科技的应用受到客观制约。近年来，国家对于农业科技的发展给予了大力支持，一些地方率先应用现代科技促进农业发展，实现贫困人口脱贫致富。然而中西部地区的一些贫困地区位于山区，由于受地形的限制，农作物大多数在坡度较大的山上种植，农业生产机械根本不能使用，全靠人工劳动力种植。从生产工具的使用上来看，一些地方村民都还使用锄、镰、背篓等，连"二牛抬杠"这种较为低下的生产方式都不能使用，更谈不上使用机器耕作。现代农业技术的普及也比较滞后，农村青壮年劳动力大多外出务工，剩下的多为老人和小孩，对于学习和普及现代农业技术，力不从心，效果不佳。

六是旅游业缺乏深度开发，脱贫效果不明显。近年来，全国各地大力开展美丽乡村建设和旅游扶贫，依托自身的生态自然环境和人文环境，乡村旅游业发展从有到无，从起步到发展，旅游收入在缓解贫困方面起到了重要作用。通过乡村配套设施的逐步完善，加快城乡融合发展，旅游产业链也在不断扩大，同时还推动了农村一、二、三产业融合发展。但由于各地资源禀赋不同，乡村旅游发展程度不一，各地面临的问题也不一样，旅游脱贫的效果差异较大。总体来说，缺乏深度开发，旅游产品单一，全域旅游观念尚未完全建立，旅游品牌尚未形成，对当地历史文化的深入挖掘还比较欠缺，等等。

典型案例 6-2　重庆市巫溪县生态旅游扶贫开发面临困境

近年来，随着农村脱贫攻坚战的推进，以及加快美丽乡村建设步伐，各地陆续推进生态旅游，助力脱贫攻坚。通过发展生态旅游，增加当地群众收入，逐步实现脱贫。重庆市巫溪县充分发挥当地自然条件和充足的旅游资料，推进生态旅游的发展，取得了一定的成效，但实施过程中仍面临诸多困境，脱贫效果不够明显。

其一，交通不便利，阻碍客流量增加。巫溪县地处河流峡谷地带，地质构造复杂，对交通的改善形成了很大的阻碍。巫溪至其他地方的交通方式主要是汽车，巫溪县内的城镇与乡村之间的联系也主要依靠公路运输，巫溪县内各地之间的交通还是不够方便，各乡（镇）之间和各村之间的交通条件受到很大的限制。宁厂古镇、大官山、悬棺、团城、阴领等景点之间的直线距离不长，但是由于地形条件的限制，各景点之间道路的实际距离很长，来往各景点之间也就需要更多的时间。丰富的旅游资源必须与交通发展相结合才能得到有效利用，复杂的地形与受限的交通条件在帮助巫溪保护了生态环境的同时也严重制约了旅游行业的发展，外来游客来到巫溪游玩，往往会花费大量时间在各个景点之间的道路上，非常不便，导致一些游客转而选择其他旅游地，使巫溪失去了一些潜在的游客，阻碍了客流量的增加，不利于发展生态旅游业。

其二，生态旅游产品特色不突出，产品形式单一。巫溪县的生态旅游主要以峡谷、森林自然景观为主，景区的"农家乐"多以提供食宿为主，有少数提供垂钓等娱乐休闲活动，旅游产品形式比较单一。而奉节的"天坑地缝"、武隆仙女山、湖北神农架、恩施大峡谷等景区都有着著名的生态自然景观，是巫溪发展生态旅游扶贫的强有力的竞争对手。而且巫溪的生态旅游业开发较晚，开发程度不深，特色不鲜明，宣传力度不够，使得巫溪的生态旅游业与其他地区的相比更加不具有竞争力，加上巫溪天然的地理环境和交通的不便利，使得游客数量较小，带动扶贫的效果不够理想。

其三，生态环境遭到破坏，贫困现象更加严重。从某种意义上来说，贫困问题也是一个生态环境问题，贫困状况与生态环境之间相互联系、相互影响。与城镇相比，贫困地区的人口更依赖于生态环境，生态环境的破坏容易导致贫困人口的生产生活环境更加恶劣，这种恶性循环是造成贫困地区的经济不能持续稳定发展的重要原因。巫溪团城自然风光优美，早期以两岸峭壁上随处可见的猴群而被巫溪人民熟知，但是由于最近十余年来发展矿业，使得团城的自然生态环境遭到严重破坏，水质下降，猴群及其他自然生物也再难看见，使得旅游业难以可持续发展。

其四，群众参与不积极，旅游收入增加不明显。由于当地居民受教育水平相对较低，多为小学或初中文化水平，所以脱贫的意识不强，贫困人口一般都抱有"坐、等、要"的心态，所以在对巫溪生态旅游业的开发建设中，群众的参与度不高，生态旅游业发展缓慢，脱贫效果不明显。旅游景点的建设主要依靠招商引资，当地居民获得的收益较少。访谈过程中发现，一些人认为扶贫是政府的工作，因此，当地居民参与的主动性不强，通过提供旅游服务来增加收入的效果不明显。

资料来源：根据课题组调查员访谈整理。

2. 农村人力资本储量不足，缺乏发展后劲

农村贫困人口的致贫原因是多方面的。其中教育落后、技能缺乏是导致贫困的最主要因素。所有穷困地区的一个共同特征是，教育落后、教育资源匮乏、受教育人口比例低、对未成年人的教育普遍不重视。正是教育的匮乏与落后导致这些地区的居民既没有走出去的勇气，也没有利用市场脱贫致富的技术与基本意识。可以说，最穷之穷，穷在教育，这是贫穷的根本问题。在技能方面，农民发展种植、养殖等致富副业，多数是"摸着石头过河"或依靠传统的习惯、经验，加之农村缺乏专业的技术指导，缺乏整体规划，农户各自为政，很难形成规模经营，因此农村种养殖业成功的极少。农村人力资本储量不足，表现在以下几个方面：

一是人力资源数量庞大，但质量低下。从人口基数和人口自然增长率来看，我国中西部贫困地区都有着丰富的人力资源，人力资源数量十分庞大，但人力资源的质量低下。受文化传统、民族风俗、历史发展和教育投入不足等因素的影响，贫困地区人口文化素质偏低。其人力资源结构中高中以上文化程度人口所占比率较低。在就业人口中，接受过专业、专门训练的人口所占比例远远远低于全国平均水平。总体上来看，西部地区人口受高等教育的比例低，因此，比较缺乏高素质的人才，人力资源的素质也较低。在产业上表现为从事高技术工作的劳动力所占比重低，从事传统手工业、制造业等较低技术含量工作的劳动力比重高，形成了"人力资源水平低→工作能力差→缺乏创新→收入低→普遍贫困"的恶性循环，这也进一步制约了西部地区经济的发展。

访谈 6-9

访谈对象：重庆市武隆区浩口乡邹家村村民陈某某
访谈时间：2016 年 4 月 25 日
访谈地点：重庆市武隆区浩口乡邹家村村民陈某某家中
陈某某现年 50 岁。家庭基本情况：这是邹家村一户典型的贫困户家庭。家庭总人数 5 人，本来有 7 人，两位上 90 岁的老人刚去世没有多久，家里还有两位刚满 60 岁的老人，一直在家务农；儿子身患重病，但因为身

上背负着上有老、下有小的沉重负担，不得不外出务工，以稍微减轻家庭的压力；儿媳妇在乡上照顾孙子上学，开有一间理发店，但收入微薄。2004年因一次火灾，房屋大面积被焚毁，现居住的房屋是用茅草和竹片、塑胶膜搭建而成的简易房。两位老人常年疾病缠身，劳动力严重不足。从房屋被焚至今陆续享受过政府一定的救助；也被评为贫困户，获得相应的资助，也陆陆续续得到亲戚朋友的接济，但生活仍然十分贫困。采访时调查组成员扫视了整个房间，发现家中无任何家用电器和家具，只有两张很陈旧的木板床躺在泥地上，可以说是家徒四壁。当时已经是上午11点多了，两位老人才刚劳动了回来吃早饭。据老人说，他们一天只吃两顿饭，而且这次是我们亲眼所见，并亲自品尝他们吃的菜，是水煮四季豆和土豆，没有放丁点儿油，只有一点咸味。和当今的农村生活相比，他们的生活真的说得上是处在水深火热之中。据老人讲，他们的主要生活来源是种植辣椒3亩（1亩≈667平方米）、厚朴5亩、土豆年产1 000千克、玉米年产750千克的收入和卖出一头母猪所产猪崽以及一头牛的收入。农作物经常被野猪偷食，但是向政府反映后，至今也没有得到过任何补贴。老人说他们打算多养几头牛来减轻生活负担，但是没有足够的圈房来饲养。除了进行传统的小规模种植和养殖外，没有其他的劳动技能和再就业的能力，他们的生活仍然处在贫困状态。

二是贫困地区农村基础教育薄弱。表现在以下几个方面：首先，师资力量不足，教学质量较低。贫困地区农村中小学大多地理位置较偏僻，交通不便，经济社会发展相对较差，地方财政支持有限，不利于乡村教师改善工作环境和生活条件，因此普遍缺乏吸引力，一些优秀教师也很难留下，从而导致农村学校师资力量薄弱，导致农村学校与城镇学校师资失衡。其次，政府投入不够，办学条件相对落后。贫困地区农村学校普遍存在教室等教学条件紧缺的状况，没有像城里学校一样具备基本的图书资料室，其他体育、音乐等教学场地、设施和器材也较欠缺。农村的教育资源与城镇有着较大的差距，不管是教师资源，还是教学基础设施等方面，农村学校都明显落后于城镇学校，从而制约着农村基础教育的健康发展。

三是留守儿童的教育和管理成为一个现实问题。随着农村劳动力外出务工的不断增加，留守儿童的数量在日渐增加。从我国农村留守儿童现状来看，其数量大、分布广，由于区域差异以及经济条件的限制，贫富差异很大，在教育管理方面，已逐渐成为一个较突出的社会问题，也是亟须研究和解决的重大课题①。由于留守儿童缺乏家庭温暖和亲人关怀，极易产生空虚和孤独之感，导致"亲情饥渴"的问题，这使得留守儿童的心理、人格等方面产生偏差，非常不利于他们的健康成长。这种偏差最明显地反映在学习上。由于农村留守儿童的特殊家庭环境对其的影响，他们常常在学习、生活、心理发展以及道德行为方面产生许多问题。不良的成长环境为他们以后的发展留下隐患，由于竞争力不足，还可能导致贫困的代际传递。

访谈 6-10

访谈对象：重庆市武隆区江口镇银厂村 6 组邓某某

访谈时间：2016 年 2 月 25 日

访谈地点：重庆市武隆区江口镇银厂村 6 组邓某某家中

邓某某，男，5 岁，武隆区江口镇银厂村 6 组人。邓某某 1 岁的时候，他的母亲就逃走了。通过与他的爷爷、奶奶交谈，我们猜测他的妈妈应该是一个婚姻骗子。他们家人对他的妈妈并不了解。几年前，儿子带着儿媳回家，没过多久就生下了一个男孩。还没到 1 岁，男孩的妈妈就走了，从此再也没有消息。通过询问，我们了解到他们的儿子也不知道这个女人的基本信息，他们是务工时认识的，然后通过金钱建立了一段感情，最后就生下了孩子。他们之间甚至没有通过正规途径领取结婚证。他们一家原本住在山上，几年前通过自己的努力终于在公路边建造了一幢一楼一底的楼房，为这幢房子的建造还向别人借了几万元钱。儿子为了还债出门务工，但因为没有什么文化，收入并不高，也不太稳定。2 年前，他误入歧途，被捕入狱。现在一家人全靠 70 来岁的两位老人来负担。我们去的时候是早上 9 点，老爷爷才从山里干完活回家。他们正在准备早餐，他们吃的是干饭、青菜，肉很少。他们热情地邀请我们一起吃，然而目睹这个贫困的家庭，我们婉言谢绝了。小孩 5 岁，疑似有心理问题，当我们向他询问他的父母时，他表现得特别反感和排斥，甚至快要哭了。我们从他奶奶那里了解到，他并不了解他父母的情况。也许他的内心深处是痛苦的、无助的。小朋友每天就和奶奶一起下地，他们的周围也没有和他一样的同龄小孩，所以伴随他的不光是家庭的伤痛，还有寂寞。据爷爷、奶奶说，小孩 3 岁多的时候就送他去上幼儿园了，但他性格孤僻，与幼儿园的孩子相处不好，难以管理，所以经常长时间不去上学。小小的他面对着太多的痛苦，小小的他经历了太多的不一样，小小的他失去了本该拥有的一切。许多留

---

① 汪明. 聚焦流动人口子女教育［M］. 北京：高等教育出版社，2007：136-167.

守儿童可能都面临着类似的问题，然而这位小朋友的情况却更加特殊，境遇更加糟糕。

访谈 6-11

访谈对象：四川省眉山市东坡区柳圣乡胡某某

访谈时间：2016 年 3 月 25 日

访谈地点：四川省眉山市东坡区柳圣乡胡某某家中

胡某某，女，眉山市柳圣中学九年级（1）班学生。现居住于眉山市东坡区柳圣乡。胡某某作为一名留守儿童，一边读书，一边照顾长期卧床不起的奶奶，靠爷爷卖青菜、喂猪养鸭挣来的钱交每学期的学杂费。父母在外地打工，每月挣得的工资极少，在大城市开销十分大，寄回家的钱十分有限。她学习非常努力，被评为市级和校级"三好生"。她品学兼优，乐于助人，主动帮助班里后进生补习功课。在家主动分担家务，勤劳善良。胡某某总能对比自己更困难的同学伸出温暖的手，无私地给予精神和物质上的鼓励和帮助。因为她曾是留守儿童，也常遇到生活上的困难无法倾诉，导致她性格比较内向，不善于表达。家中老人年事已高，面临着巨大的生活压力。虽然她成绩较好，但由于长年不在父母身边，健康成长受到一定影响。

四是农村劳动力技能培训效果欠佳。近年来，为提高农村劳动力技能水平和综合素质，我国开展了一系列的培训工程，如"绿色证书工程""跨世纪青年农民科技培训工程""阳光工程""农村劳动力技能就业计划""百万中专生计划""雨露工程"等，取得了明显的成效，农村劳动力技能和综合素质得到了大幅提高。但仍面临一些问题。第一，贫困人口思想封闭，参与培训的积极性不高。贫困家庭人员素质普遍较低，对职业技术培训不重视，参与技能培训的积极性不高。一些农村居民仍然抱有"面朝黄土背朝天"的思想，死守祖祖辈辈流传下来的传统耕作方式，没有关注新型农业、先进技术的主动性和自觉性。同时，一部分人存在畏难情绪。农村劳动力中有不少是中老年农民，由于文化层次等因素，常年不重视学习新知识、新技能，现在年龄一大，对学习就更产生了畏难心理，往往在开班培训时打"退堂鼓"。第二，缺乏前期调研，培训的精准度不高。开展职业技能培训的相关部门事先缺乏对农村劳动力进行全面调查，没有对技能培训需求进行全面了解，导致培训千篇一律，缺乏针对性，精准度不高，因而效果不明显。农村劳动力的培训内容主要以家政、保安、电脑、电工、财会等为主，但由于缺乏对培训需求和市场行情的了解，往往导致"有事没人帮,有人没事做"的现象。有的技能人才出现严重过剩,有的则供给不足。第三,缺乏统一规划,培训资源整合不够。目前参与农村劳动力培训的部门较多,主要有人力资源和社会保障部、科协、教育、发展计划等部门,应该说参与的部门较多,培训资源也较丰富。但是这些部门普遍各自为政,培训自成体系,相互之间缺乏联系和沟通,更没有统一的规划,致使培训资源缺乏有效的整合。第四,培训方式不够灵活。各地在培训方面摸索了一些有效的办法,但总体来说形式还比较单调,大多数地方还是沿用"一个老师、一间教室、一块黑板"的传统模式,比较单一,普遍缺少实践基地,因此影响了培训效果,导致一些地方农民参与培训的积极性不高。

3. 农村养老、医疗等社会保障制度不健全,制度性贫困长期存在

农村贫困,原因是多方面的,主要集中在历史和环境成因、基础设施、文化贫困、人力资本投资、政策制度以及家庭和个人因素等。[①] 其中,由于政策制度不完善导致的贫困即制度性贫困比较突出。[②] 农村家庭成员患重病或残疾、养老压力大、子女上学负担、就业机会少等是造成农村家庭贫困的主要原因,而相应的医疗、养老等公共服务没能有效缓解制度性贫困。从农村家庭经济状况来看,整体上收入水平仍然偏低,相当一部分人仍生活在贫困线以下,一些家庭经济状况入不敷出,大多数只能勉强维持开支。

第一,因病致贫返贫现象突出。世界卫生组织曾在 2010 年指出,全球范围内每年有超过 1 亿人因患病或高额治疗费用陷入贫困。在我国,因病致贫返贫长期以来都是一个比较突出的社会问题。目前因病致贫返贫已成为农村贫困地区突出的社会问题和顽疾。根据国务院扶贫办 2015 年年底的调查,全国贫困农民中,因病致贫的占 42%。若将因病、因残、因智障致贫统一归为因病致贫类,那么西部农村地区的因病致贫率为 65.4%。[③] 问卷调查显示,54.1% 的家庭常年有病人,其中常年患病 1 人的家庭占39.1%,常年患病 2 人的家庭占 12.9%。如图 6-10 所示。

我国新型农村合作医疗的建立,对缓解因病致贫返贫以及提高农村居民健康水平,发挥了较大作用,取得了一定的成效。但由于"合作医疗保基本"这一目标定位,以及医疗保险系统采取严格的需方医疗费用控制办

　　① 廖冰,等. 赣南原中央苏区集中连片特困地带致贫因素分析 [J]. 江西农业大学学报(社会科学版),2013(2):249-256.
　　② 曾志红,曾福生. 我国农村致贫的社会制度分析 [J]. 农业经济,2013(11):33-35.
　　③ 汪辉平,等. 农村地区因病致贫情况分析与思考 [J]. 经济学家,2016(10):73.

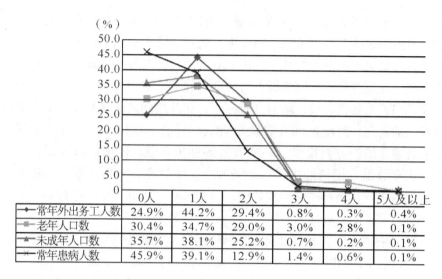

（%）	0人	1人	2人	3人	4人	5人及以上
常年外出务工人数	24.9%	44.2%	29.4%	0.8%	0.3%	0.4%
老年人口数	30.4%	34.7%	29.0%	3.0%	2.8%	0.1%
未成年人口数	35.7%	38.1%	25.2%	0.7%	0.2%	0.1%
常年患病人数	45.9%	39.1%	12.9%	1.4%	0.6%	0.1%

图 6-10　家庭人口状况（N=1 176）

法等原因，我国医疗保险费用实际报销比例偏低。西安交通大学汪辉平教授在西部九省（区、市）的调查显示，新农合的平均实际报销比例只有40%。[①] 这就意味着，农村居民在患病就诊时自己仍然要支付大部分医疗费用，看病贵问题仍然突出。因此，健康不良不仅会让劳动者付出治疗、护理和疾病预防等直接代价，而且还会导致家庭劳动参与率下降、就业机会减少和工资降低等间接代价。[②③] 许多农村家庭陷入"因病致贫返贫—因贫致病"的恶性循环。

在对 575 名基层干部问卷调查中了解到，60%的被调查对象表示当地存在脱贫后返贫的情况。在返贫的原因方面，选择因病返贫的最多，达41.6%，可见疾病是导致返贫的最主要原因。如图 6-11 所示。

① 汪辉平，等. 农村地区因病致贫情况分析与思考［J］. 经济学家，2016（10）：74.

② A BARTEL, P TAUBMAN. Health and labor market success: the role of various diseases［J］. The Review of Economics and Statistics, 1979, 61（1）：1-8.

③ K H ANDERSON, R V BURKHAUSER. The importance of the measure of health in empirical estimates of the labor supply of older men［J］. Economics Letters, 1984（16）：375-380.

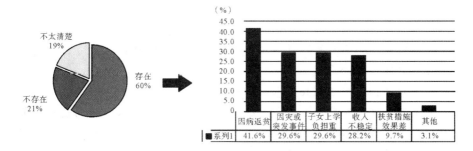

图 6-11　是否存在返贫及返贫原因（N=575）

访谈 6-12

访谈对象：湖北省恩施市板桥镇民政干事

访谈时间：2016 年 8 月 5 日

访谈地点：湖北省恩施市板桥镇镇政府办公室

导致农村贫困的原因很多，但疾病是最主要的方面，也就是因病致贫。尤其是现在农村患重大疾病的人越来越多，像尿毒症、肝癌、肺癌等越来越普遍，非常可怕。重大疾病需要耗费大量钱财，虽然有医疗保险可以报销一部分，但剩下的部分仍然难以承担。但凡家有病人，一家人的日子都不好过，需要花大量的时间、精力和财力，很容易陷入贫困。我镇每年申请医疗救助的人很多，但医疗救助实行一次性定额救助，对患重病的家庭来说是杯水车薪。

访谈 6-13

访谈对象：湖北省恩施市板桥镇大山顶村村民单某某

访谈时间：2016 年 8 月 5 日

访谈地点：湖北省恩施市板桥镇大山顶村单某某家中

我今年 65 岁，三年前在恩施市中心医院检查出直肠癌，发现早，手术后康复较好，最近复查医生说基本没事。我老伴前年患肝癌，也做了手术，但效果不好，去年 8 月份病情恶化去世。儿子、媳妇都在外面打工，供两个学生上学，一个大学，一个高中。我和老伴都向上级申请过救助，得到了一定的帮助，老伴在世时被认定为低保，每年享受一定的扶持，老伴去世后低保取消。两场大病耗尽了所有积蓄，现在还欠十多万元的外债。

访谈 6-14

访谈对象：四川省宜宾市叙州区高场镇丰收村刘某某
访谈时间：2016 年 2 月 25 日
访谈地点：四川省宜宾市叙州区高场镇丰收村刘某某家中

刘某某是这个家庭的女主人，这个家庭现共有 4 个人，分别是刘某某及其丈夫、公公和婆婆。2010 年，婆婆因病瘫痪直至现在，一直需要人照顾并且承担持续的医药费。而其公公又在去年走路时不慎摔倒导致腿骨折住院，家人支付了昂贵的治疗费用，这也对这个收入本不高的家庭造成沉重负担并欠下外债。情况不妙的是，公公在出院后恢复得不好，也只能瘫痪在床，这为这个家庭又增添了困难。两个老人瘫痪在家，夫妻俩只有一人能出门挣点钱，所以妻子也就是刘某某只有在家时刻关注两个老人的情况。这个家庭还有一点特殊，便是夫妻俩唯一的儿子 6 年前在外打工时因车祸身亡。这件事无疑是最大的打击。夫妻俩在年轻时因执行计划生育政策，只有一个小孩，但孩子长大后却因不幸去世。孩子遭遇车祸时，因医院抢救及时，没有立刻死掉，而是在医院一直救治直至一年后才去世。在这期间，夫妻俩把自己所有积蓄都投入到医疗费用中，并在那时也欠下了大量外债。在这样一个家庭，现如今两个老人瘫痪在床，夫妻俩失去了独子，欠下大量外债，未来的养老也看不到希望。

第二，因老致贫现象日趋突出。《2015 年重庆市 1% 人口抽样调查主要数据公报》显示，重庆市 60 周岁及以上人口占 19.4%，65 周岁及以上人口占 12.17%，农村人口老龄化形势严峻。问卷调查显示，家里有一位或两位老人的家庭合计占 63.7%。劳动人口逐渐向城镇流动转移，促使农村"空巢家庭""留守老人"逐年增长。与城市相比，农村社会化养老服务缺失，除了针对"五保"老人的敬老院外，农村目前还没有类似托老所、老年公寓的专业养老机构，农村养老问题完全依靠家庭。

首先，农村"空巢老人"承受着较重的经济负担。农村大多数"空巢老人"的生活条件并没有因子女外出务工而明显改善，生活只能维持温饱，有的仍住在竹楼或土房子里，生活条件差。"空巢老人"依靠自己的劳动进行自养，主要依靠传统的小规模种植和养殖。调查了解到，农村子女对父母的供养水平普遍很低，外出务工子女改善留守老人经济状况的能力十分有限，外出务工子女每月给家里的生活费是很少的，他们在外面工作很辛苦且工资不高。另外还有的"空巢老人"并没有获得外出务工子女给予的任何经济供养。"空巢老人"在看病就医、农业生产投入等方面面临着巨大压力，同时子女外出务工还导致不少老人因接替子女承担农业生产、监护孙辈和人情往来等责任，经济负担加重。有限的收入和各种支出使得老人在经济上常常入不敷出，生活水平低，大多数留守老人的生活只能维持温饱。一部分劳动能力下降或丧失的"空巢老人"，由于没有获得子女的经济供养或子女供养不足，生活处于贫困状态。

其次，农村老人看病就医难问题依然严峻。应对疾病的脆弱性严重影响到留守老人的生活质量和心理状态。"空巢老人"患慢性病的比例较高，很多老人处于亚健康状态。笔者调查发现，"空巢老人"最担心的就是生病，生病几乎可以导致一切困难：经济拮据，缺少照料，心理负担加重等。在子女不能提供足够医疗费用和必要照料的情况下，"空巢老人"很容易产生消极情绪。目前的新型农村合作医疗制度还未发挥出应有的作用，患大病的老人得到的帮助较少。

因此，一些重病、失能、半失能老人只能依靠家人照料和陪伴，不仅导致长期的甚至是巨额的医疗及与之相关的费用，给家庭带来沉重的负担；同时，家庭需要投入持续的人力来照料和陪伴老人，使得家庭从事经济活动的人口减少，就业机会及收入增长也受到限制。农村许多家庭难以承担养老重任，因老致贫现象日趋突出，一些养老负担沉重的家庭只得长期依靠低保、临时救助和各种援助维持。

访谈 6-15

访谈对象：湖北省利川市柏杨坝镇李子村村委会工作人员

访谈时间：2016 年 7 月 20 日

访谈地点：湖北省利川市柏杨坝镇李子村村委会办公室

该村常年外出务工人员近 1 000 人，留在家里的多为老人和小孩，因此空巢老人问题逐渐凸显。该村地处偏远山区，交通、医疗、生活条件都相对落后。我们在走访中了解到，一些空巢老人表现出明显的"空巢"综合症，其症状有：心情郁闷、沮丧、孤寂、食欲减低、睡眠失调、愁容不展、长吁短叹，常常会有自责倾向，认为自己有对不起子女的地方，没有完全尽到做父母的责任。另外也会有责备子女的倾向，觉得子女对父母不孝，只顾自己的利益而让父母独守"空巢"。我们在走访中了解到，当地存在单身空巢和夫妇俩空巢这种情况。一般来说，有夫妇两人的空巢家庭还可以相互关心和照顾，而单身空巢家庭的老人面对着太多的孤独时光，常常感到难以适应，会觉得精神空虚、无所事事而产生烦躁不安或心情沮丧等情绪反应。长期孤独生活的老年人，如果再伴有躯体疾病，常可产生抑郁、绝望的情绪，甚至出现自杀企图或行为。空巢老人大都有以下几个方面的突出问题：

一是孤独寂寞。人老了怕孤独，在高山上的农村老人过惯了苦日子，物质要求并不高，在能满足温饱的条件下，老人渴望的往往是子女的亲情而不在乎子女的钱物。笔者了解到，子女外出务工将小孩接去一同生活后，老人连最后一点精神寄托也化为"肥皂泡"，特别是独居老人，有话没处说，有苦没处诉，精神抑郁，过着"出门一把锁，进门一盏灯"的寂寥生活。二是一些空巢老人生活无人照料。笔者走访中发现，由于子女不在身边，老人最怕的就是生病，在家中生了病，没有年轻人替自己请医生，卧病在床，身边无子女照顾，端茶送水的人都没有，生活极为不便和困难，孤独无依。三是安全隐患较多。随着空巢老年人身体机能减退，有的记忆力下降，行动不便，甚至身患疾病（残疾），常因日常生活行为导致安全隐患。加之老年人文化程度不高，产生了几起针对老年人的违法、犯罪案件，主要是诈骗空巢老人的钱财，如很多人将类似保健产品之类的东西带到村中推销，村中不少老年人上当受骗。

访谈 6-16

访谈对象：重庆市奉节县云雾土家族乡码头村村民焦某某
访谈时间：2016 年 8 月 6 日
访谈地点：重庆市奉节县云雾土家族乡码头村焦某某家中

焦某某今年 76 岁，老伴因患肺癌，去年 10 月已去世。两个儿子及媳妇常年在外打工，都要供学生上学。焦某某身体不好，常年患有胃病，经常腰疼得躺在床上半天不能动弹。最近去重庆三峡中心医院检查，发现焦某某患有比较严重的骨质增生，不能劳动。日常生活靠自己，附近的亲友偶尔来看看。焦某某的两个儿子都在北京打工，都是在建筑工地上干体力活。他们曾打电话说要回来看焦某某，焦某某不想拖累他们，不让他们回来。

访谈 6-17

访谈对象：重庆市奉节县云雾土家族乡码头村村民伍某某
访谈时间：2016 年 8 月 6 日
访谈地点：重庆市奉节县云雾土家族乡码头村伍某某家中

伍某某今年 45 岁。一家共 5 口人，父母都 70 多岁了。父亲患有高血压，母亲患有心脏病，需要大量的钱治疗，目前在家吃药，每月医疗费

1 000多元。伍某某有两个孩子，都已上学。妻子于2013年因生病去世。伍某某没读过几天书，以前常年在外地建筑工地上打杂，工资一般是100元一天。最近几年父母身体不好，伍某某只得留在家里照顾他们，靠种点粮食维持开销，冬季农闲时到县城打零工贴补家用。政府对他家很照顾，经常有干部来看望，每月有低保补助金，再加上两位老人每月的养老金，日子勉强过得下去。但还是比较困难，有时只得向亲戚朋友借钱。但是有时借钱也很困难，人家看到伍某某家这个样子，大多不愿借，怕伍某某还不起。"唉，日子慢慢熬嘛！"伍某某说。

访谈6-18

访谈对象：重庆市奉节县云雾土家族乡屏峰村王婆婆
访谈时间：2016年8月7日
访谈地点：重庆市奉节县云雾土家族乡屏峰村王婆婆家中

屏峰村离云雾土家族乡街道较远，地处山区，四面环山，政府今年刚开始在这里修路，交通不大便利。因为地形的关系，居住在这里的人，很少有聚居在一起的，基本上家家都有些距离。笔者在调查过程中，与屏峰村的王婆婆进行了深入交谈。王婆婆今年78岁，有四个儿子、两个女儿，老伴早已过世。老人已和几个孩子分家，现在和最小的儿子住在一起，但因小儿子一家都在福建打工，所以平时就只有老人独自在家。另有两个儿子虽然住的地方离老人较近，但两个儿子也有自己的生活，不能总是在老人身边，所以平时一些做饭、洗衣等力所能及的活还是老人自己做。王婆婆家住在一个路口处，按照我们的脚程，从王婆婆家走到乡街道大概需要一个半小时，而且王婆婆腿脚有些不便，所以很少出门，而且也没有种地，基本上一些生活上用的东西都是住得近的孩子不定期地过来看老人的时候带的。老人平时也没有什么娱乐活动，每天就是坐在家门口，有邻居或是一些老姐妹过来就一块聊聊天，唠唠家常，没有人的时候就自己看看面前的田地，看看山，有时候也不知道在看什么，也不知道在想什么，这一天就过去了。每天都是这样，周而复始。老人平时的生活费，一部分是小儿子寄回来，除此之外，还有国家发放的基础养老金以及最低生活保障金，这些钱足够老人的生活所需了。但是老人面临的另外一个问题是：有钱却无处可用。因为地形、交通的限制，难得出一次门，就算出门之后也没多少物品可供选择，生活必需品基本不缺，其他东西对老人而言也没有多大的使用价值，所以导致有钱没有地方用。虽然经济上得到了政府的救助，基本能够维持生活，但是老人长期无人陪伴，非常孤独和无助。

访谈 6-19

访谈对象：四川省宜宾市叙州区高场镇丰收村唐某某

访谈时间：2016 年 2 月 25 日

访谈地点：四川省宜宾市叙州区高场镇丰收村唐某某家中

唐某某这个家庭原有两口人：她自己和她养父。唐某某是其养父在她两岁的时候收养的，所以她一直不知自己的亲生父母是谁。其养父家是村里条件最差的，只有几间漏水的瓦房，厨房是养父在外面捡的破布之类自己搭的简易棚。去她家观察时，只看到饭桌上有一碗咸菜，而其"厨房"里的佐料只有一只有缺口的碗里装有少许食盐，家里没有食用油与其他佐料，可见其生活质量之差。唐某某在小学时就要做饭、捡柴、种菜，一般都是在放学后直接奔到地里面去。其养父在唐某某小学四年级时生病瘫痪在床，从那时起家里的重担就全压在这个小女孩身上。政府在了解到情况后，长期给予这个脆弱的家庭低保待遇以及其他帮助，全部免除孩子的读书费用，但家庭的开支还是远远得不到满足。就在这样艰苦的条件下，唐某某每天做好饭菜给养父吃了后再去上学，下午回来又去下地干活，在本该受到关爱的年纪承担起了家庭的重担。这样的生活持续到初中时其养父去世。这下子这个家庭只剩下她一个人，一个未成年人不得不提早面对一切。在生活的压力下，她只有辍学，开始了外出打工之旅。

访谈 6-20

访谈对象：重庆市武隆区江口镇信宁街杨某某

访谈时间：2016 年 2 月 26 日

访谈地点：重庆市武隆区江口镇信宁街杨某某家中

杨某某，83 岁，住武隆区江口镇信宁街。这是信宁街一户典型的贫困户家庭。因老人无生育能力，老人于 40 多年前领养了一个儿子。老人靠务农将儿子拉扯大。儿子长大后结婚都是老两口一手操办，婚后生有一子。然而他们的儿子后来因贩毒而被捕入狱，他们的儿媳因此离家出走，至今未和老人联系，也没有对老人的生活和自己的儿子的成长给予帮助。老人含辛茹苦地把孙子拉扯大，孙子长大后出门务工，也音信全无。老人于十几年前失去老伴，靠着左邻右舍的帮助将老伴的丧事处理好。因武隆常年多雨，房屋失修，老家自己的房屋无法居住，老人于 2010 年搬至信宁街借住。老人现在孤身一人居住，无收入来源，全部生活依靠政府补贴的低保。这些钱需要支付房租、水电还有生活、医疗费。而且随着年龄的变化，老人的身体出现了不同程度的伤病。老人的视力不好，可能患有白内障，生活很难自理，加之行动不便，甚至起身都很困难。当调查者来到家中，老人起身招呼时就显得非常吃力，好像要倒了一样。老人家中没有什么家具和电器，屋子里散发着一股刺鼻的臭味。据老人讲，她几乎不吃肉，也很难吃顿好的，几乎每顿都是米饭和青菜，而这些青菜还是邻居送的。老人说着说着就热泪盈眶。对于她来说，生活非常不易。

第三，农村低保制度边缘人群致贫风险高。近年来，随着农村社会救助制度的不断完善，政府不断出台政策来提高农村社会救助的补助水平，困难人群得到了及时的救助，使农村贫困人群感受到了政策的温暖与社会的关爱。但是，在社会中还存在着这样一群人，即农村低保边缘人群，他们徘徊在贫困线尤其是农村最低生活保障线左右，常常与低保相关的救助政策失之交臂。他们年人均收入比农村最低生活保障线稍高，但是他们通常收入低下且不稳定，自我发展能力欠缺，思想观念较为落后，缺乏抵御风险的能力，也较少得到政策上的救助和帮扶。目前农村低保边缘人群的界定大多以农村家庭的收入为核定依据，未曾考虑其支出。可以想象，一旦出现收入不变、支出大幅增加的情况，比如遭遇重病、突发状况等问题，他们将陷入生存困境。所以，就收入和支出的总体来看，农村低保边缘人群的实际生活十分困难，他们是一群游走在政策体制之外的弱势群体，自身发展受限、能力不足，自身观念又较为落后，一旦遭遇天灾人祸、子女上学和疾病等问题，就会陷入生存困境。

因此，我们应该关注这一群体，一方面因为他们属于社会弱势群体，需要国家和政府从政策机制上给予重视；另一方面做好农村低保边缘人群的保障工作有利于实现社会公平，促进社会和谐发展。这样不仅可以强化农村低保边缘人群的自我发展能力，还能加强他们抵御风险的能力，有利于缓解社会矛盾，缩小贫富差距。

访谈 6-21

访谈对象：重庆市巫溪县下堡镇石门村村民张某某

访谈时间：2016 年 3 月 20 日

访谈地点：重庆市巫溪县下堡镇石门村张某某家中

张某某，46 岁，重庆市巫溪县下堡镇石门村人，是一名普通的农村妇女。丈夫外出打工，她在家带孩子做农活，家庭条件处于农村最低生活保障线的边缘，生活比较困难。2014 年 9 月份，她在地里干活时突然头晕而昏倒，邻居赶忙将她送到县人民医院，经一系列检查后，查出张某患有高血压多年，因本人不知情，血压飙到 190，受不了才昏倒在地里。张某听说自己患了高血压，眼泪就止不住地流，说不知道怎么办，子女都还没成家，自己又拖着病增添负担，孩子他爸一个人根本忙不过来。一想到高血压要经常吃药、要经常检查，就连连摇头，说本来就不宽裕的家庭怎么经得起慢性病的折磨。

据张某某说，她每去一次医院，检查一次、拿一次药就要三四百元，感觉自己无法承受。因为没有被纳入低保，医药费只得全部自己承担，所以根本不敢轻易进医院。有一次，她听旁人说某某药铺有卖和医院开的一样的降压药，价格还很便宜，于是她就去买了这样一盒相似的药。在服用相似的降压药期间，她感觉头一直昏昏的，等再次去测量血压时，就发现之前恢复正常的血压又超过了正常范围。张某某本想住院好好检查和治疗，但一想起医药费就只好打消了这个念头。他们村里有几户低保，生病住院时，自己只承担少部分医疗费。一想到这里，她的心情更不平静。

访谈 6-22

访谈对象：重庆市开州区陈家镇宋某
访谈时间：2016 年 4 月 21 日
访谈地点：重庆市开州区陈家镇宋某家中

宋某今年 62 岁，家住重庆市开州区陈家镇，有两个儿子，已各自成家。宋某跟我们讲述了她家的情况。宋某和老公刘某原来住在农村老家，家庭条件比较差，但是生活水平略高于最低保障线，所以没有被评上低保资格，属于低保边缘人群。2015 年 8 月份，刘某上山做农活，不小心从半山摔下去，脑袋撞到石头上了，但是没有流血，身上多处擦破了皮。刘某自己检查了一下，觉得没什么事，于是自己爬上田继续做农活。等到晚上回到家，刘某将自己从半山摔下去的事情告诉了宋某，宋某连说"菩萨保佑，菩萨保佑"，就去烧香拜菩萨了。刘某也自己去洗漱准备吃饭了。等到宋某将饭菜端上饭桌，刘某却一下就倒在地上了。宋某忙着给刘某掐人中，叫来邻居帮着她将刘某扶到床上。邻居见状，让宋某送刘某去医院。宋某却说："去什么医院！他从半山摔下来都没什么大碍，能有什么事。放心，有菩萨保佑，一会就好了。麻烦你了。我要去祷告，让他赶紧好起来。"于是，宋某又自顾自地去烧香祈祷了。邻居不放心，打电话告诉了老两口的儿子们。等儿子赶回来的时候，只见宋某正在专注地祷告着，而刘某已经脸色惨白了。儿子赶紧将刘某送去医院，一检查是颅内出血，已经错过了最好的救治时间。后来，经过长达十个小时的抢救，还是没能救回来。

从以上案例可以看出，农村低保边缘人群是致贫的高风险人群，但目前针对这部分人的救助和扶持措施较少，使得农村低保和扶贫政策面临较大的压力。

总之，在农村养老、医疗等社会保障制度尚不健全的情况下，制度性贫困将长期存在，使得大量贫困人口把生存的希望寄托于社会救助制度，把低保看成理所当然的生活保障，使得这部分人长期滞留于低保中。问卷调查显示，针对"所在地区扶贫最需要哪些条件"的回答中，除了政策、资金及技术支持外，44.6%的村民选择了社会保障的完善（医疗、养老等）。如图6-12所示。社会保障制度的完善在很大程度上能帮助脱贫，而群众呼声之高也从侧面反映了我国社会保障制度的完善程度仍不高。这就造成了制度上的缺陷，不利于扶贫与低保制度的实施，没有很好地起到辅助作用。

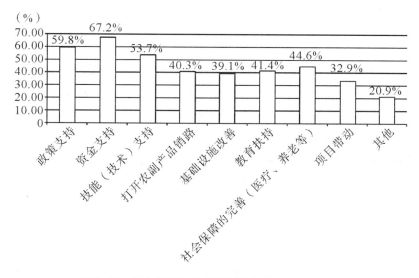

图 6-12 所在地区扶贫所需要的条件（N=1 176）

由于我国长期存在城乡二元结构，以及城乡分治所导致的一系列显失公平的城乡医疗卫生保障等社会福利制度，加之农村贫困地区大多资源匮乏、交通不便，致使贫困对象长期挣扎于贫困线上。近年来，为了改善生活，农村青壮年大部分外出打工，家里只剩下老、弱、病、残人员，使得农村经济发展严重缺乏劳动力。我们在农村调查中发现，农村实用型人才外流严重，有头脑、懂技术、能干事的年轻人有不少，但都没有在村里干事创业，都以外出打工为主，虽然每年都能带回点打工收入，但解决不了长远发展问题，对于农村经济发展而言是个损失。在教育、医疗及养老方面，农村负担也很重。我们走访的几户贫困人家，都存在疾病或其他原因导致的劳动力缺失和负债，这对于完全依靠务农的农民来说，往往就直接导致了贫困。除了医药费支出外，对于大部分家庭来说，子女教育投入占了收入的大多数。他们不吝血汗钱，把子女送进城里上学，希望孩子能摆脱这个困境。打工者在身体高强度负荷劳动的时候没有办法兼顾身体健康，而在出现健康问题的时候重返贫困，这进一步削弱了他们的发展能力。

第四节　贫困对象动态考核与退出机制现状及问题分析

一、贫困对象动态考核与退出机制现状

动态考核与退出机制是指对已经纳入低保对象和扶贫开发对象的家庭的经济状况的变化进行定期的核查，对年人均纯收入分别达到或超过农村低保标准和国家扶贫标准的对象，按规定逐步退出低保和到户扶持政策的管理过程。调查中发现，为加强农村贫困对象规范管理，维护低保和扶贫政策的公平、公正，实现"应保尽保、应扶尽扶、应退则退"的目标，大多数地方民政和扶贫部门都通过内审稽核、核查比对、公开公示等手段，分别从动态考核、二次识别、续保与退出四个环节，对农村低保与扶贫对象进行动态管理，确保"真扶贫、扶真贫"。

1. 动态考核

对于低保家庭的动态考核，各地探索出了一些经验做法，按照"一查、二核、三清"的要求对已保家庭进行动态核查对比。在查清低保户详细地址及家庭基本情况的基础上，核实低保户家庭享受人口是否准确和家庭收入变化情况，再清理低保户死亡人员，不符合低保政策户，弄虚作假、优亲厚友办理的"人情保""关系保"等。由各乡（镇）对辖区内的已保对象进行100%的入户排查，县级民政部门按不低于30%的比例入户抽查，通过核查掌握实情，弄清底数。对无生活来源、无劳动能力和支出性贫困的人员，进行全面复查，根据复查掌握的家庭经济状况变化，及时按程序停发、减发或增发低保金；同时及时公开公示。对低保审批结果以村、社为单位和院坝进行长期公示，实现群众知晓率达到90%以上，接受

社会监督，实现"应保尽保、应退尽退"。

对于扶贫家庭的动态考核，首先对帮扶的建档立卡贫困户，逐户逐人进行核对，准确掌握贫困户家庭人员结构、收入来源、贫困原因、脱贫措施等相关信息，真正做到贫困家庭底数清、问题清；其次对所有新增对象户购房、购车、经商办企业、是否属于财政供养人员等方面进行全面比对，确保"应进则进，应扶则扶"；最后对农村扶贫边缘人群进行普查，采取科学合理的识别程序，把符合扶贫政策的贫困人口及时纳入扶持范围，确保扶贫对象的精准度。

调研发现，大部分地区都能对低保和扶贫对象进行动态考核，对贫困对象的家庭总收入情况进行动态监测，根据困难农户家庭经济状况的变化，以及物价上涨情况按程序办理停发、减发或增发最低生活保障金的手续，增加或调整对扶贫对象的扶持措施，并总结出了一些较为成功的经验。但同时也面临着诸多困难，主要是在家庭收入来源、收入情况以及现金折算方面仍存在较大的难度，需要统计大量的家庭收入及支出数据，工作量较大且比较繁杂。基层工作人员普遍较少，工作能力及综合素质也有待提高。因此，对贫困对象的动态考核，更重要的是探索出能够动态了解和掌握贫困家庭收支状况的途径，为贫困对象二次识别打下良好的基础，提高贫困对象再识别的准精度，确保制度的公平。我们在实地调查中了解到，在扶贫对象的动态考核方面，一些部门已经逐渐实现了相互协作与配合，建立了比较有效的联动机制，以便充分地整合扶贫资源，形成较好的扶贫合力。与之相比，对于低保对象的动态考核，各部门缺乏积极的沟通和配合。由于农村家庭收入来源的多样化，民政部门难以彻底掌握低保家庭真实的家庭收入情况，不仅影响对已保家庭的二次识别，也影响着农村低保制度的公平和效率。

2. 二次识别

一是农村低保的二次识别。为进一步规范农村低保管理，一些地区县级民政部门出台了一系列文件，明确措施，加强对低保对象的二次识别。首先是确定重点复查对象。在保障对象提出续保申请后，乡（镇）基层工作人员组成复查工作组，结合已取得的家庭经济状况核查成果，通过入户调查、经济状况核查和邻里访问等多种方式开展调查核实工作，摸清辖区内农村低保家庭共同生活成员户口信息、收入状况等，掌握基本情况。对低保家庭进行认真筛查，确定重点复查对象名单。其次是集体审核和张榜公示。乡（镇）人民政府根据低保相关政策规定，结合调查情况，召开会议集体研究审核，确定应保和应退人员名单。名单确定后，以社区、居民小组为单位将拟续保和清退人员的家庭情况、保障金额的调整变化情况、停发低保金的理由等情况进行公示，公示期不得少于 7 天。最后是县级民政部门备案。各乡（镇）人民政府将公示无异议后拟续保和清退人员名单报县民政局备案。对于提交续保申请并且在公示期过后无异议的低保家庭，政府民政部门将继续发放最低生活保障金，并给予医疗、教育等方面的救助；对于被取消低保资格的家庭，会停发低保金，并逐步取消其他待遇；而对于新增的低保家庭，民政部门会按照相同的低保待遇进行低保金的发放。民政部门通过总结复查工作经验，进一步建章立制，切实加强管理，健全低保准入与退出机制。

二是扶贫对象的二次识别。扶贫对象与低保对象二次识别过程基本相似，但由于扶贫对象资金扶持力度大，涉及的村民之间的利益差异较为明显，因此各地对扶贫对象的二次识别更为严谨。为严格按规范程序开展精准再识别，严格公示公开，确保制度公平公正，程序民主透明，一些地方探索出了一些适合当地的办法和经验，比如有"八步三公示一公告""五步三公示一审核"等。总的来说，扶贫对象的二次识别主要有以下步骤：第一步，锁定对象。这主要由农户自己主动申请，扶贫工作人员在工作中发现的和群众推荐的新增对象，也一律向村（居）民委员会提出评定贫困户的书面申请。第二步，调查取证。驻村工作队长组织村干部、工作队员（2~3 人）开展入户核查，以入户核算家庭纯收入和重大事项支出情况、查看住房及土地耕种状况、邻近村民走访调查等方式锁定新增（返贫）评定对象，在弄清家庭成员基本信息情况下，召开院坝会核实并征求评定意见，形成书面调查材料；对退出对象，由乡（镇）开展调查取证，收集相关佐证材料、图像资料等。第三步，集体审查。通过召开驻村工作队和村两委班子成员会议，审查并推荐提名新增（返贫）初选对象；由调查人员逐户介绍走访调查情况，参会人员集体讨论；对所有被调查对象审核完毕后，推荐提名产生"新增扶贫对象推荐提名初选名单"，村（居）民委员会形成集体推荐提名情况书面报告（工作开展情况、分类说明被调查对象审查推荐情况和放宽评定条件的特殊对象审查推荐情况）。对退出对象，由村集体按"一户一审、一户一意见"要求，提出具体的处理意见，分户形成专项调查材料。第四步，民主评议，评议结果第一次公示。召开村民代表大会，对推荐的新增（返贫）初选对象开展民主评议。会议议程包括评定对象自我介绍情况、听取村委会集体审查推荐提名情况汇报、代表发表意见（讨论）、投票表决。清理退出对象民主评议会议议程包括：听取村委会关于扶贫对象清理工作报告、通报被清理对象调查情况、代表讨论发表意见、投票表决等议程。民主评议结果当场公布并书面告知当事人，同时在对象户居住地和村委会进行公示，公示期不少于5天。经公示无异议后，由村委会向乡（镇）人民政府提出复核申请。第五步，乡（镇）复核，复核结果第二次公示。召开党政联合办公会，对各村（社区）申请的复核对象进行逐户审查，复核通过的新增（返贫）和退出扶贫对象，在乡（镇）人民政府、所属行政村、对象户居住地公示，公示期不少于5天。经公示无异议和回访退出对象户并签字认可后，向县扶贫办申请核准。第六步，县级核查，发布核准公告，核准结果第三次公示。县扶贫办对乡（镇）报送的相关材料开展审查，重点审查识别程序、民主评议情况、公示公开情况，提出审查意见，报县扶贫攻坚领导小组审议，并经县人民政府常务会议审议通过后，在该县官网上发布新增（返贫）和退出扶贫对象核准公告，乡（镇）、村同步公示。第七步，建档备案。乡（镇）按扶贫对象建档立卡工作要求，对县级核准新增（返贫）对象在"扶贫信息系统"中建立台账，准确分析致贫原因，建立档案，形成新增（返贫）扶贫对象"再识别"村级档案专卷；对核准的退出对象名单，报市扶贫开发办公室备案。第八步，系统管理。对建档立卡的新增（返贫）扶贫对象与系统内扶贫对象同步帮扶、同等管理，对经帮扶后未实现脱贫目标的对象，在年底扶贫对象动态调整时录入扶贫信息系统；对退出对象，终止结对帮扶，不再享受有关精准扶贫政策（普惠性政策除外），退出扶贫信息系统。

3. 续保

对于经过动态考核后符合条件的扶贫对象应继续给予扶持政策。扶贫政策的实施至少需要一个周期才能看到效果，尤其是对于项目扶贫、整村推进、旅游扶贫等来说，需要持续性地给予扶持和观察，短期内变化不大。因此，续保主要针对低保户，尤其是农村低保实行按户施保以后，相对于扶贫对象，低保家庭收入变化周期较短。首先，低保家庭需要提出续保申请，提交相关材料：续保申请书；家庭成员收入证明；家庭支出明细等容易变化的证明材料；家庭人口发生变化的，应提供相关证明材料。其次，在调查核实方面，对提出续保申请的低保家庭，如前所述，要进行动态考核和二次识别，根据核实情况及时办理延续、提高、降低或者终止最低生活保障待遇的手续。一些地方对于家庭人口和收入等发生变化的，要求填写相关表格或提供相关材料。如低保需要调增、调减的家庭填写《最低生活保障金调查审批表》《最低生活保障金调增名册》《最低生活保障金调减名册》；取消低保金的家庭填写《最低生活保障金停发审批表》《最低生活保障金停发名册》。相关表册随同其他证明材料一同报送民政部门审批。再次，在续保审批方面，民政部门要对报上来的申请材料逐一审核，对有疑问的材料或者经公示后有举报的，要会同乡（镇）深入地调查核实。对于审核无异议的申请材料，应逐一进行审批，并及时将具体信息录入低保信息管理系统。最后，对于低保的张榜公布，民政部门要将相应的审批结果通知乡（镇），由乡（镇）和村（居）民委员会进行张榜公布（包括低保对象家庭人口、享受低保金额、取消低保金的原因等）。

4. 退出

调查发现，部分地区在贫困对象退出方面，形成了比较规范的清退程序，大致要经过以下步骤：第一步，调查取证。由村（居）民委员会对锁定对象名单开展调查取证，收集相关佐证材料、图像资料。第二步，班子成员集体审查。召开村（居）民委员会，集体审查调查取证材料，按"一户一审、一户一意见"要求进行研究，提出具体的处理意见，分户形成专项调查材料。第三步，召开村民代表大会。开展民主评议，评议结果现场公布并立即公示，并将民主评议结果书面告知当事人。公示期满，村（居）民委员会向乡（镇）人民政府提交复核申请。第四步，由县级民政和扶贫部门审查（公告、公示），公示无异议后终止救助及相关扶持措施。退出对象不再享受有关精准扶贫政策（普惠性政策除外）。当年扶贫对象动态调整工作中将其退出扶贫信息系统。如核准对象对清理退出决定不服，必须书面向乡（镇）人民政府提出重新审查申请，由乡（镇）人民政府委托第三方开展评估。经评估符合退出条件的对象，必须强制退出。这是调查中了解到的比较规范的退出程序。但在具体执行过程中，有的地方执行较困难，在实际操作中阻力较大，低保与扶贫措施均存在进入容易退出难的现象。

二、动态考核与退出机制中存在的问题

1. 缺乏有效的动态监测

贫困对象瞄准及动态监测主要有两种方法：家计调查和身份类别。前者是对救助申请人的家庭收入和财产占有情况进行测算和评估，以确定他们是否应该得到救助。优点是受助人数和支出金额较容易控制，缺点是管理成本大、容易导致负激励和福利污名效应。后者是指把某些特定类别的人群作为受助对象。例如"五保"老人和儿童、病人、残疾人等。这种方法更加看重贫困的起因，在实践中操作简便、管理成本较低、负激励作用小，但是也存在对穷人的覆盖不全以及福利会向富人漏出的缺点。[①] 这两类方法各有其优缺点。相比较而言，前者更科学客观，后者具有一定的主观性。为确保低保对象识别和动态管理的准确性和公平性，中央政府先后出台政策，明确要求将家计调查作为农村低保对象认定和动态管理的主要方法，尤其是 2014 年颁布实施的《社会救助暂行办法》，第十一条明确要求：乡（镇）人民政府、街道办事处应当通过入户调查、邻里访问、信函索证、群众评议、信息核查等方式，对申请人的家庭收入状况、财产状况进行调查核实。在动态管理过程中，应根据受助人口家庭收入的变化来决定其是否享受或继续享受救助政策。当村民（居民）收入低于低保标准时，应及时将其纳入低保救助范围；当被救助对象家庭的人均收入高于低保标准时，则应按规定退出。[②] 一些地方也出台了相应的办法和措施，规范贫困对象家庭收入核算。如重庆市先后出台了《重庆市城乡居民最低生活保障家庭收入核算办法》《重庆市最低生活保障条件认定办法》等，从制度层面对低保家庭收入核算进行了较为详细的规定。

　　但是，由于家计调查过程中的收入核算制度实施难度大，实际运用中面临重重困难：一是农村和农业经济的特殊性决定了农村低保家庭收入量化核算十分困难。[③] 与城镇家庭相比，农民收入来源多元化，内容繁多，且实物难以货币化，家庭隐性收入难以核清，日常支出和生产成本难以核定。二是政府与贫困对象之间存在严重的信息不对称。农村信息化发展缓慢，各个行业和部门还没有建立起信息共享平台，农户各方面的信息散落在多个部门，受法律、技术条件等方面的制约，普遍尚未实现联网互通，给跨部门的信息比对带来了很大困难。因此，这种信息不对称为农户谎报、虚报财产状况从而获取低保创造了条件，一些本该退出低保的人群仍然戴着"贫困帽子"，难以实现"应退尽退"。三是基层工作队伍很难适应收入量化核定和精准化管理的需要。农村家庭情况复杂，收入核算工作量大，但由于基层工作人员配备较少，难以开展收入核算工作。四是流动人口收入难以准确界定。农村流动人口就业大多不稳定，难以掌握他们的收入状况。课题组在对 575 名基层干部进行问卷调查时了解到，贫困家庭收入核算面临诸多难点，其中有 304 人选择了"难以出具收入证明"，占

---

　　① 李振刚. 我国农村最低生活保障制度目标定位机制的反思 [J]. 广东社会科学, 2016 (2): 196-197.

　　② 编写组. 社会救助暂行办法 [M]. 北京: 人民出版社, 2014.

　　③ 江治强. 农村低保对象的收入核定及其治理优化 [J]. 浙江学刊, 2015 (4): 220.

52.9%；252 人选择了"隐瞒和虚报收入"，占 44%；其他依次是"农副产品成本难以估算""实物难以货币化""收入具有多元性""金融资产难以核实"等。

访谈 6-23

访谈对象：重庆市万州区长岭镇凉水村综合服务干事蒲某某

访谈时间：2016 年 7 月 25 日

访谈地点：重庆市万州区长岭镇凉水村村委会办公室

本村有 4 000 多人，今年低保指标 130 人。本村中家人患有疾病的家庭较多，申请低保的也很多，但上级要求不得搞平均化，不能平均分摊，只能给最需要的人。对于重庆市出台的低保家庭收入核算办法，镇上已经要求我们学习过，但大家觉得方法太具体，与农村的现实脱节，工作量巨大，根本无法操作。我是本村综合服务人员，代管低保工作，感觉难度很大，有些工作根本没人去做。例如，村里去年组织人员建立了"民情档案"，对每家每户的基本情况进行登记。但由于人手不够，到现在还没有录入电脑系统，还是手抄本。全村这么多人的信息更新也比较困难，动态信息难以掌握，尤其是外出打工的家庭，收入是否发生变化，我们根本无从知晓。另外我觉得村干部的待遇较低，每月只有 1 000 多元，而且需要全脱产上班。尽管这样，我还是任劳任怨，已经从事村务管理 20 年。周围几个村的干部都更换好几次了，都觉得基层工作难做，待遇低，容易得罪人。尽管我们已经尽职尽责，但一些老百姓仍觉得不够公平，矛盾突出。

访谈 6-24

访谈对象：重庆市奉节县吐祥镇民政干部王某

访谈时间：2016 年 7 月 28 日

访谈地点：重庆市奉节县吐祥镇民政办公室

目前，从事农村低保工作的人员、经费、设备投入不足现象相当突出。全镇低保工作仅我一人负责，工作十分复杂，工作量很大。村一级没有安排专职的低保工作人员。上面要求低保对象确定及动态监测都需要家计调查和收入核算，但由于工作量大，人手紧张，实际上并没有核算，家计调查也只是入户随便看一看。

访谈 6-25

访谈对象：重庆市城口县咸宜镇李坪村支部书记

访谈时间：2016 年 1 月 5 日

访谈地点：重庆市城口县咸宜镇李坪村委会办公室

问：您所在村是否建立详细的民情档案？如何对贫困人口进行动态监测？

答：我们已经建立了比较全面的民情档案，主要内容涉及计划生育、民政、社保等多方面。由于人手有限，工作量大，由我们村支两委班子全体人员加班加点完成。最开始是手抄本，最近开始着手录入电脑，把全村居民的详细情况都录进来了，工作量确实很大，但对我们了解全村情况，推动各项工作确实有很大的帮助，大大提高了工作效率。在内容更新上，每年村支两委都会安排人员进村入户走访，了解实际情况，尤其是对村民的收入和消费进行详细了解。如他们的收入来源有没有变化，收入是否增加。消费方面，重点了解孩子上学开支和有病人家庭的医疗支出，为贫困户的确定和续保提供依据。在充分掌握信息的基础上，对超过低保线或贫困线、不符合条件的居民，按照政策要求取消其低保户或贫困户的资格。党的十八大召开以后，政策上要求更严，很多方面要求都很高，我们必须严格管理。虽然我们严格执行上面的政策，但由于农村的情况十分复杂，收入来源多元，隐性收入无从知晓，对于流动人口很难了解其详细信息。这些实实在在的困难，使得我们对农民收入的变化只能大致了解，要详细、精确核算十分困难。因此，民情档案的更新是否准确取决于我们所获取信息的真实与否。对贫困对象的动态监测往往缺乏客观依据，也会影响政策执行的公平性。

从以上案例可以看出，目前，两项制度还存在不合理的激励机制，缺乏必要的监督和考核措施，一些贫困对象存在"福利依赖"心理，一些地方的贫困对象长期沉淀下来，形成"贫困陷阱"。家庭收入状况是衡量其是否具备受助资格和享受和何种程度救助的主要尺度。由于缺乏有效的动态监测，低保及扶贫对象动态管理执行不到位。部分低保对象家庭由于子女成年就业，或重新就业，享受退休金等，生活条件已明显好转，但仍继续领取低保补助金，甚至有些不符合低保条件的人员通过"人情保""关系保"等进入低保，长期挤占低保名额，导致部分困难群众无法享受到低保待遇，未能体现应有的公平、公正。

2. 受助人口主动退出难

当贫困对象得到政府的低保或扶贫政策帮扶摆脱困境后，就应逐步退出低保或扶贫，即"应退尽退"，但贫困对象退出难一直是制约两项制度顺利实施的一大难题。调查显示，58.5%的被调查对象认为所在地的贫困户存在"等、靠、要"的思想。一些贫困户对基层政府的动态管理持有抵触情绪，甚至采取隐瞒收入等不正当手段获取或保留贫困户资格，有53.4%的被调查对象所在地存在贫困户实际已脱贫但仍长时间享受扶持政策的现象。参见表6-4。

表6-4　　重庆市农村贫困对象动态考核及退出情况（N=1 215）

样本项目内容		频数（人）	百分比（%）	有效百分比（%）
您所在地政府对低保和扶贫对象有监督考核吗?	有	713	58.7	59.6
	没有	366	30.1	30.6
	不清楚	117	9.6	9.8
	未填或无效	19	1.6	
您认为政府对低保和扶贫对象进行定期监督考核是否有必要?	十分有必要	549	45.2	45.8
	有必要	485	39.9	40.5
	没有必要	67	5.5	5.6
	无所谓	97	8.0	8.1
	未填或无效	17	1.4	
您所在地乡（镇）和村干部有没有对低保和扶贫对象进行家访?	有	543	44.7	45.4
	没有	418	34.4	35.0
	不清楚	234	19.3	19.6
	未填或无效	20	1.6	
您认为乡（镇）和村干部对低保和扶贫对象进行定期家访是否有必要?	十分有必要	498	41.0	41.0
	有必要	549	45.2	45.2
	没有必要	68	5.6	5.6
	无所谓	100	8.2	8.2
	未填或无效	0	0	

表6-4(续)

样本项目内容		频数（人）	百分比（%）	有效百分比（%）
您所在地的贫困户存在下列哪些现象(可多选)？	"等、靠、要"的思想	711	58.5	58.5
	好吃懒做	447	36.8	36.8
	赌博	363	29.9	29.9
	生活奢侈	119	9.8	9.8
	没有这些现象	185	15.2	15.2
	不清楚	164	13.5	13.5
您所在地是否有贫困户实际已脱贫但仍长时间享受着低保或扶贫待遇的?	有，较多	153	12.6	12.7
	有，较少	490	40.3	40.7
	没有	166	13.7	13.8
	不清楚	394	32.4	32.8
	未填或无效	12	1.0	

因此，贫困对象申请低保或扶贫资格时是积极主动的，大多会想尽一切办法争取到低保或扶贫指标。但在退出时几乎没有主动提出的，大多数贫困户对低保和扶贫有很强的依赖心理，甚至有少数人认为低保和扶贫是"终身制"，是"吃皇粮"。并且，在许多地方，扶贫对象一旦确定，就是"钉子户"，很少会有政府人员进行上门家访，实时调查受助者的家庭经济状况，就是按照动态管理的要求上门家访，往往也会"碰钉子"，大多得不到积极配合。同时，后续的监督考核也并没有做到位，有不少应该享受低保相关政策的人却没有享受到，而应该退出扶贫队伍的人却仍然占着位置，这说明"退出机制"实施得不理想。

访谈 6-26

访谈对象：重庆市荣昌区沙堡村村主任

访谈时间：2016 年 4 月 5 日

访谈地点：重庆市荣昌区沙堡村村委会办公室

我在村里工作已经好多年了，每当说到低保，家家户户都会尽量去争取。村里人都说，国家给的钱，不要白不要，不给我就给其他人，人人都想要。每次村里开会评选的时候，每家都哭穷，这个说我家揭不开锅，那家说已经没钱吃药，场面十分混乱。每次评选的时候，我们村干部都很难选择，每家都要争取，但名额很少。我们也只能尽量照顾特别贫困的家庭，把这个低保给我们村真正困难的家庭。村民甲以前是当地的贫困户，家里有重病的父母，还有两个孩子要上学，自己因一次车祸弄伤了腿，现在走路有点跛，媳妇前几年也跟人跑了。后来，他找到我们村干部，说想弄个鱼塘，我们村干部就帮他贷款 2 万元。后来依靠他自己，每天早出晚归，天天开着三轮车去城里送鱼。两年以后，家庭情况有了明显的改善，还把房子修缮了一番。后来，当我们决定停止对这个家庭的低保补助时，他家里上了年纪的阿婆，就来到我们村委工作室，大吵大闹，不依不饶。我们就说你们家庭情况已经好转，应该退出低保。可是家庭已经习惯了每月国家的补助，让他退出，基本上都不愿意，还找着我们哭穷，说家庭多么困难。我们村困难的家庭不在少数，可是低保指标有限，没得办法。

上述事例也在一定程度上反映了在认定农村低保的时候，村民们都积极申请，而当真正脱贫后，为了自身利益，很少有人主动提出退出低保。从退出问题来看，一方面是由于我国低保制度退出机制不完善，没有发挥其应有的作用；从另外一个方面来看则是由于低保对象没有正确认识到低保的作用，认为低保是"终身制"，一旦享受就不应退出，并且普遍认为低保是国家的资金，能多得就多得，存在严重的福利依赖。其实，低保退出机制的建设在整个低保制度中起到了重要作用，在低保的正常运转中扮演着重要角色。

3. 缺乏定期考核与监督

从针对受助人群的监督方面来看，长期以来被救助人群退出难，"福利依赖"现象比较突出，低保对象主动退出的微乎其微，监督机制缺乏的情况下，容易造成低保对象精确瞄准问题。一些群众将低保证视为"贫困证明书"和享受福利的"通行证"，甚至少数低保户希望低保制度实行"终身制"，他们对动态管理持有抵触情绪，往往采取隐瞒收入、找关系等不正当手段获得或保留低保资格。这充分反映了农村低保在执行过程中存在一定程度的不规范、不公平，群众对基层政府低保工作实施的满意度不高，加大了"应退尽退"的执行难度，从根本上来说是缺乏相应监督机制。在对村民进行问卷调查时，30.6%的被调查对象认为当地政府缺乏对低保和扶贫对象的监督考核；86.3%被调查对象认为有必要对低保和扶贫对象进行定期监督考核；35%的被调查对象表示当地乡（镇）和村干部没有对低保和扶贫对象进行跟踪访问。参见表6-4。从调查结果中可以看出，大部分村民支持对受助对象进行监督，这也可以反映出现阶段监督机制的缺乏。

农村低保制度是保证农村困难群体维持基本生活的一种具有救助性质的制度，旨在帮助穷人维持生存。然而，部分人却将此项制度作为敛财的工具，有一种拿政府的钱，"不拿白不拿"的思想在作祟，打破了低保制度设置的初衷，变成人们争夺的"香饽饽"。部分村出现了人人都想要、人人都想拿的现象。对此，有的地方形成"轮保"的现象，轮流吃低保，人人均沾光，谁也不抢谁的，谁也不多拿一分。当然也有部分收入不错的人，吃着低保，开着轿车，过着富足的日子。

因此，在一些地方"关系保""人情保"的问题依然存在，部分村民对政府的扶持持一种抵触的态度，不愿意通过自己的劳动增加经济收入，生活改善了也不退出低保，一直霸占着该名额，有着较严重的福利依赖的倾向。许多村民贫困的原因，一方面是自身甘愿贫困，另一方面是有限的低保资源被不符合当地最低收入水平以下要求的人占有，比如富人享受低保的现象依旧存在，"关系保"等现象都是导致低保制度缺乏公平的原因。在这样的状态下，富有的人更加有钱，贫困村民的生活仍然得不到改善。低保制度的初衷被违反，由此造成公平的缺失。

4. 低保和扶贫资金的扶持功能有限

低保制度被喻为社会的"最后一道防线"，是为维持人体生命延续所必需消费的商品和劳务的最低费用，旨在保障贫困对象能够维持基本的生存，因而保障处于较低的水平。加之我国贫困人口众多，需要扶持的人口数量巨大，低保资金的扶持功能十分有限。民政部的数据显示，最近几年我国每年纳入低保的人口都在 7 000 万人以上，占全国总人口的比例在 5% 以上。大量的实证研究证明，农村低保较低的保障水平削弱了制度本身的减贫效应。调研中了解到，一些低保户在获得救助后，其家庭收入水平仍很低，只能保障其基本的生存需要，更不用说培养低保人员谋生和自给自足的能力，以及激活他们自身的"造血功能"，使得这部分人难以摆脱贫困从而长期滞留于低保中。此外，经济上的匮乏使得贫困家庭社会交往受到限制，难以接受良好的教育，患病得不到及时治疗，等等，这一系列的社会剥夺和社会排斥使贫困家庭的发展机会受到制约，从而导致贫困的代际传递，不利于他们退出救助政策，使得农村脱贫困难重重。

农村低保被喻为社会的"最后一道防线"，旨在保障贫困对象能够维持基本的生存，因而保障水平很低。同时，农村低保的实施主体是政府，各级政府承担着主要责任，农村低保资金供给基本由政府全额负担，面对目前数量仍然庞大的农村困难群体，有限的政府财政只能保证部分人员的基本生活，且保障水平较低，供求之间的矛盾较大。仅靠低保制度是很难帮助贫困户摆脱贫困的，因而受助对象只得长时间地抓住低保这根"救命稻草"。扶贫方面，由于贫困人口众多，尤其是 2011 年底中央提高了贫困线（农村人均纯收入 2 300 元/年；之前为 1 274 元/年）以后，需要扶持的人口大幅增加，但同时政府扶贫资金又十分有限，扶贫开发仍然面临"僧多粥少"的局面。同时，许多地方的扶贫资金分散在诸多部门，无法整合利用，其扶贫效果不明显。因此，由于低保和扶贫资金的扶持功能有限，使得贫困户的收益状况难以促使其尽快摆脱贫困，贫困户要真正脱贫从而退出低保和扶贫政策仍是一个漫长的过程。

访谈 6-27

访谈对象：重庆市铜梁区侣俸镇玉林村村民陈某某
访谈时间：2016 年 1 月 20 日
访谈地点：重庆市铜梁区侣俸镇玉林村陈某某家中

陈某某一家可以算是玉林村最贫困的了，他们一家人可以说是病魔缠身。家庭总人数为 5 人，陈某某的母亲邓某某于去年的 6 月份因病去世。据当地人描述，邓某某去世时只有 60 岁。当时邓某某拒绝治疗，她不想给家里带来更大的经济负担，也不再想受病痛的折磨了，要求回家疗养，结果回家没有多久就去世了。陈某某的父亲陈先生，现已有 70 多岁，患有脑血栓和脑梗死以及老年人常见病——高血压，需要常年服药并且需要经常复查。但是由于家庭几乎没有资金来源，所以陈先生就决定自己在家休养，根本不能干重活，只能自己料理一下生活起居，病重那几天还需要人照顾。据当地人描述，陈先生得病之前，依靠在这个村的各个社回收废品来赚取生活费。但有一次他突然晕倒，被查出患有脑血栓，再加上自己老伴的死亡，生理加上心理上的打击，使得以前那个精力充沛的老头变得病恹恹的了。陈某某的老公谢某某是他们家招的上门女婿，谢某某虽然有劳动能力，但是没有任何手艺，所以就只好在家务农。并且他也不可能离开家，他必须在家照顾家人，只能在有闲时去帮帮别人家的忙，比如插秧、耕田、收玉米。但这些劳动报酬十分有限。陈某某自己患有一级残疾，只能够在家中料理一些简单的事务。陈某某有两个儿子，大儿子在铜梁就读高中。二儿子患有先天性眼盲，被评为二级残疾。村委会对于他们家中的情况十分同情，给予他们低保支持，他们一家人一个月可以享受低保 400 多元。有时政府会给予他们临时救助，但对于这个家庭来说也是杯水车薪。他们家的房屋也是政府扶持修建的，原来的房子是 D 级危房，经过村委会的积极争取，上级政府给予了一定的资助，修建了 70 多平方米的房屋，住房条件得到了一定的改善，但居住条件仍十分简陋，家电及生活用品缺乏，卫生状况较差。据了解，他们家有3亩左右的承包地，基本都用来种水稻和玉米、红薯。一家人全靠土地为生，并且还只能依靠一个人劳动。

访谈 6-28

访谈对象：安徽省六安市黄小店村村民张某某

访谈时间：2016 年 1 月 10 日

访谈地点：安徽省六安市黄小店村张某某家中

张某某家庭共 4 口人。原本是 5 口之家，去年张某某的父亲因病去世。该户是三峡移民，每年都可享受一定的政策补助，但其父亲死后，补助也随之减少了。家中除了妻子还有一儿一女。张某某有高血压，妻子有糖尿病，都不能从事重活或者太累的活，而且两人都是小学文化，没有什么技能。生病前两人曾外出打工，近几年一直待在家中务农，以维持起码的生活。儿子在读初中。女儿初中还没毕业，就为了减轻家庭负担而辍学外出打工了。前两年，在外打工的女儿也意外受伤，神经受到刺激，失去记忆，谁都不认识了。在当地医院治疗过，但效果不明显，目前在家中休养。家中的收入来源仅靠夫妻俩务农所得，十分微薄，已连续四年被评为低保户。开销方面，除了儿子上学的费用，夫妻俩还要承担三口人的医药费。对于这个家庭来说，低保金的保障能力非常有限，以后的生活依然很艰难。

访谈 6-29

访谈对象：重庆市长寿区江南夏家湾夏某某

访谈时间：2016 年 2 月 15 日

访谈地点：重庆市长寿区江南夏家湾夏某某家中

夏某某，女，11 岁，家住重庆市长寿区江南夏家湾。小女孩现在在江南九年制学校上三年级，因为家庭特殊，所以她是整个年级年龄最大的孩子。在她三岁的时候，爸爸因为盗窃和故意杀人，使受害人当场身亡，被法院判死刑立即执行。随后妈妈改嫁，几年来杳无音讯。小女孩 3~8 岁期间由爷爷、奶奶抚养，爷爷、奶奶靠务农来养育这个孩子，可是全村人的流言蜚语早已给女孩心里留下阴影。爷爷还有一个儿子，儿子和儿媳带着孙子常年在外打工，每个月给老人寄 200 元生活费。当小女孩 7 岁时，爷爷生病去世，伯伯一家才从外地回来。伯伯常年在外，因为一次工地上的意外落下残疾，工地老板却逃之夭夭。7~8 岁那年，奶奶身体也变得越来越差，时不时会晕倒，小女孩就开始下地干活、收拾家务。村里给该家庭申请了低保，办理了困难户。到了小女孩该上学的年纪，可是村里没有学校，镇上的学校因为人数太少，和街道的九年制学校合并了。该学校离她家较远，徒步得走2个小时。因为资金和距离的问题，孩子上学的事被一拖再拖，直到9岁时，伯父和伯母才拿出攒了很久的钱送孩子去上一年级。上学后，伯父一边务农一边照顾老母亲，伯母就出门打工来供2个孩子上学和一家的医疗费。在学校，校领导得知该女孩的情况后，和上级商量给予孩子一定补助，免了孩子的书本费和住宿费。这件事后来得到街道的重视，邀请了一些媒体进行报道，很多爱心人士给他们一家捐款捐物。现在女孩成绩非常优异并且比一般同龄人成熟懂事。在她家，我们发现他们住的房子又破又小，衣柜里的衣服都是其他孩子穿过的旧衣服。猪圈隔壁就是他们睡觉的地方。虽然有低保给予救助，但对于夏某某小朋友来说，生活依然十分艰难。

从上述几个案例中可以看出，低保的待遇（补贴）虽然在一定程度上减轻了低保对象的负担，但面对一个家庭的正常开支，低保（补贴）远远不能满足生活基本需求。如访谈6-27中家庭里面若有人生病需长期吃药，低保（补贴）就是杯水车薪，加上家庭住房问题及其他必要支出等，这样的情况下，一个家庭是完全不可能通过低保制度来解决自身生活的。访谈6-28中也是因为疾病而导致长期贫困，这个家庭贫困的另外一个原因是教育，教育支出也是家里的重要开支。低保待遇虽然在逐年提升，但是其保障程度较低，其作用的发挥也有待增强。

在针对村民的问卷调查中，在回答农村低保能否保障困难群众的基本生活时，有5.3%的人认为完全能保障，44.5%的人认为基本能保障，36.8%的人认为不能保障，13.4%的人表示不清楚。如图6-13所示。从数据可以看出，认为低保制度不能很好地保障生活的比例比较大，这也反映了实际中低保的保障程度不高，扶持能力有限的情况。

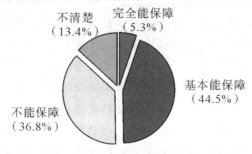

图6-13　农村低保能否保障困难群众基本生活（N=1 176）

5. 低保制度与其他政策捆绑实施，不利于受助对象退出

随着农村低保工作力度的不断加大，农村低保制度与其他社会政策捆绑实施，关联性越来越强，纳入低保范围的困难家庭不仅可以无偿领取低保金，还可以凭低保户资格在医疗、教育、住房等多方面获得救助或"特别关照"，形成了"胜者全得"的局面。《社会救助暂行办法》规定：国家应对最低生活保障家庭成员给予医疗救助、教育救助、住房救助、就业救助和临时救助。从一些地方的法规政策也可以看到，农村低保制度与其他政策存在较大的关联性。如《重庆市城乡居民最低生活保障条例》第七条规定：劳动保障、教育、卫生、建设、司法行政、工商、税务、国土房管、农业、扶贫和广播电视等部门在各自职责范围内制定相关优惠政策，对最低生活保障对象给予必要的扶持和照顾。又如《重庆市人民政府关于进一步完善城乡医疗救助制度的意见》（2012 年）规定：城乡低保户是医疗救助的主要对象，低保户在参加合作医疗时应得到一定资助，生病后在门诊和住院方面都会享受相应的救助。问卷调查显示，60.5% 的基层干部认为目前农村低保与其他社会政策之间存在冲突，另有 8% 的基层干部认为冲突较严重。如图 6-14 所示。

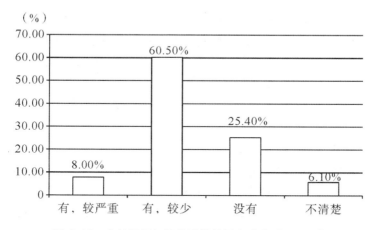

图 6-14　农村低保与其他政策是否有冲突（N＝575）

随着捆绑在低保上的惠民政策越来越多，像医疗救助、教育救助、危房改造、残疾人生活补贴等，都以低保为准入门槛，使得低保资格的含金量越来越高。例如，同一个村里有两户家庭生活水平相差不大，如果其中稍差的一户被纳入了低保，不但有了低保金，还可以享受医疗、养老、教育、住房等多项救助和福利，这样两家人的生活质量就拉大了差距。这种"胜者全得"的现象，不仅加剧了农村低保争夺战的激烈程度，在贫困人

口之间以及干群之间还造成不和谐因素。各种专项救助叠加在低保制度之上，造成享受低保待遇的困难人群与低保边缘人群之间的权益严重失衡。[①]多重救助的简单叠加，不利于受助对象通过公开的劳动增收退出受助行列，是造成易进难出的根本原因。[②]

访谈 6-30

访谈对象：重庆市万州区高峰镇相思村村主任

访谈时间：2016 年 1 月 10 日

访谈地点：重庆市万州区高峰镇相思村委办公室

目前，农村的一些政策之间存在"打架"的情况，尤其是低保制度，与扶贫、医保、"五保"、计划生育等政策之间不协调，许多制度是建立在低保制度基础之上的，与低保的关联性太强。低保证的功能太多了，村民凭低保证在生病住院、子女上学、找工作等方面都享有优惠，这无形中就加剧了村民中的低保争夺战的激烈程度。申请低保过程中的矛盾大，人人都想吃低保，但名额有限，势必造成不正当竞争和出现违规手段。在低保的评议过程中，由于复杂的人际关系，一些村民动用各种关系来争低保，导致村民之间以及干部之间不团结，工作很难做。而一旦被确定为低保，就很难退出，即使收入超过低保线，他们也会想尽一切办法保住低保资格。我们要做到公平，就只能申请上级增加低保名额，这样会导致吃低保的人越来越多。所以，建议弱化低保的功能，加强临时救助的作用。

访谈 6-31

访谈对象：重庆市万州区柱山乡民政办工作人员

访谈时间：2016 年 1 月 10 日

访谈地点：重庆市万州区柱山乡民政办公室

农村的情况比较复杂，工作实在不好做。全乡的低保工作由我负责经办，要做到公平，说起来很简单，但现实很考验人。比如说争低保的人太多，看起来大家的情况都差不多，到底哪些人该享受，哪些人不该享受，这的确需要做大量的工作。由于低保证的含金量越来越高，一些群众想尽各种办法，动用各种关系，跟低保工作人员软磨硬泡。还有一些在外上学

---

① 郑功成. 中国社会公平状况分析：价值判断、权益失衡与制度保障 [J]. 中国人民大学学报，2009（2）：7.

② 郑功成. 社会保障 30 年 [M]. 北京：人民出版社，2008：161-174.

的，为了获得学校的贫困补助，要求我们开具贫困证明，或者办理一个低保证，这个不是随便就能办的。低保指标有限，很难让大家都满意，有些人的要求根本就是不合理的。

从案例中可以得知，农村常常上演低保争夺大战，给乡（镇）基层工作人员的工作带来了巨大的挑战。一方面，一些低保申请者家庭情况较好，并不需要低保救助，但因为家庭个人需从商或者子女上学等情况，家庭有了低保证，可以享受到更多的其他国家补贴。正是因为低保证的作用不仅仅在每月的低保补助上，更在于在其他方面可以享受到超越其本身的福利，人们对此证趋之若鹜。另一方面，由于人们对此证十分看重，所以并不愿意退出低保行列，往往会采取一些不正当的手段来获取此证、持有此证，由此衍生出低保贿选、找关系、"走后门"等不良现象。

第五节　部门联动与资源整合机制现状及问题分析

一、部门联动与资源整合机制现状

部门联动贯穿在农村低保和扶贫对象动态管理各个环节和全过程。调查走访发现，各地实施部门联动的程度不一，方法有别，取得的效果也不尽相同。总体来说，主要从以下几个环节展开：

首先，在对贫困对象的识别中，多部门联合进行收入核查。由县级政府出台相关规定和办法，要求民政、扶贫、国土房管、公安、工商、税务、残联、财政、人力资源和社会保障等部门积极配合，开展收入、不动产等数据比对和核查。多部门加强合作，实现各部门之间的联动与整合，在贫困对象的识别上充分发挥各个部门的职能，确保准确详细了解贫困对象家庭收入情况，掌握贫困对象家庭不动产、家庭收入来源、家庭困难程度、因何致贫等情况。如民政部门根据走访调查，结合其他部门的信息，及时了解贫困家庭收入及支出情况；扶贫部门实现信息同步，及时了解家庭动态情况，包括家庭收入变化、收入来源、收入影响因素等，统一做好相应的信息收集及建档工作；国土房管部门通过信息公开，实现有效的信息共享，为民政和扶贫部门提供贫困人群的固定资产情况，等等。由县级政府牵头制定相关办法及操作程序，明确县级各部门具有配合扶贫部门、提供相关信息的义务，确保了民政和扶贫部门能够及时准确获取贫困对象家庭详细信息,为精准识别提供了可靠的保证。

其次,在对农村低保和扶贫对象进行救助和扶持的过程中,实现资源整合、齐抓共管。县级教育部门、残联、林业、农业、水利、国土等部门在各自的职责范围内,联合开展帮扶,在农村产业扶贫过程中,实现资源整合,齐抓共管。比如发展烟草种植产业,农业、林业、烟草公司等通过联合开发项目,帮助农村贫困人口实现脱贫。在农产品流通环节,各部门也可以发挥各自的优势,商务部门、交通运输、通信运营商、物流等通过整合资源,发挥整体交通效应,为农产品流通和销售创造良好条件。

最后,在动态考核过程中,各部门加强联动,实现对贫困人口的动态监测。对正在享受低保救助和扶贫政策扶持的贫困人口,本着"应保尽保、应扶尽扶、应退尽退"的原则,乡(镇)扶贫部门组织工作人员,在实际走访调查的基础上,加强与公安、银行、国土房管等部门的联动,动态掌握贫困对象家庭收入变化情况,为贫困对象二次识别、续保以及清退工作打下基础。只有实现与各部门的信息共享,民政和扶贫部门才能及时、充分地了解贫困对象家庭收入变动情况,才能有效地进行贫困人口日常管理,及时掌握并记录其家庭收入和支出情况,为建立"该进就进、该退就退"的长效机制创造条件。

典型案例6-3 重庆市奉节县建立部门联动工作机制,推行阳光低保

农村低保在维护社会稳定、促进社会和谐方面起了非常重要的作用,但低保工作在实际操作中还存在一些问题,尤其是申报家庭的收入难以准确核算,造成部分条件较好家庭进入低保队伍,严重违背了低保政策的初衷,有失社会公平公正,导致不和谐因素产生。为进一步提升城乡低保的管理水平,通过促进部门协作联动,落实各部门的职能和责任,努力探索城乡低保部门联动审核工作,从而有效促进城乡低保工作的规范化管理。

奉节县县政府连续出台一系列文件,要求开展城乡低保联动审核工作,坚决杜绝公职人员、工商经营户、拥有运营车辆、高存款、多房产等超标群体享受低保,真正将低保落实给困难群众,实现低保的应保尽保,不应保坚决不保。奉节县还成立了城乡低保部门联动审核工作领导小组,定期召开会议,县民政、国土、公安、银监、工商、国税、地税、人社、残联、扶贫、计生、教育等部门负责人参加会议。会议听取相关部门的工作汇报,进一步研究部署低保工作,及时发现低保政策施过程中的问题,为推动部门联动审核工作提供了强有力的组织领导。

县政府要求各部门认真履行职责,通力合作。比如:县人力社保局负责核查申请人家庭成员就业、求职登记以及是否参加养老保险和领取保险金的情况。县国土房管局负责核查申请人家庭成员是否新购商品房、房产交易、拥有多套房和住房面积是否超过该县规定标准的情况，核查住房公积金缴纳情况。国税局、地税局负责核查申请人家庭成员税务登记及纳税情况。金融部门协助查询申请人家庭成员是否有存款、有价证券、贷款等情况。教育、扶贫、残联、计生部门负责出具在校学生、建档贫困户、残疾人、计划生育等证明。各乡（镇）加强与所在乡（镇）相关部门衔接，严把初审关。

县民政局自收到低保申请材料之日起 5 日内完成初审，并汇总为《城乡低保家庭成员部门联动审核花名册》，及时转送相关部门协助审核。各部门收到《城乡低保家庭成员部门联动审核花名册》起 5 个工作日内根据各自职责范围完成相关内容审核。经联动审核，不符合规定条件的，县民政局及时转交乡（镇），乡（镇）书面通知申请人并说明理由。申请人对结果有异议的，可向相关部门申诉。

奉节县通过开展城乡低保部门联动审核工作，突破了长期以来民政部门一家单打独斗的状况，有利于实现全县资源共享，信息互联互通，工作责任共担；也打破了仅仅以低保申请家庭收入作为认定对象的唯一条件，从而丰富了民政部门低保工作方式和手段，有利于不断提升城乡低保管理的规范化和精确化，也更加有利于提高低保工作的公平和效率，从而更好地提升政府的公信力。

（资料来源：重庆市奉节县民政局）

从以上案例可以看到，该县在低保对象识别、动态管理方面，建立了比较完善的联动审核机制，实现了低保对象的精准识别，基本确保了制度实施的公平、公正。该县低保联动审核中关键的一点是由县政府牵头，制定一系列文件，并召开专题会议，对县级各部门提出明确、具体的要求，使得民政部门在低保对象识别时，能够顺畅地获取所需各类信息。同时，开展部门联动审核，使得靠瞒报、虚报家庭收入和不如实提供财产状况骗取低保金的不合理现象失去生存空间，低保政策实施的群众满意度提高。奉节县开展部门联动给我们提供了一个比较成功的范例。这与该县长期重视低保工作、具有良好的低保工作基础等因素分不开。当然，做得很好的只是少数，各地开展部门联动的成效不一，面临的问题也不尽相同。

二、部门联动与资源整合机制的问题分析

1. 贫困对象识别环节缺乏联动，信息难以共享

我国尚未建立起与现实需要相适应的金融信用体系和居民个人收入申报制度，个人收入和金融资产不公开透明，缺乏有效的收入监控和调查统计手段。在贫困对象家庭收入核查过程中，由于农村家庭收入来源多样化，需要从多个部门了解和掌握其收入状况。但由于目前还没有从法律上规定交通、房产、银行、证券等部门在贫困对象认定过程中应承担准确提供信息的义务，一些地方虽然通过行政手段要求这些部门给予积极配合，如县级政府牵头制定相关规定和办法，或召开专题会议、联席会议等，但这些规定、办法以及会议形成的文件等并不具有法理性。因此，在实践操作中，由于缺乏协调与联动，部门之间的信息难以共享，使得民政和扶贫部门难以准确掌握贫困对象的信息，导致贫困对象识别与瞄准偏离"应保尽保，应扶尽扶"的目标。

由于缺乏统一明确的规定来指导部门合作，导致作为理性经济人的各部门为了实现自身利益最大化，往往在选择合作与不合作之间进行博弈。调查了解到，我国在低保与扶贫制度实施的过程中，曾出台多项规定以确保政策公平并有效运行，同时也建议各部门加强合作，构建联动机制。然而由于没有强制性的规定，政策建议往往难以付诸实践，这导致了部门间的博弈。从一方面来看，由于部门之间博弈现象的存在，大多数部门为了节省人力，不愿费时费力提供帮助，在没有上级强制命令的情况下，部门联动只能停留在理论层面。如在通过一定方式进行家庭收入调查时，实际上需要其他部门如国土房管、公安、工商、税务、银行等配合，但调查结果显示，部门配合力度不够且缺乏信息共享联动机制；从另外一方面来看，低保与扶贫资源仍相对分散，救助资源缺少衔接。

农村脱贫是一项系统工程，涉及的部门众多，需要加强协作与配合，建立有效的联动机制，充分整合扶贫资源，形成扶贫合力。但目前各部门之间的协作与配合不够，普遍缺乏有效沟通。各部门为了自身利益，往往不作为，这导致现阶段农村的救助政策缺乏统筹，资源配置效率低下，并且对贫困人口脱贫也形成阻力。调查中发现，农村贫困对象一方面受到多种救助，甚至经常接受一些无效的社会救助；另一方面又无法真正脱贫，并且脱贫人群面临返贫风险。

访谈 6-32

访谈对象：重庆市城口县咸宜镇民政办干事

访谈时间：2016 年 1 月 5 日

访谈地点：重庆市城口县咸宜镇民政办公室

目前低保和扶贫对象动态管理面临许多难点。一是入户调查难。入户调查分为每一季度一次、每半年一次、每一年一次。在这个过程中，部门之间缺乏合作，很难准确核实家庭的财产结构以及经济收入。如果能建立部门联动机制，问题就能在很大程度上得到解决。低保实行季度调整，而且对于突发事件也要进行管理，实行临时困难救助，难度大，工作量大，实际的数据也难以把握。就是收入难以核查，部门之间也没有信息共享机制，我们操作很困难。二是农村各项惠民政策之间不够协调。在目前"大扶贫"格局下，各个部门都有扶贫任务，各个部门都有自己的一套办法和措施，部门之间缺乏沟通和联动，形成了"分而治之"的局面。如果不加强部门协调与联动，我们的低保与扶贫工作很难进行。

从访谈中的回答可以了解到在对低保和扶贫对象进行动态管理时，入户调查是一个难点。入户调查主要进行收入核查，没有部门之间的合作，难以得到准确客观的核查结果。在低保收入核查时，民政部门需要通过信息共享来获得申请者的各种信息，但其他部门则认为这并不是自身义务而很难实现合作，得不到合作的民政部门只能放弃合作，最终导致收入核算不能落实。

一方面，收入核查时信函索证面临困境。信函索证是指民政部门以信函方式向相关部门索取有关证明。由于部门之间博弈现象的存在，大多数部门为了节省人力，不愿费时费力提供帮助，在没有上级强制命令的情况下以及缺乏信息共享机制的情况下，部门联动只能停留在理论层面。在通过一定方式进行家庭收入调查时，实际上需要其他部门如国土房管、公安、工商、税务、银行等配合，但调研中发现，民政部门在通过信函索证核查低保申请者家庭收入时，得到其他部门积极配合的只是少数，大多数配合不力或者拒绝提供相关信息。

另一方面，低保家庭动态监测面临困境。在信息索证成功的基础上更需要其他部门的配合来达到收入动态监测的目标，但部门博弈的持续存在使得收入动态核查面临困境。根据低保制度的要求，在对低保家庭进行一段时间的政策扶持后，要对其家庭经济变化状况进行动态监测，对提出续保申请的贫困户进行二次收入核查。

从针对乡（镇）干部的问卷调查中也可以发现在对贫困对象家庭收入进行信息核查时，其他部门也存在不配合现象：有 16.8% 的干部认为得到很积极地配合，53.6% 的干部认为其他部门比较积极地配合其工作，有 18.7% 的干部认为其他部门配合不力，有 2.3% 的干部认为存在其他部门拒绝提供信息的情况，还有 8.6% 的干部没有与其他部门进行过信息核对。如图 6-15 所示。调查结果显示整体情况较好，但仍然存在不少部门配合不力及拒绝合作的情况。在实际中部门的合作不力使得部分地区信息核对面临困境，这也使得贫困对象难以识别及造成不公平现象，形成恶性循环。

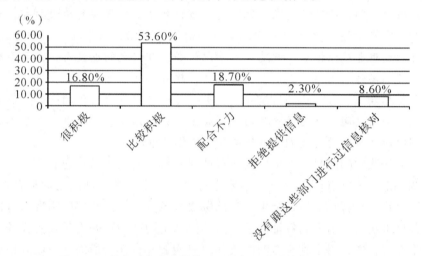

图 6-15　贫困对象家庭核算过程的部门联动情况（N=575）

2. 扶贫资金供给分散，难以形成扶贫合力

目前我国扶贫资金除了主要由民政和扶贫两部门掌管之外，还分散在农业、林业、交通、水利等多个部门，通过公路建设、水利设施改造、沼气池建设等项目作用于贫困对象。这些项目都是由各自的主管部门在实施，如交通局、水务局、林业局、农业局等，而不是由扶贫办或民政部门牵头或主导。各部门的扶贫资金在使用方向、原则、程序和管理办法上都有自己的制度规定，各涉农部门的项目资金多为"戴帽"资金、专项资金，条条框框限制多，在安排扶持资金时又有各自的考虑，普遍存在部门利益分割的现象，难以对各类扶贫资金进行有效整合，这使得扶贫效益难以实现最大化。因此，扶贫项目点多面广，各部门专项扶贫资金又十分有限，这就使得财政扶贫资金很难独自完成一个像样的项目，扶贫开发很难出成果。如各地在安排扶贫重点村项目资金时，没有很好地整合交通、水利、教育、卫生、以工代赈、农业开发等部门资金，导致扶持资金使用分

散，难以形成聚集效应，致使区域开发特别是对边远贫困地区的集中开发难度大。调查过程中了解到，一些地方近几年实施的"整村推进"就是由于资金整合不够，致使扶贫效果十分不理想。

调查中了解到，农村现有的扶贫项目多达十余项，参见表6-5。然而，这些项目大多分散实施，缺乏一个牵头部门进行主导，彼此之间缺乏协作和联动，使得有限的扶贫资金缺乏有效整合，扶贫资源难以产生聚集效应。[①] 由于扶贫资金分散，单项资金数量有限，一些扶贫项目和扶持措施难以持续跟进，导致对贫困对象的帮扶难以可持续进行，从而使得他们长时间地滞留于贫困线下。

表6-5　　　　　　重庆市农村主要的扶贫项目（N=1 215）

样本项目内容		频数（人）	百分比（%）	有效百分比（%）
您所在地农村扶贫项目主要有哪些（可多选）？	种养殖业扶贫	625	51.4	51.4
	教育免费及补助	524	43.1	43.1
	农村基础设施建设	496	40.8	40.8
	资金支持	414	34.1	34.1
	劳务输出扶贫	287	23.6	33.6
	农副产品促销	259	21.3	21.3
	安居工程扶贫	252	20.7	20.7
	技能培训	245	20.2	20.2
	科技（技术）扶贫	168	13.8	13.8
	旅游开发扶贫	154	12.7	12.7
	其他	108	8.9	8.9

调研访谈发现，一些基层干部认为，扶贫资金太少，作用不大，更重要的是资金分散造成扶贫措施效果不佳，低保与扶贫资金的利用效率偏低。从总体上看，我国每年的扶贫资金数量庞大，但是过于分散，没有形成合力，每个项目之间联系松散，难以从根本上帮助贫困人口脱贫。调查发现的实际情况多是不同措施分别施行，因扶贫资金不足，几乎每个项目都难以达到预期扶贫目标。而若资金得到相应整合，把不同项目资金集中

---

① 韩广富. 论我国农村扶贫开发机制的创建［J］. 东北师范大学学报（哲学社会科学版），2007（6）：68.

使用，实施具有针对性的项目，扶贫效果能得到很大提升。

在对乡（镇）干部的问卷调查中，当被问及农村扶贫的难点时，有72%的干部认为扶贫资金不足是主要问题，其他如"扶贫项目少""扶贫对象难以确定""缺乏项目带头人"等也占一定比例。资金不足的一个重要原因就是我国扶贫资金过于分散，由扶贫部门掌握的资金相对不足。如图6-16所示。

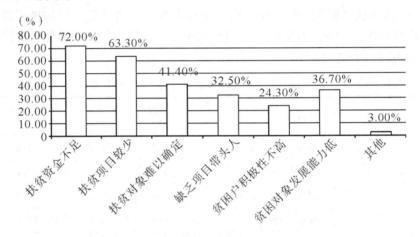

图6-16　农村扶贫工作面临的困难（N=575）

而当被问及扶贫工作需要如何推进时，"资金支持"也是占最高比例的，占76.2%。如图6-17所示。资金问题从原因上分析有两个方面，一是总量不够，二是使用效率低下。最近几年政府加大对扶贫的投资力度，也在不断提高资金使用效率，但总的来看效果不佳。

访谈和问卷发现的问题基本一致，现阶段面临的问题主要是部门与措施的整合。各部门分别实施自身扶贫项目，某些相似项目被多部门重复执行，资金非常充足；而某些项目却无人承办，资金严重不足，无力开展。这样的不平衡现象造成我国扶贫与低保整体推进的低效率，没有充分考虑各地区扶贫项目来进行规划，缺乏符合实际情况的扶贫措施，没有进行统筹规划。

3. 部门之间管理层面的衔接不够，难以形成扶贫合力

在两项制度实施过程中，扶贫与民政部门应主动沟通，财政、统计、农业等各相关部门应积极配合，建立有效的、协调互动的工作机制，充分整合扶贫资源，形成扶贫合力，使各项政策和措施发挥最大效应。但在两项制度的实践过程中，扶贫、民政及其他相关部门的配合十分欠缺，彼此在管理层面缺乏有效沟通，尚未建立起高效率的协作机制。

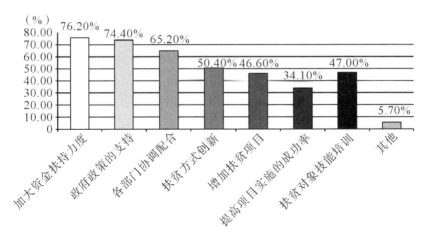

图6-17　扶贫工作需要如何推进（N-575）

一是建档立卡工作配合不够，信息难以共享。在两项制度的实践过程中，扶贫与民政部门在贫困对象的建档立卡工作中缺乏沟通。例如到底由谁来主导贫困对象信息统计工作以及建立电子档案，没有明确的分工，信息统计与建档立卡工作往往各行其是，甚至互不相干，信息难以共享，从而导致管理工作的疏漏，如贫困户易进难出或只进不出的情况屡屡发生。在对农村居民调查中，对于当地是否有困难村民脱贫后继续享受扶贫或低保待遇，认为有这种情况发生的达23.7%。参见图6-18。这既不利于两项制度的有效衔接，造成人力、财力的浪费，也有损于扶贫政策及低保制度的公平性，损害农户发展的积极性，难以提高整体脱贫效果。

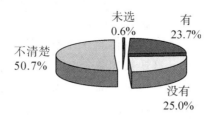

图6-18　脱贫后有无继续享受扶贫或低保待遇（N＝1 176）

二是管理人员培训工作衔接不够，致使政策执行存在偏差。两项制度的顺利实施，需要一支既懂政策又能实践操作的管理队伍。但在两项制度的实践过程中，对人员的培训比较欠缺，主要表现在县级民政部门与扶贫部门的培训工作不衔接，在培训计划、培训内容、培训时间、培训方式等安排上都不一样。例如在培训内容方面，扶贫部门将重点放在项目扶持措施方面,民政部门则重点掌握救助措施的培训,而对于两项制度交叉对象如何进行扶持往往是培训的盲区。另外,乡(镇)与村级管理人员培训没有落到实处,培训工作多以学习上级文件、收看视频会议等方式进行,形式单一,效果较差,对两项制度的政策及措施还没有透彻理解和熟练掌握,在入户调查和信息登记工作方面存在诸多缺陷,致使政策执行存在偏差。

4. 部门之间存在利益博弈,影响了政策的顺利实施

部门之间的博弈,是指在对贫困对象申请者进行收入核算的时候,由于没有统一明确的规定来规范部门合作,导致作为理性经济人的各部门为了实现自身利益最大化,往往在选择合作与不合作之间进行博弈。在低保和扶贫政策实施过程中,各级政府先后出台了多项措施以确保政策公平有效运行,同时也建议各部门加强合作,构建联动机制。然而由于缺乏强制性的规定,政策建议往往难以付诸实践,这导致了部门之间的博弈。假设有两个部门参与博弈,则具体如表 6-6 所示。

表 6-6   进行收入核算时部门之间的博弈矩阵

部门A＼部门B	合作	不合作
合作 不合作	C-I, C-I C, C-2I	C-2I, C C, C

注:C 表示实行低保的社会效益;I 表示部门合作所需要花费的成本。

由矩阵可知,当部门 A 选择合作而部门 B 也选择合作时,由于合作需要花费成本,这样每个部门所获得的收益均为 C-I。当部门 A 选择合作而部门 B 选择不合作时,由于想要合作的 A 得不到部门 B 的配合,导致其需要通过其他途径获得帮助,这样其成本会由原来的 I 变得更高(这里假设为 2I),所以其收益为 C-2I;而对于部门 B 来说,由于没有参与合作,也就意味着没有花费成本,这样其收益为 C 不变。当部门 A 选择不合作而部门 B 选择合作时,部门 B 所面临的情形就与上述相同,其收益为 C-2I;对部门 A 来说,其收益为 C。最后一种情况就是当部门 A 选择不合作,部门 B 也选择不合作时,这时两者的收益均为 C,没有付出成本。在这样的四种选择中,相对于部门 A 来说,其最优策略就是选择不合作,这样无论部门 B 做出怎样的选择,部门 A 的收益都是 C;相对于部门 B 来说,其也面临和部门 A 一样的最佳策略,即选择不合作来实现自身利益。在进行低保收入核查时,表现为民政部门需要通过合作来获得申请者的各种信息,

但其他部门则认为这并不是自身义务从而不予合作，得不到合作的民政部门只能放弃合作，最终导致收入核算不能落实，同时在低保动态监测方面也面临困境。

一是收入核查时信函索证中的博弈。信函索证是指民政和扶贫部门以信函方式向相关部门索取有关证明。由于部门之间博弈现象的存在，大多数部门为了节省人力，不愿费时费力提供帮助，在没有上级强制命令的情况下以及缺乏信息共享机制的情况下，部门联动只能停留在理论层面。在通过一定方式进行家庭收入调查时，实际上需要其他部门如国土房管、公安、工商、税务、银行等配合，但在调研中发现，民政和扶贫部门在通过信函索证核查贫困对象申请者家庭收入时，得到其他部门积极配合的只是少数，大多数配合不力或者拒绝提供相关信息。二是贫困对象家庭动态监测面临困境。在信息索证成功的基础上，更需要其他部门的配合来达到收入动态监测的目标，但博弈的持续存在使得收入动态核查面临困境。根据低保和扶贫政策要求，对贫困对象家庭进行一段时间的政策扶持后，要对其家庭经济变化状况进行动态监测，对提出续保和扶持政策申请的贫困户进行二次收入核查。同样，由于部门之间博弈现象的存在，使得动态监测和二次核查面临困境。

第七章　完善农村低保和扶贫对象
动态管理机制的政策建议

　　贫困对象识别机制、贫困对象分类救助机制、贫困对象自身"造血"机制、动态考核与退出机制、部门联动与资源整合机制是一个有机整体，体现了农村贫困对象从进入救助和扶持政策体系到退出政策体系的全过程，五个环节紧密相扣，有着严密的逻辑结构和过程。因此，本章在针对前述现状和问题进行分析的基础上，既从整体思维的角度，宏观把握农村低保和扶贫对象动态管理机制的结构和内容，又深入分析每一个具体环节，立足微观，提出有针对性的完善措施及政策建议。

第一节　完善农村低保和扶贫对象
识别机制，精准识别贫困人口

　　贫困对象识别是实现动态管理的起点。贫困对象识别机制具体包括提出申请、收入核查、民主评议、审核审批和民主公示等步骤。政策执行过程中，要严格按照识别程序，公开、公平、公正地识别贫困对象。目前应着重加强和完善收入核查、民主评议和民主公示这几个环节。在识别机制中要注意以贫困人口为主体，以户为单位，由贫困人口自愿申报。完善识别流程和体系，形成包括收入、住房、家庭成员等基本情况为主要内容的贫困对象识别体系。建立社会公众参与评议机制，引入公众监督。完善部门间的协调机制，提高贫困对象瞄准精度，确保"应保尽保，应扶尽扶"。

　　一、加强家计调查，精确瞄准贫困对象

　　要改变目前过分依赖生活形态这种随意性较大的贫困对象识别方法，

而应以精确核算家庭收入为基础，建立完善的家计调查系统。例如：要明确民政部门和扶贫部门是家计调查的主体，并要求同步识别和瞄准贫困对象；要通过法律法规明确民政部门和扶贫部门的调查权限及职责，以及对骗保行为进行行政和经济处罚的权力；要建立和完善贫困对象信息数据系统。通过完善设计调查系统，确保家计调查有序进行，以破解收入核算难题。实施过程中要准确界定保障对象。坚持公开、公平、公正的原则，按照家庭收入的核定与家庭实际生活水平的评估情况确定低保对象。各地组织农民家庭收入联合调查核算小组，实事求是地对当地上一年主要农作物、畜禽价格、农村外出务工人员工资等收入情况进行调查，测算出种植业和养殖业纯收入的量化标准。经过家庭收入评估，把因病、因残、年老体弱、缺少劳动力以及生存条件恶劣等原因，造成家庭年人均纯收入低于低保标准的农村居民，全部纳入保障范围。对于部分家庭收入难以精确核算的特殊情况，采取召开村民代表会议进行"议贫""评贫"的方式进行核定。

调研了解到，一些地方推进精准识贫、建档校贫和精准定贫，科学确定扶贫对象，探索出一些符合当地实际的实用办法。如在进行家计调查时，坚持"先看房，次看粮，再看学生郎，还要看技能强不强，最后看有没有残疾重病躺在床"的"五看法"，走访摸底，初步认定贫困户、贫困人员；明确"五个不准"（无本地户籍的、农村家庭有财政供养人员的、在城市拥有商品房和居住地有二层以上楼房的、家庭拥有小汽车的、在银行有 2 万元以上存款的）的要求，民政、公安、国土、房管、社保、车管等部门密切配合；对前期初定的贫困户、贫困人员再次进行核查认定。按个人申请、村民评议、村级公示、乡（镇）审查、县（区）复核、省政府审定、网络同步公示的程序，最终核定精准扶贫对象，逐村逐户建立贫困户信息档案，并全部录入全国扶贫开发信息系统，实现数据共享。

合理可行的收入核算指标的建立能减少政策规划者与执行者、核查人员与申请者之间的博弈空间。申请人家庭收入主要包括工资性收入、经营净收入、财产净收入和转移净收入四个方面。基层民政工作人员在实际操作中，对外出务工人员收入、农村土地经营、子女赡养费等收入的准确核定往往存在困难，进而影响到低保家庭的精准认定。为破解这一难题，可探索建立低保对象综合认定指标体系，使相关责任主体遵循统一的政策与规范。[①] 以县（市、区）为单位对申请低保家庭成员赋予不同的劳动力系

---

① 江治强. 农村低保对象的收入核定及其治理优化 [J]. 浙江学刊，2015 (4).

数，统一务工收入等工资性收入、农村土地经营等经营净收入、子女赡养费等转移净收入标准，合理扣减特殊困难家庭收入和家庭刚性支出，使低保申请家庭收入、支出核定有据可依，全面提升低保家庭认定的科学性、精准性。

例如，探索将抽象的劳动能力量化为具体劳动力系数，根据申请人家庭成员身体健康状况划分为正常人员、有部分劳动能力的残疾人员、慢性病人员、有少部分劳动能力的残疾人员、完全丧失劳动能力的重残人员和重病人员，分别对应男性和女性不同年龄段，确定不同的劳动力代码并赋予相应系数，按统一口径对每个申请人家庭成员收入进行核定，简化工作方法，减少基层的自由裁量权，从而提升低保对象认定的公平性。对于在外打零工无固定收入的申请者，可探索将无固定场所务工人员收入与打工地最低工资标准挂钩的方法核定其收入，综合考虑各种因素，确定务工人员收入计算办法：务工人员个人月收入＝个人劳动力系数×当地最低工资标准×当地一般务工月数。基层有了这个核算方法，无固定收入的核算就能迎刃而解。

典型案例 7-1　重庆市奉节县优化农村低保申请和收入核查

奉节县结合当地实际情况，按照精准扶贫相关精神，根据低保对象识别的一般步骤，对识别措施进行优化，对贫困对象识别过程中涉及的指标和要求进行细化，使得识别过程更具规范性和可操作性。

（1）在申请环节，该县进一步完善了申请农村最低保障的条件，明确规定申请农村最低保障待遇应同时具备以下条件：

一是申请人具有本县居民户口且在本县连续居住三个月以上，具有法定赡养、扶养、抚养义务关系的共同生活的家庭成员。

二是居住在农村村组，与家庭承包土地的农村居民申请人共同生活的家庭成员人均收入低于我县城乡低保标准。

三是申请人家庭财产符合低保政策规定。

四是申请人家庭消费支出水平符合政策规定。

同时具备以上四个条件的居民需要携带最低生活保障申请书、居民户口簿、居民身份证复印件、家庭经济状况核查授权书、家庭收入相关有效证明材料、家庭财产相关有效证明材料、家庭生活支出相关有效证明材料以及审批管理机关要求提供的其他有关材料，并向居住地乡（镇）人民政府低保服务窗口提出书面申请，或委托居住地村（居）民委员会代为递交申请。

而申请书的书写也须具备一定的格式，内容应包括如下内容：

①申请人的基本信息，如姓名、性别、年龄、婚姻状况、职业、民族、健康（残疾）情况等信息。

②申请人的居住地址，指申请人现在所居住的地址，而非户籍所在地。

③申请人的家庭成员及其构成情况。

④申请人的家庭财产收入以及家庭支出状况，收入和支出状况必须如实书写，禁止弄虚作假、故意修改、谎报等。

奉节县公布的以上条件对当地农村居民的评选资格进行了初步的筛选，为贫困对象识别的后续机制奠定了基础。其公示的申请书书写格式也为农村低保申请户提供了参考范文，减少了申请书错误率，提高了行政效率。

（2）在收入核查环节，2017年9月，奉节县民政局将原有的《城市居民最低生活保障申请人家庭收入核算办法》和《农村低保家庭农副业收入核算办法》合二为一，出台了新的《城乡居民最低生活保障家庭收入核算办法》（以下简称《办法》）。《办法》明确了家庭收入核算的适用范围、家庭收入计算项目、家庭收入计算方法、就业能力系数的确定以及残疾和患有疾病人员的界定，为科学合理计算低保申请人家庭收入，精准识别救助对象，做到应保尽保提供了切实可行的政策依据。其重点内容有：

①家庭收入计算项目：主要包括工资性收入、家庭经营净收入、财产性收入、转移性收入。

②工资性收入：指因任职或者受雇而取得的工资、薪金、奖金、就业分红、津贴、补贴以及与任职或者受雇有关的其他所得。

③家庭经营净收入：指从事生产、经营以及有偿服务活动的所得。

④财产性收入：包括动产收入和不动产收入。动产收入是指出让无形资产、特许权等收入，储蓄存款利息、有价证券红利、储蓄性保险投资以及其他股息红利，集体财产收入分红和其他动产收入等；不动产收入是指转租承包土地经营权、出租或者出让房产以及其他不动产收入等。

⑤转移性财产：指国家、单位、社会团体对居民家庭的各种转移支付和居民家庭间的收入转移。包括赡养费、扶养费、抚养费，养老金、失业保险金、精简退职职工定期定量救济金，一次性安置费、经济补偿金、生活补助费、遗属补助金、商业保险金、赔偿收入，接受遗产收入、接受捐赠（赠予）收入等。其中赡养、抚养、扶养费，有调解书、判决书或者协议书的，按文书确定的金额认定；无文书约定或协议确定金额明显偏低

的，每位被赡养、抚养、扶养人的赡养、抚养、扶养费收入按义务人家庭人均收入减去最低生活保障标准后余额的20%计算。即：

赡养、抚养、扶养费 =（义务人家庭人均收入-最低生活保障标准）×20%

家庭收入计算方法：家庭收入项目能查实的按实际收入计算，不能查实的按奉节县最低工资标准乘以就业能力系数计算。即：

家庭收入=奉节县最低工资标准×家庭各成员就业能力系数之和

就业能力系数的确定：奉节县对居民家庭人员进行分类，将居民家庭人员分为无就业能力和有就业能力两部分。无就业能力的居民就业系数为0；对于有就业能力的，视其就业能力强弱情况，确定相应的就业能力系数。具体如下：

无就业能力人员就业能力系数的确定：凡0~16周岁（不含）、全日制在校学生、男60周岁（含）以上、女55周岁（含）以上的人员，一二级视力盲、精神、肢体、智力残疾人员，三级智力、精神残疾人员，重病人员且完全丧失劳动能力的人员，就业系数为0。

有就业能力人员就业能力系数的确定分为正常就业能力、一般残疾人员（不包括：一二级视力盲、精神、肢体、智力残疾人员，三级智力、精神残疾人员）；患有慢性疾病人员。系数的确定具体为：

正常就业能力：正常就业能力是指男16~65周岁（不含，下同）、女16~60周岁（不含，下同），无重大疾病、无残疾的人员。根据年龄的增长，就业能力系数逐渐递减：男16~50周岁、女16~45周岁，就业能力系数为1；男50~60周岁、女45~55周岁，就业能力系数为0.8。

一般残疾人员：男16~50周岁、女16~45周岁，就业能力系数为0.7；男50~60周岁、女45~55周岁，就业能力系数为0.5。

患有慢性疾病人员：男16~50周岁、女16~45周岁，就业能力系数为0.4；男50~60周岁、女45~55周岁，就业能力系数为0.3。参见表7-1。

表7-1　　　　　　　有就业能力人员就业能力系数的确定

性别	年龄	正常就业能力	一般残疾人员	患有慢性疾病人员
男	16~50周岁（不含）	1	0.7	0.4
	50~60周岁（不含）	0.8	0.5	0.3

表7-1（续）

性别	年龄	正常就业能力	一般残疾人员	患有慢性疾病人员
女	16～45周岁（不含）	1	0.7	0.4
	45～55周岁（不含）	0.8	0.5	0.3

对特殊困难家庭就业能力系数的扣减：

有下列情况之一的，家庭就业能力系数扣减0.4：有1名需要照顾的完全丧失就业能力的重残、重病人员家庭；有未成年人的单亲家庭或者有50周岁以上未婚（或离异）的单身家庭。

有2名以上（含2名）需要照顾的完全丧失就业能力的重残、重病人员家庭，家庭就业能力系数扣减0.8。

当家庭就业能力系数扣减后出现负数时，按0系数计算。

残疾人员的界定，根据奉节县残疾人联合会核发的《残疾证》确认。

重病人员的界定，凭二级以上医院或奉节县疾病预防控制中心出具的检查报告，确认患有以下病种的人员：肺癌、食道癌、胃癌、结肠癌、直肠癌、乳腺癌、宫颈癌、严重多器官衰竭（心、肝、肺、脑、肾）、再生障碍性贫血、终末期肾病（尿毒症）、耐多药肺结核、艾滋病机会性感染、重性精神病、血友病、肝肾移植前透析和手术后抗排异治疗、慢性粒细胞白血病、急性心肌梗死、脑梗死、重症甲型H1N1、1型糖尿病、甲亢、唇腭裂。

慢性病人员的界定，凭重庆市人力资源和社会保障局制发的《重庆市基本医疗保险特殊疾病门诊医疗证》、奉节县城乡合作医疗保险所办理的《重庆市医疗保险特殊疾病资格证》和奉节县疾病预防控制中心出具的证明，确认患有以下病种的人员：脑血管意外后遗症、系统性红斑狼疮、结核病、精神分裂症、偏执性精神障碍、躁狂抑郁症、高血压（伴有心、脑、肾、眼等并发症之一）、糖尿病、冠心病、支气管哮喘、慢性支气管炎伴随阻塞性肺气肿、慢性肺源性心脏病。

《办法》首次对支出型贫困家庭的收入认定标准做出了详细规定，打破了以往低保只解决收入型贫困家庭的界定标准，实现了多元化的贫困界定方式；调整了家庭收入计算项目和方法、就业劳动能力系数确定和特殊困难家庭就业劳动能力系数，对有劳动能力的人员进行详细的划分，并一对一地实行不同的就业劳动能力系数确定规则，使得不同类型的劳动人员的收入核算方式有了明确的标准；扣减、患有疾病人员的界定等内容，进一步完善了收入核查政策。

奉节县要求各乡（镇）在现有政策的基础上，开展贫困户走访活动。在走访摸排贫困户工作中，要求驻村工作队按照"统一表册、统一程序、统一时间、统一标准、统一口径"的模式，在原有的建档立卡信息基础上，进一步入户摸底调查。通过与农户一对一、面对面交流和沟通，全面掌握了贫困户的基本情况，对建档立卡贫困家庭进行认真筛查，提出符合低保兜底条件的扶贫对象初步名单，通过信息比对、调查核实、审核审定等流程，将符合条件的扶贫对象纳入农村低保，将扶贫对象的情况统一汇总，扎实开展精准再识别工作，确保打好扶贫攻坚"第一仗"。

（资料来源：奉节县民政局）

二、强化民主评议，注重公示环节

一是扎实做好民主评议。应让民众充分参与到贫困对象产生的过程中，通过民主评议，增强公平性和客观性，减少民愤。[①] 建立由村支两委会人员、民政联络员、部分党员代表和村民代表组成的民主评议会，对贫困对象的进入和退出都应进行评议。会议必须按规定程序来进行，首先是宣讲农村最低生活保障制度的相关政策，然后介绍工作人员入户调查、邻里访问等调查情况，最后由参会人员现场评议表决并形成结论。民主评议主要采取投票表决的方式，对票数不足一半的或争议性非常强的申请人，采取会后单独走访，查明情况再次进行评议的方式处理。评议会结束后，参会人员在会议记录上签名。

二是加强公示。听取村民反映，对大多数村民不认可的贫困对象应进行重新评定和公示。在各乡（镇）、村委会建立永久性公示栏，使低保和扶贫工作始终处于阳光操作之中。以原有的宣传栏张榜公示为基础，将公示范围扩大到网络，如在建立低保对象查询网络、"党务政务村务公开网"、管辖地人力资源和社会保障网上长时间公开低保对象的家庭情况及审批情况，广泛接受社会各界的监督。同时，建立县、乡两级低保监督电话并公开，全面接受村民的监督，认真听取村民的意见，使农村低保和扶贫工作透明化程度大大提高。

---

① 李合伟，蒋玲玲. 农村最低生活保障制度对象认定存在的问题及解决路径分析［J］. 劳动保障世界，2012（11）：33.

访谈 7-1

访谈对象：重庆市万州区龙驹镇民政办冯某

访谈时间：2016 年 5 月 5 日

访谈地点：重庆市万州区龙驹镇民政办公室

农村低保对象的认定一直以来都是一个难题，每年到申请低保的时候，我们的工作压力都非常大。评上低保得到资助的人就满意，否则就不满意。不满意的农户在以后的日常工作中往往会给我们一些阻碍。当然我们一直以来也是尽最大努力，力争让群众都满意，没评上的也让他们心服口服。第一，我们认真做好低保评定前的政策宣传，通过发放明白纸、现场讲解等形式，做到低保政策家喻户晓。第二，严格低保评定环节。我们坚持低保评定的"三个环节、十个步骤"。严格按照"申请核评、审核、审批"三个环节，"申请受理、调查核实、民主评困、一榜公示、经办机构审查、乡政府审核、二榜公示、县民政局审批、三榜公示、村委批准"十个步骤的审核审批程序确定低保对象。第三，把好调查核实和民主评议这两个关口。要扎扎实实搞好贫困对象申请家计调查，组织人员进村入户调查核实，做到客观真实。要严格民主评议，在选取评议小组成员上下功夫，把群众声望高、工作责任心强、作风公平正派的群众选上去。对民主评议小组要进行必要的培训，让他们知道评困小组的职责是什么，评困小组成员该如何畅所欲言，了解什么样的家庭该享受低保，什么样的家庭不该享受，做到心中有数。在召开民主评议会的过程中，要坚持回避原则，凡是和低保对象有利害关系的一律回避。要做好会议记录。第四，做好公示公开工作。两榜公示的公开内容是否真实、全面、规范，公开时间是否及时，公开方式是否灵活，监督方式是否明确，直接影响着群众的满意度。必须要严格公开时间和方式，规范公开内容，确保让尽可能多的群众知晓，使公开工作取得实效。努力避免为公开而公开现象，不许流于形式。第五，耐心接受群众问询。群众反映过程中，对于家庭条件困难，符合低保标准的，要进一步核实，应保尽保。对于家庭条件较为困难，但又不符合低保标准的，要耐心解答，并做好登记，争取通过其他方式解决其困难。对于家庭条件较好，不符合低保标准的群众，要讲清楚政策，让他知道原因。

三、推进诚信政府建设，构建社会信用体系

第一，推进诚信政府建设。诚信政府首先要求政府部门及其工作人员讲诚信，严谨求实，实事求是，自觉抵制弄虚作假作为，拒绝形式主义。要尽可能减少政府行为失误，尽可能地避免政府违约现象。在低保制度实施过程中，减少和消除暗箱操作、主观性、随意性、片面性等失信行为，确保制度在阳光下运行，形成公开、公平、公正的政府诚信行为运行机制。

第二，加强公民道德教育。道德观念体现了人与人关系的行为规范，是依着该社会的格局而决定的。① 诚实守信是中华民族的传统美德，也是每个公民应有的基本素质。② 要重视和加强公民道德教育，树立诚实、操守为重的良好社会风尚。加强道德建设能从根本上减少和消除低保制度中的博弈现象。只要整个社会具备良好的诚信环境，公民具备良好的道德情操，低保申请过程中的虚报冒领等骗保行为就会越来越少。应加强农村诚信文化建设。结合精准扶贫和普惠金融工作，把信用体系建设作为实现农民脱贫致富的民生工程。有步骤、有重点地推进信用体系建设的教育培训和诚信文化建设，将诚信教育覆盖到基础教育、高等教育、职业技术教育、成人教育等各领域，提高社会诚信道德水平，践行社会主义核心价值观，营造"守信为荣、失信可耻"的诚信环境。大力开展诚信宣传活动，积极引导各类新闻媒体长期深入开展信用宣传，大力弘扬诚信文化，普及信用知识，倡导传播信用理念，宣传诚信事迹，曝光失信典型，在全社会营造社会诚实守信的浓厚氛围。

第三，推进社会信用体系建设。一是设立专门负责社会信用体系建设的管理服务机构，专门负责社会信用体系建设牵头组织、指导协调、政策制定和综合管理工作以及建立、维护和管理社会信用信息系统，依法依规开展公共信用信息的归集、披露、应用等工作。二是建设公共信用信息共享平台。依托企业信用信息系统、公民信息管理系统和部门交换机制，结合"互联网+"和大数据应用，建设公共信用信息共享平台，实时与全国信用信息共享平台共享信息，互联互通。三是大力实施守信联合激励和失信联合惩戒机制，增强对守信主体的奖励和激励，加大对守信行为的表扬和宣传力度，加强对失信主体的约束和惩戒，在民政、扶贫、财政、税务、工商、金融等部门和领域率先建立跨部门联动响应和失信约束机制，对违法失信主体依法予以限制或禁入。如对于一些农户隐瞒收入的骗保行为，给予限制或禁入。对于政策执行者，在识别贫困对象的过程中也应加

---

① 费孝通. 乡土中国 [M]. 北京：北京大学出版社，2012：51.
② 孙桂茹，徐秋慧. 论农村社会信用制度建设 [J]. 农业发展与金融，2004 (5)：30-31.

强失信约束和惩戒，加强对基层工作人员的监督，防止权力滥用，影响贫困对象识别的精准性。

第二节　加强贫困对象的分类管理，瞄准贫困人口精准施策

一、对贫困对象进行分类管理

在贫困对象识别时，要深入细致地做好入户调查，详细了解和掌握每一户家庭的收入、年龄结构、身体状况和就业等情况，在此基础上对贫困户进行科学归类。在贫困对象分类管理过程中，一些地方结合实际，探索出有效的分类管理办法。一是"红绿卡"管理。对于老、弱、病、残等无劳动力和不具有发展潜力的贫困对象，应列入低保救助范围，实行"绿卡"的长远管理；对于因临时性灾害带来生活困难的对象，子女尚在就学但不久可成为主要劳动力的困难家庭等具有发展潜力的人员，应列入扶贫对象，实行"红卡"予以重点管理。同时做好档案分类管理工作，建立低保户和扶贫对象动态管理数据库，根据贫困对象家庭收入、家庭成员等的变化及时更新数据信息。二是"红卡、黄卡、白卡"管理。一些地方根据精准脱贫工作要求，确保各项扶贫政策更加公平、合理地惠及贫困人口，切实提升贫困群众的获得感和满意度，探索实行红卡、黄卡、白卡管理。其中红卡对象主要指重点贫困户或深度贫困户；黄卡主要指一般贫困户，贫困程度较轻；白卡对象是稳定脱贫户，指具有一定发展能力，短期内可能脱贫的贫困户。三是分为有自我发展能力的贫困户、无劳动能力的兜底户和因灾因病的致贫户三个类型。根据这三个类型，精准分类，动态管理贫困户，以贫困状况、致贫原因、脱贫方案为内容，做到户有卡、村有册、镇有簿、县有档，底子"一口清"。四是根据致贫原因细分。通过进村入户了解群众生产生活情况，摸清致贫原因，总结梳理出"三因"（因学、因病、因残）"四缺"（缺技术、缺资金、缺劳动力、缺土地）"一落后"（交通条件落后）"一不足"（自身发展动力不足）等致贫原因，进行分类管理，为因村因户施策提供依据。

二、完善分类扶持政策和措施

在分类管理的基础上，深入分析致贫原因，探索出一系列有针对性的扶持措施。

其一，采取红卡、绿卡管理的贫困户。对于"绿卡"贫困对象，提供稳定的最低生活保障；而对于"红卡"贫困对象，扶持的重点应放在培育其自我发展能力上，使其逐步摆脱贫困。如：加强劳动技能培训和转移就业，为其种植、养殖等创业提供资金和技术支持；通过异地搬迁扶贫，使生存条件恶劣的贫困对象实现脱贫；通过加大财政扶贫资金贴息贷款、提供完善的金融服务，为他们参与产业开发和项目建设创造条件。在调研过程中了解到，一些地方将农村低保对象按照年龄、健康状况、劳动能力以及家庭收入来源等情况实行分类管理，发放红卡、绿卡。对于"三无"人员、"五保"对象和家庭成员中有重病、二级（含二级）以上重残人员且收入基本无变化的低保家庭发放绿卡；对于短期内家庭经济状况和家庭成员基本情况相对稳定的低保家庭、收入来源不固定、有劳动能力和劳动条件的低保家庭发放红卡。持"绿卡"的低保家庭，每年复核一次。持"红卡"的低保家庭，按季复核。

其二，采取红、黄、白卡管理的贫困户。红卡对象属于重点贫困户，主要给予低保救助，同时还在医疗、养老等方面给予扶持；黄卡对象主要通过产业扶持、危房改造、金融扶贫、民政保障、健康扶贫、培训创业就业扶贫、教育扶贫、残疾人扶持、安全饮水、易地搬迁等扶贫政策，培育其发展潜力和自身"造血"功能，实现脱贫；白卡对象脱贫较快，返贫概率小，可逐渐减少扶持措施直至取消。

其三，根据有无劳动能力分类施策。将农村老、弱、病、残等缺乏劳动能力，靠自身努力无法改变基本生活状况的困难家庭，列为"常补对象"进行重点保障，实行全额补助。并根据不同的致贫原因，分类施策，提高救助实效。对于这部分困难群众，除了给予常年低保救助之外，结合需求，开展多方位的救助。加强民政部门与财政、统计、残联、医疗等部门以及基层干部密切配合，给予多方面的救助。尤其是对因大病、重残、年老等丧失劳动能力的人员给予重点救助，不断提高其生活救助标准。对于有劳动能力的劳动者，各地做法大致相同，旨在提高其发展能力。但要从根本上改变"头痛医头、脚痛医脚"的救助模式，制定出台贫困对象在生产生活中的优惠扶持政策，从文化教育、劳动技能、生产发展、经营服务等方面给予切实可行的帮助和扶持。尤其是结合乡村振兴战略，加快农村产业振兴，加大资金整合及投资力度，以产业开发、基础设施建设和村容村貌改善为重点，确保"开发一块，带动一片，富裕一方"。结合实际，制定地区脱贫规划和贫困户脱贫计划，实行分类指导帮扶，采取专项扶贫与行业扶贫相结合的办法给予综合扶持，做到有的放矢，精准发力，不断增强他们自身的"造血"功能，使他们跟上社会发展的步伐，从根本上帮助他们脱贫致富。

第三节　整合各类资源，增强贫困人口自身"造血"功能

增强贫困对象自身的"造血"功能，提高其发展潜力，是从源头上解决农村贫困人口脱贫致富和逐步退出相应保障的根本办法。特别是对于具有发展能力的贫困对象，要引导其自力更生，给予政策、资金、技术等方面的援助，创造条件提高其发展潜力。

一、推进农村产业发展

党的十九大提出"产业兴旺、生态宜居、乡风文明、治理有效、生活富裕"的乡村振兴战略总要求，为农村改革和发展指明了方向。如期实现农村全面脱贫任务，最艰巨最繁重的任务在农村，最广泛最深厚的基础在农村，最大的潜力和后劲也在农村。要围绕当地实际，采取有效措施，抓好农村各项工作。

1. 加大对农业的投入力度

一是完善农业投入机制。要建立和完善多元化的农业投资体系，不断加大财政对农业的投入，加大金融信贷向农业的倾斜力度，继续扩大公共财政对农业的覆盖。搞好农业信贷投入，尽可能地减少资金的非农化流失。提高对农业的财政补贴力度，充分调动农村各类主体对农业投入的积极性，创新发展方式和模式，积极引导社会资金投资农业开发，以发展工业的方式来发展农业。二是投入更多资金用于改善农村基础设施。以农村公路、农村水利为重点，推行村级公路主干道硬化工程，实现农村公路的便捷化，大力进行农村水利建设，提高农业抗风险的能力，充分挖掘农村发展潜力，提高农业生产综合水平。三是深入推进农村电子商务的发展。强力推进农村信息网络建设，实现农村信息畅通。适应"互联网+"的要

求,加快农村物流体系建设,鼓励商贸、供销、邮政各方共享硬件设施和网络服务,加快农村物流体系网络建设。四是改善农村人居环境。争取更多资金,改善农村人居环境,千方百计做好农村饮水安全、病险水库除险加固、水土保持生态建设;推进农村"厕所革命"和垃圾集中处理;搞好农村公共卫生保洁,严防流行病、地方病;通过多种形式的宣传,倡导农村居民养成良好的生活习惯,提高健康水平和生活品质。

2. 大力提升农业科技水平

一是大力加强先进农业技术的推广与应用。加大品种改良及管理力度,培育壮大优势特色产业。如在农产品生产上要坚持扬长避短,错开销售季节;在管理上要坚持标准化建园、推行无公害绿色生产技术标准,注重产业发展的绿色无公害化,提高农业可持续发展能力,积极推广生态生产、健康养殖等先进实用技术推广普及力度。重点抓好优良品种、节水灌溉、配方施肥、病虫害综合防治。二是推进农业标准化生产。推进农业产业化、标准化,主要是培育壮大主导产业按标准化生产。要应用先进的技术,加强对农业动植物疫病的防控。加强农业产品质量安全体系建设和完善,推进建立农产品质量安全可追溯制度,加快推进农产品生产环境以及产品质量的监测和检验,确保农产品的质量安全可靠。

典型案例 7-2　重庆奉节县云雾土家族乡因地制宜,将现代科技运用于中药材种植

云雾土家族乡自然资源及矿产资源极其丰富,有耕地面积 10 900 亩,并有 4 000 多亩的退耕还林面积和上万亩的荒山荒坡,中药材种植以优质党参远近闻名,年产 1 万千克以上。名贵药材种类繁多,自然野生药材上千种。几年前,由于无龙头企业牵引,更无先进技术和手段高度融合的高科技产业群体,药农市场意识不强,科学种药技术缺乏,使得云雾土家族乡的中药材没能得到充分开采和利用,浪费了这片天然种植中药材的沃土,全乡经济发展迟缓,农民生活水平普遍较低。这几年来,根据上级政府发展规划,把中药材产业定为奉节县五大发展产业之一。除了云雾土家族乡现有多家农业企业和中药材种植专业合作社有意向投资支持外,另有重庆中药研究院和万州医科高等专科学校等多家科研院校在云雾土家族乡建示范园和科研基地,更为云雾土家族乡发展中药材种植奠定了坚实的基础。通过将现代科技运用于中药材种植,吸引当地农户尤其是贫困农户参与,加快脱贫致富步伐。

据了解,该乡药材种植主要有党参、厚朴、大黄、杜仲、太白贝母等，种植基地10 000余亩，其中党参基地500亩、厚朴基地4 400亩、大黄基地4 000亩、杜仲基地1 000亩、太白贝母基地100亩；联建万州医科高等专科学校太白贝母育种基地5亩、联建国家中医药管理委员会植物园一个、联建红豆杉苗圃一个。

云雾土家族乡中药材基地正努力建设中药分析测试中心、中药现代研究实验室，力争将这些平台建成重庆重点中药材现代化公共技术服务平台。同时还将依托国家中医药管理委员会、重庆医科大学、重庆医科高等专科学校等重庆高校、科研院所以及药业公司，不断健全完善现代科技支撑体系和配套服务体系。以市场需求为导向，以云雾土家族乡优越的自然条件和丰富的中药材资源为基础，构建中药材技术创新平台，以提高中药企业自主创新能力。

中药材基地的建设充分发挥传统中医药的优势和特色，加快中药材生产基地、龙头企业和市场建设，运用高新技术和先进适用技术，规范中药材深度加工、经营秩序，改造和提升中药产业，建立科学完善的质量标准体系、市场信息体系，实施名牌战略和龙头带动战略，形成集科、工、农、贸、产、学、研一体的中药材产业体系，积极培育壮大中药现代化产业集群，加快云雾土家族乡中药材产业化、规模化的进程，实现开发利用和资源保护相结合。

在科技运用和推广过程中，一是根据《中药材生产质量管理规范（DAP）》要求，按照"区域化布局、科学化管理、规范化生产、集约化经营、社会化服务"的要求，在云雾土家族乡建立金银花、党参、厚朴、大黄、杜仲、太白贝母等的优质中药材基地，采用野生抚育与人工种植相结合的办法。二是以规模种植为主，分散种植为辅，因地制宜，将中药材的种植生产向优势区域相对集中，形成主导方向明确、专业化水平较高的中药材种植区和种植带，通过打造药源基地品牌，以云雾名优、地道药材申报中药材、中药饮片批准文号，申报中成药保护品种、GAP认证以及地理标志等方式，提高品牌的知名度，抢占市场制高点，提高产品的市场竞争力。三是加大推广力度，以龙头企业金马药业、国坤农业等多家企业为依托，在实现中药材种质资源的保护、优良品种选育及培育、中药材专用化肥及农药推广的同时，加快建设中药材绿色种植技术，有计划地完成国家地道药材标准化研究项目，组织中药材生产基地乡、重点村和种植大户，指导中药材种植基地GAP认证工作，给云雾土家族乡中药材贴上绿色标签，促进中草药的可持续发展。四是建立完善良种繁育服务体系。按GAP要求，建立种苗繁育基地（包括菌种培育），实施良种工程，大力发展市场前景好、经济效益高的名优地道药材，积极采用高新技术，加强名优地道药材品种的选育与改良，特别是加强对无公害"绿色药材"中药材品种的培育。通过大力发展中药材种植，打造好基地，联通市场，不断提高农户收入水平，力争成为奉节县乃至重庆农村依靠产业发展实现脱贫致富的典范。

（资料来源：根据访谈记录整理）

3. 创新农业经营方式

一是积极培育农业市场主体。培育农业龙头企业、农村合作经济组织、农业产业园区等市场主体。农民专业合作组织是当前破解农村有关问题的有效途径。坚持支部领办、村社合一、交叉任职、公司运营的原则，以行政村为单位成立农村股份经济合作社。合作社设立股民代表会议、理事会、监事会等机构，股民代表原则上通过选举由村民代表兼任，理事会成员原则上通过选举由村支两委班子部分成员和村民小组长担任，理事长原则上通过选举由支部书记兼任，监事会主任、成员原则上通过选举由村务监督委员会主任、成员兼任，实现村级组织同股份经济合作社的高度融合。要通过强化合同管理，使他们与农户形成利益均沾、风险共担的利益共同体，以降低农业生产风险，提高农产品的竞争力，增加农民收入。大力发展壮大村级集体经济，把农民集中组织起来，整合农村各类资源，实现"资源变资产、资金变股金、村民变股民"的"三变"目标，不断探索农村发展新模式。

二是加强农业市场主体的经营和管理。农村股份经济合作社实行统一经营，统一管理。以集体"三资"为主体，吸纳无劳动能力贫困户、长期外出务工农民、其他有意愿流转农户以及专业合作社的土地、果园等资产流转入社，统一组织、统一规划、统一耕种、统一收储、统一购销，发展适度规模经营，提高农民抵御自然风险和市场风险的能力。农村股份经济合作社组建专门产业工人队伍，吸收本村富余劳动力加入，动员外出打工农民返乡加入产业工人队伍就地务工。既解决了农民外出打工"活难找、薪难讨"的困境，又解决了家里老人、孩子无人照料的问题。同时，还解决了村级组织议事无青壮年群众参与的问题，促进了家庭和谐、农村稳定，增强了农村活力和生机。农村股份经济合作社作为一个特殊的独立法人，可以承接省、市、县各级产业扶持资金、扶贫资金、以奖代补等各类政策性财政资金，可以向金融部门抵押贷款，可以吸纳民间投资入股，通过多种渠道聚集更多资金投向村级集体经济，不断增强农村集体经济的发展动力。

三是推动集体经济多元化发展。根据各个地方不同的资源禀赋、环境特点、产业优势等条件，积极探索符合当地特点的多元化集体经济发展方式和路径。围绕当地主导产业，将村集体耕地和农户流转入社耕地统一规划，同时大力发展循环经济，循环利用各类资源。大力发展农村混合经营型经济形式，帮助贫困地区农户稳定增收。发展劳务创收型经济，凡在本村实施的项目工程，要优先考虑本村劳务用工，由合作社出面对接有关项目实施单位，承揽当地的退耕还林、小型基础设施建设等工程，增加当地的就业岗位，从而增加个人收入渠道。

典型案例 7-3　重庆奉节县云雾土家族乡创新农业经营方式，走上新型农业发展道路

农业经营方式的调整和改变对于农业发展有极大的促进作用，它力图突破传统的农民自主耕作模式和农产品经营模式，把资源优势有效地转变为经济优势，促进农业经济的增收。为把云雾土家族乡的资源优势转化为产业优势和经济优势，该乡通过"公司+基地+农户"的模式，走上了新型农业发展道路，带动当地农户脱贫致富。

10 年前，重庆庆能农业发展有限公司在云雾土家族乡挂牌成立。公司实行股份制，由 49 位股东组成，330 余户村民入股，注册资金 100 万元。其中由重庆庆能食品有限公司投资 10 万元，占股份 10%；董事长出资 20 万元，占股份 20%；云雾土家族乡首批以 2 000 亩土地折合资金 70 万元入股，由 47 位村民股东代表分别用承包土地经营权入股组成，总计占 70% 的股份。各股东代表依据所拥有的土地面积来计算股本金额，各占股份的 1%~5%；各村民入股时，用其所承包的土地经营权经评估作价后，签订"土地经营权委托书"分别委托 47 位股东代表入股。公司的具体运作形式是，村民在以土地的形式入股以后，由公司委托村民耕作，收获按照签订协议时的价格（不低于市场价）交售公司，不愿种地的，其承包地交公司集中管理和耕作，种植品种、面积需按照公司统一计划执行，年底按照经营效益分红。庆能农业发展公司既是庆能食品有限公司的子公司，也是云雾土家族乡村民自己的公司，股东可参与公司管理、可在公司打工，除土地上每亩销售玉米、套种萝卜和土豆的直接收入外，年终可享受公司分红，多劳多得。该公司与重庆庆能食品有限公司签订全面的种植和收购协议，确保种植生产的玉米全部销售给公司。依据公司章程、股东协议及基地建设合作协议，公司将保障每个农户股东的最低收益权，每个股东不仅享有土地种植的收益，还将享有公司经营成果的红利。

该公司的成立，将建立起全新的农业经营方式，对现有的农业生产关系是一次大胆的尝试，极大地提高了农业生产力。同时，农民将不再局限于土地耕作，把农民从土地里解放出来。农民作为股东，既可以留下来作为农业工人继续农业耕作，也可以外出打工，同时每年享有企业经营的红利，对促进农户增收，加快脱贫致富步伐起到了极大的示范效应。

（资料来源：根据访谈记录整理）

4. 促进农村一、二、三产业融合发展

党的十九大报告指出，促进农村一、二、三产业融合发展，支持和鼓励农民就业创业，拓宽增收渠道。2018 年的中央一号文件明确提出，到 2020 年，农村一、二、三产业融合发展水平进一步提升。产业融合是实现农村产业发展的必由之路。所谓产业融合，是基于技术创新或制度创新形成的产业边界模糊化和产业发展一体化现象。要推动农村一、二、三产业的深度融合，充分发挥各自在农村发展中的作用。首先，第一产业是农村发展的基础。不管农村如何发展，农村的首要经济职能仍是农产品的供给。通过先进生产技术和设备的改进，进一步促进农产品生产的发展，提高农产品的质量和数量，为农村二、三产业的发展提供原料保证。其次，第二产业是实现"工业化"与"农业现代化"的纽带。通过建立农产品深加工企业，延伸农产品的产业链，提高农产品的附加值，进而打造优秀的农产品深加工品牌，在提升农民收入的同时，有利于解决农村就业问题，同时也能促进农村城镇化的步伐。再次，第三产业是农村未来发展的核心动力。根据本地的自然条件、生产特征、社会环境、文化底蕴，因地制宜地发展农业服务业、乡村旅游业等现代服务业，在大力发展服务业的同时兼顾绿色发展，走可持续发展道路，坚持科学发展观，促进一、二、三产业融合发展，提高农民收入，促进农村城镇化建设，增强农民获得感和幸福感。引导农村一、二、三产业适度集中，建设产业、生活、生态一体化空间，创建一批农区、园区、镇区互动的产业融合发展先导区，为实现农业强、农村美、农民富探索和积累经验。

提升乡村新供给的能力，满足城市新需求，就成了促进农村产业融合的重要切入点。要以乡村旅游引领农村产业融合发展，拓展贫困人口创业就业增收新空间。目前，我国深度贫困地区大多地理位置偏远，环境承载能力较差。可针对当地现实情况，在深入细致考察研究的基础上，长远规划，合理布局，找到适合当地的脱贫产业。如可大力发展休闲农业和乡村旅游业，充分发挥自然资源优势，将绿水青山转化成金山银山。当然，还要加强基础设施建设，如修建贫困地区的出行路、产业路、观光路，加大力度保护好当地生态环境，打造生态、宜居的特色乡村风貌，并充分地吸纳当地贫困人口参与到乡村旅游发展中来，带动他们增收致富。因此，农业完全可超越第一产业本身固有的发展方式，培育出一、二、三产业融合发展的新业态，创造农业农村发展新动能，千方百计惠及民众，增加居民福祉。一方面，可直接增加农民收入；另一方面，产业的融合与延伸也可以使得农民的创业机会更多、领域更广，共同推进农村产业的振兴。

5. 积极引导农户广泛参与精准扶贫

在农村产业发展过程中，政府能对社会资源进行再分配，不论是在精准扶贫规模、程度，还是工作开展需要的服务体系、资金、政策等，政府都起着决定性作用。但不能过度依赖政府。政府在精准扶贫以产开发过程中扮演的角色应该是对工作开展的大方向的统筹，掌握资金的使用效率和审批发放给地方政府，选好农村基层领导干部，并做好监督、审查、验收等工作，而将具体的精准识别贫困户、贫困的原因、扶持的方式等工作交给当地基层政府和干部去做，因为他们对当地的情况了解得更加具体全面，也更能做到在各方面的精准判断。产业发展要得到广大农户的支持和配合，尤其要吸纳扶贫对象的参与，这就需要加强精准扶贫政策和相关知识的宣传和教育，动员贫困户和村民参与，调动他们参与的积极性，帮助他们树立脱贫致富的信心和决心，让他们感受到自己才是真正的脱贫主体，充分发挥他们的主观能动性，让他们能主动地关注扶贫、参与扶贫。这样大家都有了明确的目标，并朝着共同目标奋斗，就不至于扶贫工程的实施和项目的引进全部依靠政府努力，唱独角戏，而村民却全然不知也不参与到其中。

此外，在产业发展过程中还要给扶贫参与者更多的施展空间。扶贫工作是一个艰巨而又长期的工作，真正做到精准很困难，形成一套扶贫工作自主开展、政府监督的长效机制才是至关重要的。要对政府主导扶贫的内涵和方式重新定位，必须明确以前政府统包统揽的扶贫方式已经不能真正高效地解决贫困问题。要彻底解决贫困，还得众筹各方力量，尤其是调动扶贫对象及当地基层干部参与和配合。精准扶贫及产业发展参与者主要包括基层政府、各村党员干部、村民及贫困户等直接参与到精准扶贫工作中的人员。他们是最了解当地情况的人，对当地的生产生活方式、家庭基本情况、最迫切的需求是什么等都有一个比较清晰的认识，所以他们对于精准扶贫是最有发言权的，也最能对贫困问题做到精准的认识。因此，政府在做好把关和监督工作的基础上，给基层干部和扶贫对象在扶贫方式的创新、扶贫项目的建设等方面一定范围的自主选择的自由，征求他们的意见和建议，这样既能促进大家积极参与到扶贫中来，也能更精准地发现存在的问题，并予以精确定位。

典型案例7-4　广西横县大力发展"乡村旅游+"，促进农村一、二、三产业融合发展

乡村旅游已成为当下增长快、投资热度高、拉动经济增长效益明显的旅游业态，在连通城乡、融合三产等方面发挥了不可替代的作用。广西横县具有丰富的自然资源、农业资源和深厚的文化底蕴、淳朴的民俗民风，可以说，发展乡村旅游条件最优、潜力最大。为此，横县大力发展"乡村旅游+"，积极促进一、二、三产业融合发展。

第一，统筹部门力量，抓好规划龙头。一是形成合力。旅游、发改、国土、环保、住建、财政、农业等部门联合成立旅游发展联席工作小组并健全联席工作制度，统筹和研究横县乡村旅游发展工作。二是高标准抓好乡村旅游规划。按照生态至上、崇尚人文、特色鲜明、优势互补、布局合理、开发科学的原则，坚持高标准、高层次进行规划设计，编制横县乡村旅游发展总体规划，把乡村旅游融入全县各项规划、项目建设和脱贫攻坚中全盘考虑，真正体现专业部门做专业的事。

第二，明确发展思路，促进产业融合。结合横县实际，提出横县乡村旅游"12345+N"的发展设想。"1"是一个核心：茉莉花。借助全国特色小镇、国家现代农业产业园和横州新区的建设，把校椅高速公路出入口至县城沿线打造为横县"乡村旅游+工业+农业+城建"的乡村旅游核心区和茉莉花茶生产加工的"世界样板工厂"示范区。"2"是两条主线：①南北线：宝华山—中华茉莉园—九龙瀑布群，以宝华山为依托，壮大南山白毛茶特色品牌和带动六旺村发展精品民宿经济；以中华茉莉园为核心建设茉莉花生产研发中心和发展茉莉体验游；以九龙瀑布群附近的镇龙乡六造村发展精品民宿和康体养生经济。②东西线：横州—莲塘—峦城—平朗。依托西津国家湿地公园，打造湿地科普、水上娱乐、体育休闲、康体养生等产业。"3"是三个着力点：景区、乡旅、文创。以景区为基础，把乡村旅游与景区建设融合起来，使乡村旅游成为"有本之木，有源之水"。以文创为引领，推动文化与乡村旅游深度融合，丰富文创产品和文创项目，以文创促进乡村旅游发展，为乡村振兴助力。"4"是四种文化：花文化、茶文化、渔文化、和（谐）文化。花、茶文化主要围绕茉莉花、茉莉花茶、南山圣种白毛茶和圣茶谷、大森茶园体现；渔文化主要挖掘郁江流经县境140千米沿线10个乡（镇）人们的渔猎和饮食文化；和文化主要从横县民

族融合、民族团结、民俗民风去体现。把四种文化作为我县特有的乡村旅游内涵去挖掘和体现，提高乡村旅游层次。"5"是五个主题游玩圈：茉莉品闻圈、禅茶文化圈、生态农业圈、水上美食圈、山水体育圈。把全县范围划分为主题突出的游玩圈，分类打造。+N是举办N个重大活动。重大活动是一个地区旅游业崛起的催化剂，可以采取市场化的方式举办各种重大活动，宣传和推介横县优势资源。

第三，找准结合点，创建乡村旅游品牌。借助全区现代特色农业示范区建设增点扩面提质升级的东风，未来三年，把现代特色农业示范区与乡村旅游融合发展作为横县振兴乡村战略的主要抓手，形成向农业要三产，三产促农业，农业助二产的发展格局。选择一批核心示范区，结合乡村旅游，发展"（生）产、（旅）游、（学）研、（加）工"多位一体的乡村综合体和特色小镇，由点到线、由线到面，分级分类打造，形成"乡村旅游+现代特色农业+绿色农产品深加工"的组合拳，树立横县乡村旅游特有品牌，乃至成为横县旅游品牌。

第四，加强营销宣传，聚拢乡村旅游人气。旅游和人气密不可分，相辅相成。一是在"三月三""五一"假期，推出极具地方特色的"一日游""二日游线路"；二是充分利用"茉莉花文化节"和"茉莉花茶交易会"平台，推出更为成熟的农旅、茶旅等乡村旅游项目；三是开展以"创造东方茉莉城"为主题的推介活动，对"乡村旅游+特色小镇+现代农业产业园+横州新区"的规划进行宣传推介和招商引资；四是突出茉莉花、茉莉花茶和鱼生饮食特色，采取市场化运作的方式举办如"茉莉花闻香亲子游""茉莉花创意食品争霸赛"等各具特色的重大活动，逐渐聚拢人气；五是精心制作旅游宣传短片，提炼旅游宣传口号，选拔旅游推介形象大使，推介旅游明星产品，打造土特产公用品牌，尤其是打造横县鱼生公用品牌。在品牌营销上，可以借鉴千岛湖砂锅鱼头的营销策略，鱼头的一年销售额可达到10亿元。从鱼的源头把控、鱼头的烹制方法到盛装鱼头的砂锅、摆盘的样式都统一标准、统一定制，形成高价值的公用品牌。

第五，培养专业队伍，提升乡村旅游品质。一是培养旅游管理部门专业人才。大力引进和培养专业人才，在旅游规划和管理等方面发挥作用；二是培养以农民为主体的乡村旅游从业者和经济能人。纳入组织年度培训计划，通过送教上门、办培训班、外出考察等形式，着力提高从业者在食品安全、接待礼仪、乡土文化讲解、经营模式等方面的认识和技能。三是支持横县旅游行业协会的发展。要加强对旅游行业协会的扶持和引导，通过行业协会的力量建立统一的行业标准和行业规范，实现行业自律、行业抱团发展。

（资料来源：广西横县旅游局）

典型案例 7-5　重庆南川区河嘴村大力发展特色生态产业，助推农民脱贫致富

生态产业既是一种重要的经济形式，也是一种新兴产业模式，它的出现使得人与自然协调可持续发展成为现实。它合理地利用自然并保护自然资源，使产业发展和环境保护有机结合起来，是兼具生态合理性、功能良性循环的新型综合产业体系，这种优势也使得它具有十分明显的经济、生态和社会效益。重庆南川区河嘴村在精准扶贫目标的引导下，按照乡村振兴的要求，尤其是在产业振兴方面，很好地利用自身资源优势，大力发展特色生态产业，实现农民增收致富。

一、强化资源优势

河嘴村主要有以下特色资源：一是清水养鱼。河嘴村是三条河流的交汇处，水流量大，地势相对平坦，有利于满足生态养鱼的条件。可以直接在河里修建大型鱼塘，不破坏水里的营养物质。幼鱼的来源主要靠市场购买，前期放在河流的上游，等到幼鱼适应了河水里的环境，再把它引入鱼塘里。清水养鱼是河嘴村发展生态产业的最佳方式，水质优良有利于鱼的生长。清水养鱼，得到了市场上的认可，既满足了人们对健康的优质需求，而且又对生态环境起到了保护作用。二是油菜基地。河嘴村地势平坦，土壤肥沃，气候属于亚热带气候，光照充足，雨量丰富，有利于油菜的大规模种植。油菜全身上下都是有用的，它被称为河嘴村的"招财宝"，具有较大的经济价值和生态价值。三是中蜂养殖。中蜂养殖是南川的重点产业之一。河嘴村养殖中蜂拥有众多有利因素，中蜂养殖得到了进一步的推广。在上级政府及有关部门的帮助下，河嘴村中蜂养殖不仅得到了免费的技术培训，同时中蜂养殖家庭、农场、微企、专业合作社等都不同程度地得到政府的大力支持，为河嘴村发展中蜂养殖提供了强有力的保障，对促进经济发展、维护生态系统以及加快脱贫致富步伐等起到了至关重要的作用。四是"农家乐"。河嘴村住房主要以四合院为主。现在，村里很多年轻人都外出务工，家里房产大量闲置，发展"农家乐"可以将房子租给城里客人，让他们体验农村住房方式。河嘴村附近水资源丰富，同时开发钓鱼、划船等娱乐方式，吸引游客，打造南川区乡村旅游的典范。

二、明确思路对策

首先是普及生态知识，提高村民的生态素养。河嘴村的农民在不断参

与发展生态产业的过程中尝到了甜头。但由于一些村民目光短浅，缺乏生态素养，看到这种模式利润可观，便打起了歪主意，比如在蜂蜜里面加白糖，把从外面买来的饲料鸡谎称是家里散养的粮食鸡，以次充好，这样一定会失去游客的信任。因此，该村在不断推进河嘴村生态农产业发展的同时，通过加强市场监管，组织农民成立专业合作社，统一采购，统一加工，形成规模效应。同时，适时组织农民学习市场营销知识，将现代农业企业的经营理念和基本素养灌输给村民。并加大对农户实用技术和创业技能的培训，在全村营造发展生态产业的氛围，提高农民发展生态农业产业的意识和积极性。

其次是推进农业走向特色化、规模化的发展模式。河嘴村外出务工人员很多，家中多是老弱病残，传统农民已经越来越少，造成土地荒芜。该村通过将荒芜的土地流转给那些发展农业产业的人，这样既可以充分利用土地资源，避免浪费，又可以使得农业走向规模化，形成规模效应，打造品牌，推动地方特色产业的产生。而规模化的产业经营有利于集约化管理，降低生产成本，提高农业产量。同时也有利于降低农民发展农业产业的生产成本，进一步提高农民的生产积极性，推动全村经济的发展。

再次是紧跟市场，打造特色品牌。河嘴村为响应政府发展乡村旅游的号召，积极推进农村合作社、家庭农场、微型企业及龙头企业的发展，鼓励农民将土地流转给大户、龙头企业等，也可以让农民以各种形式入股，及时分享最新的市场走向，共享技术、运输、贮存等资源，在产品收获的同时参与分红。在此基础上优化产业结构，集中资源发展两大支柱农业产业即中蜂、黄连，并通过市场推广，加大宣传，大力形成品牌效应，使得该村的中蜂和黄连产业走向了一个更加广阔的市场，反过来又推动了中蜂和黄连产业的发展，为农民实现增收致富奠定了坚实的基础。

最后是加大成功案例宣传，推进典型示范。河嘴村应结合自身村情，探索适宜自己发展的产业发展模式，鼓励有能力、有意愿的大户先发展起来，以树立发展典型，充分发挥示范带头作用。在此基础上，由镇、村多渠道开展好宣传工作，提高村民对生态产业的认知度，充分调动村民尤其是贫困人口发展生态产业的积极性。同时，培育属于河嘴村自己的地方特色品牌，并利用网络媒介进行大力宣传，拓宽市场渠道。

（资料来源：根据课题组成员访谈记录整理）

典型案例 7-6　宁夏永宁县大力发展乡村文化产业，助力贫困人口脱贫攻坚

随着国家西部大开发战略的持续推进，在精准扶贫和精准脱贫目标的要求下，宁夏永宁县积极抢抓中央、区（市）一系列政策机遇，强力打造宁夏内陆开放型经济先导县、西部宜居宜业示范区与中国回族文化展示地，通过大力推进区域旅游文化产业发展，助力当地贫困人口脱贫攻坚。

首先在战略思想上，永宁县政府结合精准扶贫有关精神，根据当地实际情况，把文化旅游扶贫放到了重要的位置，大力实施旅游兴县战略。党政主要领导通过亲自调研、重点指导，全力解决旅游业发展中的重大战略性问题。一方面，永宁县积极构建"一区四带"的文化旅游发展格局，根据当地自然地理环境状况建立观光休闲旅游带；另一方面，永宁县依托当地的大漠文化、回族文化、西夏文化等民族特色文化，积极打造旅游文化精品与特色板块，以此带动其他产业的发展。

其次在资金投入上，永宁县财政给予文化旅游产业更多支持，大力投资文化旅游项目。继集中打造中华回乡文化园一期、玉泉葡萄酒庄之后，永宁县又先后集中投资新建了华夏河图、中阿文化城及三沙源生态旅游度假村等重点旅游项目。为鼓励乡村文化旅游业发展，使文化旅游项目扶贫功能得到充分体现，永宁县扶持建设了大批"农家乐"项目，吸引大量的农户尤其是贫困人口参与进来，通过发展"农家乐"实现农户增收。如海子湖金马度假村、大观桥桃园农庄、毛湖嘴养殖家庭农场等，丰富了永宁县文化旅游事业的发展。

再次是发挥广大村民的主人翁作用。在乡村文化产业发展过程中，村民不仅发挥着主体作用，同时又从文化产业发展中受益。因此，在对永宁县的乡村文化进行产业化开发时，充分发挥当地村民的主人翁作用，尤其是鼓励贫困户积极投身到乡村文化产业的发展建设中去。永宁县政府及相关部门通过大力宣传，引导农户树立乡村文化的主人翁意识，提高对本民族地区乡村文化的忠诚度。

最后是发展体验式民俗文化活动。永宁县素来被称为"塞上江南，鱼米之乡"，得天独厚的黄河冲积平原与温带大陆性气候使得这里粮田充足，农业发展迅速。近年来，永宁县凭借其地理优势，积极与社会企业进行合作，现已建成了闽宁葡萄生产基地、王太现代农业示范基地、观桥大棚果蔬种植基地以及玉泉营和黄羊滩农场等。通过深化与改造，这些农牧基地逐渐走上了产业化的发展轨道，形成了一定的品牌。在发展乡村文化产业时，永宁县借助这些农牧业的品牌优势，开发农牧业观光旅游、现代农业种植体验旅游以及乡村"农家乐"，将乡村生产生活、民俗、农舍、休闲、田野等进行系统性融合，打造乡村文化产业链。此外，还将当地的一些民俗节庆、民俗传统等文化元素加入这种乡村农牧业旅游之中，通过开展丰收庆典活动、葡萄酒节等，将永宁县的农牧产业的经济优势与乡村文化特色融合起来，让游客参与到这些文化活动中，去了解当地的风土民情与民间习俗，形成体验式的文化互动。

如今，永宁县文化旅游业已经形成了以精品旅游项目的形式，在全县各乡（镇）逐渐扩散的局面。同时在加快小城镇建设的过程中，充分利用各类扶贫资金，不断改善各项基础设施，并以闽宁、李俊等乡（镇）为示范点，积极推动特色文化建设，吸纳农村贫困人口参与进来，实现脱贫致富，实现经济效益和社会效益的双丰收。

（资料来源：根据课题组成员访谈记录整理）

二、扎实搞好农村基本民生保障

扎实搞好基本民生保障，确保农村贫困对象的基本权利得到实现。确保贫困对象享有基本的医疗健康服务、接受义务教育、参与农村各项社会保障制度。要继续完善新型农村合作医疗保险和新型农村养老保险，尽快缓解和从根本上解决农村"看病难、看病贵"现象，以逐步消除农村居民的老年后顾之忧。加大农村教育财政支出和教育专项救助，使教育负担过重的家庭能得到及时的援助。只有基本的权利得到保障，他们的发展和脱贫才具有坚实的基础。

1. 及时缓解"因病致贫、因病返贫"突出问题

在做好民生保障的过程中，建立健全医疗保障体系，及时缓解"因病致贫、因病返贫"问题显得尤为重要。对于贫困的致因，中外学者长期以来从理论上不断探索，大体形成了个体主义贫困论、贫困结构论、贫困文化论等理论派别。[①] 中国农村贫困既有自然、历史方面的原因，也有政策、制度安排方面的因素。而在诸多致贫因素中，疾病则是一个最主要的方面。墨西哥卫生部部长胡里奥·佛伦克认为：因病致贫已经是一个全球通病，相当大比例的贫困人口因为医疗问题陷入贫困。并指出："健康是人们脱贫的最基本的途径。"[②] 世界卫生组织在 2010 年世界卫生报告中指出，

---

① 陈良瑾. 社会救助与社会福利 [M]. 北京：中国劳动社会保障出版社，2009：116-121.
② 孙浩. 墨西哥人为何不再看病卖牛羊 [N]. 新华社每日电讯，2006-11-10.

在全球范围内,每年有超过1亿人因患病或高额治疗费用而陷入贫困。在我国农村地区,因病致贫、因病返贫长期以来都是一个相当普遍的问题。但随着农村地区经济社会的发展和进步,农村居民迫切需要最基本的医疗保障,以提高卫生与健康水平。这是最起码的社会权利,也是最大的扶贫攻坚战略。

党的十九大指出,要完善统一的城乡居民基本医疗保险制度和大病保险制度;实施健康中国战略,全面建立中国特色基本医疗卫生制度、医疗保障制度和优质高效的医疗卫生服务体系。《中国农村扶贫开发纲要(2011—2020年)》也提出,要提高新农合和医疗救助保障水平,进一步健全贫困地区基层医疗卫生服务体系,改善医疗与康复服务设施条件。

首先,进一步完善城乡居民合作医疗制度。各级政府近年来相继出台了一系列政策和措施,不断加快农村合作医疗的推进速度。在"重点解决农村居民因患传染病、地方病等大病而出现的因病致贫、因病返贫问题"方面,农村合作医疗取得了显著的成效,农村合作医疗已经成为贫困地区摆脱贫困的重要政策支撑。探索贫困地区的医疗保障制度,对于切实提高广大农村居民群众化解疾病风险的能力,真正做到防止因病致贫、因病返贫,提高农村居民的健康水平与生活品质,加快新农村建设以及在农村地区全面实现小康等,都有着极其深远的意义。其一,扩大合作医疗基金规模,提高医疗补偿水平。要加大各级财政投入,政府应确定好公共投入的优先顺序,将基本民生问题放到公共投入当中最为优先的位置。[1] 要树立城乡统筹和均衡发展的观念,加大对中西部地区医疗卫生事业的投入。要拓宽合作医疗筹资渠道。积极引导企业、慈善机构及个人等方面的捐助,还可将福利彩票收入的一部分注入新农合,不断充实农村合作医疗基金;要加强基金管理,做到专户储存,专款专用,严格实行基金封闭运行,确保合作医疗基金和利息全部用于参合农村居民的医疗补助。只有不断扩大合作医疗基金规模,才能提高农村居民的医疗补偿水平,合作医疗才具有更大的吸引力,合作医疗可持续发展才具有坚实的基础。其二,完善补偿模式,满足农村居民的基本医疗需求。农村合作医疗的补偿模式应定位于提高广大农村居民的整体健康水平,解决大多数农村居民的基本医疗需求,不能仅仅停留在解决农村居民因病致贫、因病返贫的问题上。形成合理的医疗服务供给结构,也有利于防止逆向选择和道德风险的发生。只有基本医疗需求得到了满足,农村居民才具有更高的参保积极性。其三,加

---

① 吴忠民. 公共投入的优先顺序不宜颠倒 [J]. 重庆社会科学, 2004 (1): 98.

大宣传力度，不断提高农村居民参保意识。创新宣传方式，通过农村居民喜闻乐见的宣传形式，如借助"专家义诊""三下乡""世界卫生日活动"、民族文化活动等，大力宣传合作医疗知识；要着重培养农村居民"三大意识"，即自我保健意识、互助共济意识和健康风险意识。促使农村居民重视预防保健，使农村居民转变思想观念，特别是要帮助农村居民摒弃不良的传统习惯与生活方式，减少疾病的发生；宣传力求系统、全面，对参保办法、筹资标准、报销办法、补偿模式、补偿范围等进行重点宣传，使农村居民心中有数，不断提高农村居民的参保意识。

其次，扎实做好医疗救助工作。医疗救助对贫困群体的意义重大，在发生疾病风险的时候有机会享受医疗救助将会在很大程度上降低贫困群体里"因病致贫、因病返贫"的现象发生。一是要完善医疗救助方面的法律法规。明确医疗救助的对象、救助范围、救助标准及救助程序，以及医疗救助过程中各方的责任和权利，使医疗救助在实施的过程中具有权威性和规范性。各地区可以根据本地区的实际情况制定具体的医疗救助管理办法，扩大医疗救助的救助范围，让符合条件的农村患者都能获得救助；提高医疗救助标准，最大限度地缓解患病家庭的经济负担；提高医病救助的透明度和公平性，严格救助程序，杜绝暗箱操作，严防"求助无门"现象的发生。二是加强医病救助与农村合作医疗、大病保险制度的有机衔接。继续通过医疗救助基金为农村建档贫困人口参加合作医疗提供资助，减轻贫困人口的经济负担；提高重特大疾病医疗救助水平，建立健全分类分段梯度救助模式，在年度救助限额内实施救助；积极拓展重特大疾病医疗救助费用报销范围，经基本医疗保险、大病保险、大病补充医疗保险等报销后个人负担的合规医疗费用，均计入救助基数。实行县级行政区域内困难群众住院先诊疗后付费，困难群众出院时只需支付自负医疗费用。规范医疗费用结算程序，按照精准测算、无缝对接工作原则和"保险在先、救助在后"结算程序，加快推进基本医疗保险、大病保险、大病补充医疗保险、医疗救助"一站式"费用结算信息平台建设，努力实现资源协调、信息共享、结算同步，为困难群众跨地域看病就医费用结算提供便利。

最后，加强基层医疗卫生服务体系建设，提高医疗服务满意度。一是要加强贫困地区农村医疗卫生基础设施建设。健全县、乡、村三级农村医疗卫生服务体系和网络，集中力量办好乡（镇）公立卫生院和村卫生室，对贫困地区传染病、地方病重疫区的村卫生室建设给予适当支持。二是要搞好农村基层医疗卫生队伍建设。加强贫困地区基层卫生技术人员培训，提高农村卫生人员的专业知识和技能；建立医师多点执业制度和城市医院对乡、村医疗机构定点帮扶制度；制定政策引导医学院校毕业生到贫困地区基层从事志愿服务。三是提高定点医疗机构服务质量。加强对贫困地区乡（镇）医院及医生的管理，提高医生的职业道德，采取有效措施约束供方道德风险，杜绝增加农村居民不合理的医疗费用，努力提高医疗服务满意度。

2. 完善农村养老保障体系

一是充分发挥家庭养老的基础性作用。开展多种形式的宣传，倡导敬老、爱老的传统美德，加强对我国传统"孝文化"的宣传，在农村树立起传统的伦理道德观。要以家庭为基础、以农村社区为依托，为老年人营造良好的生活环境，构建温馨祥和的精神乐园。二是完善农村社会养老保险。加强对新型农村社会养老保险制度的宣传，引导农民积极参保；加大财政投入，提高参保补贴和基础养老金水平；确立养老金水平的调整机制，使之与经济发展、物价水平联动，改善农村老年人的生活。三是大力发展农村社区居家养老服务模式。探索通过政府购买服务，引进公益组织，整合现有资源，以社区为平台，为辖区老年人提供精准化、个性化、专业化的社区养老服务，集中社区资源，为辖区老人特别是"三无"、特困、空巢、失独、孤残等特殊老年群体提供服务；也可吸引社会资本，开展农村养老服务，如将城市养老服务品牌吸纳到农村，以居家信息平台为依托，以社区为基点，建立连锁型、品牌化的居家社区养老服务网络，通过企业化运作管理，为有需求的农村老年人提供助餐、助医、助急、助行、助洁、助浴等居家社区养老服务。

3. 密切关注空巢老人

随着社会人口老龄化程度的加深，空巢老人越来越多，已经成为一个不容忽视的社会问题。农村地区由于区域条件以及经济发展比较落后等因素影响，一方面本区域缺乏对劳动力的吸引力，在社会结构分化的过程中产生的大量青壮年劳动力从农村涌向了城市；另一方面由于外出学习、结婚等原因，大部分年轻人也都离开了农村。因此，独守"空巢"的中老年夫妇逐渐增多，"空巢老人"问题成为农村需要重点解决的民生问题。

一是要坚持以人为本的工作理念，提高服务质量。随着经济的不断发展，老年人的物质问题已经基本解决，基本处于衣食无忧的状况。但是，老年人更加想要的是精神的安慰。因此，政府可以尝试建设集体娱乐场，让老年人能够在一起聊天、娱乐，让老年人之间相互倾诉。可以组建专门的小组，每隔一段时间就到老年人家里看看，陪他们谈心，排除他们的孤独感。二是要加大对《中华人民共和国老年人权益保障法》的宣传，让全社会形成尊老、助老、敬老的良好氛围。加大对《中华人民共和国老年人权益保障法》和涉及老年人的优待政策的宣传落实，让更多的老年人在物质生活、精神文化生活、医药保健以及维护权益等方面享有实惠，弘扬中华民族敬老、助老、养老的美德，形成全社会尊重、关心、帮助老年人的社会风尚。三是基层政府应实施及时补位养老服务。农村外出务工是一个动态的系统工程，务工时间没有固定性，基层政府应实施动态补位养老服务，既解决外出务工人员的后顾之忧，又解决空巢老人的生活问题，有利于农村经济的发展。四是建立农村空巢老人社会关照体系。农村老年人的养老内容需要经济供养、生活照料、医疗服务、精神慰藉四方面，而提供这些关照的应该是一个由老人的子女及其亲属、邻里、村委会、社会组织和政府共同组成的横纵结合的三层次社会关照体系，子女及其亲属照料是基础和关键，邻里与村委会是支撑，政府与社会组织是补充。五是建立农村公共医疗上门服务制度。农村地区大多数房屋散居，特别是空巢老人重病后无力上医院，甚至无人知晓。应建立农村公共医疗上门服务制度，实行区域管理，与村医生、乡（镇）卫生院签订责任书，定时为空巢老人免费体检，重病时减免一定的费用。解决其老有所养、老有所医问题。

此外，还要关注失独老人、"五保"老人、失能半失能老人等老年弱势人群，发挥政府的主导作用，吸纳公益组织、社会团体、在校学生等力量，从经济来源、人身安全、心理健康等方面关心他们，最大限度地减少农村老年贫困的发生。

4. 抓好重点人群和边缘人群的兜底保障

其一，落实重点人群关爱服务工作。确保留守儿童、困境儿童、孤儿、流浪乞讨人员、留守老人、重度残疾人等重点人群生活无忧、精神无忧，抓好兜底保障。一是精准建档立账。对于困境儿童、孤儿、经济失能老年人、重度残疾人等重点人群实行动态管理，按照"应保尽保，应退尽退"的原则，按月更新孤儿数据，建立健全孤儿档案台账，及时录入孤儿信息管理系统，逐级审核上报；对于留守儿童、困境儿童、经济失能老年人和重度残疾人按季度更新数据，精准建立健全台账管理。二是精准补贴发放。保障重点人群的合法权益，使之享受国家的优待政策，确保重点人群关爱保护工作落到实处。对于孤儿、困境儿童、经济失能老年人和重度残疾人补助经费，严格按照有关文件要求，按照标准定期打卡发放生活补贴。三是落实监管责任。重点人群是处于弱势的特殊人群，他们不仅需要经济帮扶，更需要亲人和社会大家庭的关爱。充分利用儿童节、重阳节等特殊节日看望慰问留守儿童、困境儿童、孤儿和留守老人，送去慰问金和节日礼物。落实基层干部、教师为重点人群关爱帮扶联系人，不定期进行走访关爱，负责思想教育、引导和突发事件的报告，确保重点人群得到关爱和救助。

其二，加强对边缘人群的救助力度。低保边缘人群（也称临界低保人群）是指未能被低保制度覆盖的贫困群体。目前针对低保边缘人群的救助主要是临时性救助，这部分人群收入水平低，收入不稳定，返贫现象突出，是潜在的低保救助对象。近年来，我国东部一些农村地区相继探索如何对低保边缘人群实施有效的救助，取得了一定的经验和成效。通过完善社会救助体系为这部分人群提供必要的救助和扶持，努力在低保线之外构筑一道新的防线。一是建立和完善农村低保边缘群体临时救助制度。2014年9月17日，国务院常务会议决定建立临时救助制度，为困难群众兜底线救急难，将一些由于突发事故、重大疾病、大量教育支出等原因致使生活暂时陷入困境的群众纳入救助体系。同时，应在科学调研的基础上，根据当地经济社会发展情况，科学确定边缘人群救助标准。救助标准可以考虑为低保标准的一定比例（如60%）。二是完善保障项目。低保边缘人群比较脆弱，返贫风险较高，应为收入稍微高出低保标准的低收入人群提供必要支持，从而避免低保制度对于这些边缘人群形成"相对剥夺"。因此，这部分人也应被纳入医疗、教育、法律等临时性救助，防止其返贫，也使得低保户不用担心丧失低保附加福利，从而不愿退出低保。这实际上是弱化了低保资格对享有附带福利的影响，对减少福利依赖现象也能起到一定的作用。三是加大支出型贫困家庭救助力度。充分发挥社会救助各项目的作用，将家庭支出后生活水平在低保线下的贫困家庭纳入低保范围。例如，家庭成员因医疗费、学费支出过大影响家庭基本生活的，应予以相应的医疗救助和教育救助。制定支出型贫困家庭认定办法，完善救助条件和申请审核审批程序，制定临时救助资金管理办法和相对统一的临时救助标准，建立"救急难"制度。四是有效整合多部门救助力量。社会救助涉及多个部门，可以通过建立部门联动机制或社会救助联席会议制度，不断根据社会困难群体的需要，完善对困难群体的联合救助。联席会议成员应包括民政、劳动、残联、建设、教育、工会等政府职能部门，每年或每季度定期召开一次，各部门可充分交流信息，能有效避免社会救助中因为缺乏沟通而出现的"有的问题重复管，有的问题没人管"的尴尬局面，有效杜绝社会救助的盲点。

第四节　加强动态考核，完善贫困人口退出机制

农村低保和扶贫对象动态管理的目标是"应保尽保，应扶尽扶，应退尽退"，即对年人均纯收入低于最低生活保障标准的人口，应将其纳入低保对象并享受相关政策待遇；对年人均纯收入低于农村扶贫标准的贫困对象，应将其列为扶贫开发对象进行扶持；对年人均纯收入分别达到或超过农村低保标准和国家扶贫标准的对象，应按规定逐步退出低保和到户扶持政策。要加强对贫困对象的动态考核，完善贫困人口退出机制。

一、加强对贫困对象的动态考核

坚持定期核查制度，对农村贫困对象按要求，在规定的时间界限内完成核查，及时准确地掌握贫困对象家庭收入的变化情况，并依据其家庭收入情况进行贫困对象"二次识别"，从而及时调整保障标准及扶持措施。要完善收入核查机制，加强动态监测，在受助家庭人均收入超过低保线的时候，让其逐步退出低保系统。在这方面，关键要逐步完善家计调查系统，准确核算贫困对象家庭收入，加强对低保户的动态考核。要改变目前过分依赖生活形态法这种随意性较大的方法来辨别贫困对象的局面，以精确核算家庭收入为基础，建立起独立、有效的家计调查系统。

一是要明确动态考核的组织机构及职责。通过建立和完善制度规范，明确民政部门进行家计调查时的职责和权限，确保家计调查顺利实施。成立如社区救助事务协调小组等机构，负责协调掌握低保扶持对象的数据信息和福利收入等情况，并借助现有网络平台，实现多部门联动核查，确保贫困对象家庭收入信息能够准确及时获取；定期进行考核，及时准确掌握贫困对象家庭收入的变化情况。协调小组要定期召开低保工作专题会，对低保对象的进退进行会商、评估和认定。对年人均纯收入下降到低保标准以下的农户，应将其纳入低保对象并享受相关政策待遇；对年人均纯收入达到或超过低保标准的对象，按规定及时予以清退。建立涉及民政、扶贫、工商、公安、房产等多个部门的联动机制，建立信息共享机制，确保贫困对象家庭收入信息能够准确及时获取；通过完善家计调查系统，确保家计调查有序进行，以破解收入核算难题，并定期进行考核，及时准确地掌握贫困对象家庭收入的变化情况。对核查结果及时进行民主评议和公

示，清退不再符合保障条件的受助对象。

二是加强贫困对象档案建设和信息跟踪。完善低保和扶贫对象档案建设，分类、动态跟踪其家庭收入变化情况，及时录入和更新数据。档案内容主要包括家庭人口总数及劳动力数量、土地种植数量、年总收入等。例如，对于低保档案，由乡（镇）人民政府或街道办事处以户为单位整理归档相关材料，形成一户一档。无变化的低保家庭档案含有续保申请；调增、调减、停发的低保家庭档案含有家庭经济状况核查表和低保金调整审批表，基本一年一更新。对享受最低生活保障家庭进行动态管理时，按类进行复核：A类家庭即有重病、重残人员且共同生活的家庭成员收入基本无变化的家庭每年复核一次；B类家庭即共同生活的家庭成员和收入状况相对稳定的家庭每半年复核一次；C类家庭即共同生活的家庭成员有在法定就业年龄内且有劳动能力未就业或灵活就业，收入可变性大的家庭每季度复核一次。档案具体内容应该包括家庭基本信息如家庭人口、婚姻状况、联系电话、家庭类型、主要社会关系、亲朋好友关系及群众基础影响力分析等；家庭成员信息如家庭成员及相互关系、性别、出生年月、身份证号码、政治面貌、婚姻状况、文化程度、从业情况、专业特长等；家庭生产生活状况如月平均收入、年平均收入、家庭人口平均收入、是否进入医保、外出务工情况、生产经营情况、家庭收入主要来源等；家庭住房情况如住房类型、建筑面积等；家庭主要问题和困难、解决情况等惠民政策落实信息等。定时对各户进行访问和情况反馈，及时对各个贫困户的档案内容及状况进行更新和记录。在"家庭困难需求"栏里，每一页都记录社区（村）居民的家庭基本情况，并附有居民家庭困难需求、对社区（村）要求和建议等多项内容。

三是完善贫困对象收入监控体系。及时、准确且客观地监测低保人群的收入变化情况，完善收入核查机制，在受助家庭人均收入超过贫困线的时候，可以让其退出低保和扶贫系统。对于贫困标准的衡量即贫困线的确立，国际上一般采用恩格尔系数法、基数法来测算。恩格尔系数主要用于表示食物支出占家庭总支出的比例，恩格尔系数越大表明家庭生活水平越低。当一个家庭的收入低到无法维持其社会最低生活水平时，就需要社会救助。而基数法则是用一个保障最低生活所需商品和劳务的金额作为基数，收入达不到这一基数的即为需要救助的对象。此外，还可以用成人劳动者表示的人均收入来确定最低生活保障线，即最低生活标准相当于成人劳动者人均纯收入的一定比例，低于这一比例的人口即可进入低保体系当中。需要注意防止"贫困回归"现象，所以退出机制可以加入一个条件，即家庭人均脱离低保线至少一定时期（如三个月或半年）方可退出，具体实施标准可因各地经济社会发展的不同而异。

四是落实和强化申报及公示制度。首先，强制推行两项制度享受者申报制度，明确申报是贫困对象应尽的义务。①实行情况变化申报制度，对收入减少、负担加重等需要追加救助的情形，以及获得工作、收入增加等情况，贫困对象都应及时向有关管理部门申报；②实行和强化定期申报审核制度。要每隔一定时间，比如一年、半年、一季度，享受者必须重新申请，经审核合格后方能继续享受。对不履行义务者，中止其贫困待遇享受资格。对不如实申报者，尤其是恶意骗保者，要给予适当处罚。其次，强化公示制度，重视和发挥好乡亲邻里的信息反馈和监督作用。在统一制作标准、统一内容（包括户主姓名、家庭人口、家庭住址、月收入、享受金额及扶持措施等）的基础上，在村庄人群集中的显眼位置，设置固定的、能长期保存的惠民政策公示通报栏（牌），对新申请低保和扶贫者、已享受者的情况进行公示，以方便居民监督、举报。通过这些措施，促进两项制度工作监督机制和信息反馈制度建设，使脱贫者和"非常进入者"及时退出低保制度和扶贫政策。退出机制的根本思路在于扶贫不养懒，使被保障人员通过努力达到一种社会认可的平均生活状态，这样才能合理有效地退出。

五是积极组织"回头看"工作。要通过抽查、明查暗访等多种形式，及时了解低保和扶贫对象家庭经济状况的变化情况。在获取充分信息的基础上，按照相关程序及时对低保对象停发、减发或增发低保金，及时对扶贫对象调整扶持措施，力争做到保障和扶持对象有进有出、救助水平有升有降、扶持措施有增有减。要处理好两项制度与农村其他惠农政策之间的关系，避免"捆绑"救助和政策的叠加，减少福利依赖。以有效措施鼓励有劳动能力的贫困人口积极开展生产自救，避免终生吃低保、长期依靠扶贫现象的发生。从退出机制来看，要完善退出程序，操作步骤民主透明。程序至少应包括如调查取证、村集体审查、乡复核（公示）、县级审查（公告、公示）及核准退出对象名单报地区民政办公室备案等。在退出机制中要注重退出对象的精准识别，对群众反应强烈的富裕家庭、非实际共同居住生活的家庭成员和户口内非家庭成员等全部清理退出低保制度和扶贫政策。

六是加强基层低保和扶贫工作队伍建设。农村贫困对象家计调查以及动态监测环节较多，而低保和扶贫工作人员身处第一线，直接承担家计调查过程中大量原始数据的收集、分类与整理工作。因此，目前要加强对基层低保和扶贫工作人员的培训工作，有针对性地组织业务学习，更新知识，减少业务处理过程中的差错。不仅要学习计算机知识、统计知识以及涉及农村社会救助的相关知识，还要认真学习低保和扶贫的有关数据、政策、方法，注意收集整理，提高他们的业务水平和工作责任心，使他们了解家计调查以及动态监测的性质和意义，熟练掌握业务技能。

七是加大家计调查以及动态监测经费和设备的投入。贫困人口的家计调查和动态监测工作是贫困地区一项长期性的工作，任务繁重，各级民政和扶贫部门在工作经费中应列支贫困人口家计调查和动态监测专项经费，用于数据采集、业务培训、资料印刷、信息录入、设备添置等，为该项工作的顺利开展创造必要的条件。

二、积极引导贫困对象主动退出

要加大宣传力度，倡导自强自立的高尚品质，摈除一些低保和扶贫对象长期存在的"等、靠、要"思想，消除他们对救助政策的依赖心理。坚持正确的舆论宣传，发挥新闻媒体舆论导向作用，通过舆论和媒体宣传主动退出的先进个人事迹，倡导自强自立精神，批判那些依赖政府救助、好逸恶劳的落后消极思想，摈除"贫困文化"，使公众对低保和扶贫有正确认识，树立自立自强的观念，摆脱依赖政府的消极思想；在全社会形成倡导自立、反对依赖的良好氛围。在贫困对象领取低保和享受扶贫政策期间，引导他们积极劳动，艰苦奋斗，一旦收入发生变化或超过保障线，引导他们主动要求降低救助金或逐渐退出扶持政策。

改进工作流程，建立低保诚信制度，使低保的退出更具有操作性。农村家庭在申请低保和扶贫时应提供书面承诺，确保其信息真实有效，并授权低保和扶贫部门查核其财产收入情况。未如实申报收入和财产情况的，经查实应取消低保资格并追回补助金，将其列入重点监控名单，再次申请时要接受更严格的审查。已申请到低保和扶贫待遇的贫困对象，应定期向村（居）民委员会申报其财产、收入、就业等情况，申报情况不实或拒绝申报的，暂停其低保和扶贫待遇，直至其如实申报为止。

进一步提高农村低保制度和扶贫政策执行的公开性和透明度，加强群众监督。基层政府要及时公开各项救助政策，提升政策执行的透明度。切实做好公示环节，采取有效措施做到扶贫政策及执行情况家喻户晓，让村干部清清白白干事，让群众明明白白致富，使农村各项救助政策在阳光下运行。此外，对于依靠自身力量勤劳致富的贫困户给予一定的奖励，对依赖思想严重的贫困户及时进行提醒和督促。通过这些办法，提升贫困户脱贫致富的自觉性和紧迫感，减少"福利依赖"现象的发生。可以定期将贫困户脱贫进展情况在村里公示公告，奖励脱贫进展成效好的贫困户，对脱贫成效不明显的贫困户进行督促，同时分析原因并提供帮助。另外，要重视脱贫示范和先进典型的宣传，要发现、总结、推广、宣传一批扶贫脱贫典型事迹，营造"脱贫致富贵在立志"的氛围，激发贫困户的脱贫动力和信心。

三、实施低保和扶贫渐退制度

贫困对象往往由于发展基础较差，收入不稳定，脱贫后返贫概率较高。因此，在享受低保和扶贫政策期间，当收入高于保障线时，应采取渐退制度，给予一定的"收入豁免期"，即贫困户可以在一段时间内继续享受低保或扶贫政策，等其收入稳定后再退出保障或扶持政策。这种"扶上马送一程"式的渐退制度，不仅可以解决低保和扶贫对象的后顾之忧，更有利于保障他们掌握生存本领，激发劳动热情，稳步脱贫。① 另外，设立专项救助，降低低保对象的滞留愿望，也能促进应退尽退。相关部门在制定政策时，不能只将低保对象作为救助对象，应该实事求是，把政策覆盖到除低保对象以外的特殊困难群体。低保是保障困难群众的基本生存权，而其他福利政策则应是面对包括低保对象、低保边缘群众、农村建卡贫困户等在内的广大低收入人群。这部分人虽然基本生活能自理，但依然存在很多生活和生产上的困难。低保对象是社会中的底层贫困群体，当其收入超出低保标准退出低保时，并不等于他们马上就能看得起病、上得起学甚至买得起住房。制定更为精细化的惠及众多贫困弱势群体的政策，让广大低收入人群都能享受到改革开放的成果，让低保对象在退出低保后仍能接受救助，体现社会公平化。

第五节 加强部门联动，整合农村扶贫资源

农村低保和扶贫对象动态管理是一项庞大的系统工程，涉及诸多环节及众多部门，需要整合行政资源，建立各部门、各系统的联动机制，实现

---

① 乔世东. 城市低保退出机制中存在的问题及对策研究——以济南市为例 [J]. 东岳论丛，2009（10）：38.

资源及信息共享，形成各部门共同参与、齐抓共管的工作格局。目前要重点做好以下两个方面的工作：

一、加强贫困对象识别环节的联动与协作

首先，要完善相关制度措施。通过健全相关制度，从制度上明确各部门在提供贫困对象家庭收入信息方面所应承担的责任和义务。建立和完善约束和处罚制度，确保各部门提供的信息或出具的证明真实有效，对出具虚假证明的部门，要依照有关法规及制度进行处罚；对玩忽职守、滥用职权、徇私舞弊的工作人员，要依照有关法规及制度给予处罚。其次，部门之间要加强协调配合。完善农村低保和扶贫对象经济状况核查系统数据，采取"互联网+"的模式，有效开展低保对象的家庭财产核实，确保对象精准。民政和扶贫部门在进行家计调查时，财政局、人社局、公安局、国土房管局、工商行政管理局以及各乡（镇）人民政府等部门应密切配合，开展贫困对象家庭收入信息比对。比如说，公安局比对建档立卡贫困人口身份证号码校验是否正确、姓名与身份证号码是否一致，此外公安部门应积极宣传法律政策，有效控制贫困人口的犯罪率，从而实现劳动力的合理利用。坚持把打、防、管、控做到精准化，不断优化警务运行模式、严密治安防控措施、精准打击整治治安难点、强化公共安全监管、提升服务群众能力水平，全力阻止因案、因毒、因赌、因事故等致贫返贫现象的发生，为群众集中精力发展生产、脱贫致富创造平安稳定的社会治安环境。民政局比对建档立卡贫困人口中低保、"五保"信息是否准确。民政部门必须及时有效了解各种贫困人群的情况，积极主动融入底层人民生活，及时了解贫困人群的各种需求。人社局比对建档立卡贫困人口中是否有公务员或事业单位工作人员，建档立卡贫困人口是否参加城乡居民基本养老保险。住房公积金中心比对建档立卡贫困人口是否存在城镇买房、卖房情况。卫计委比对建档立卡贫困人口是否参加新型农村合作医疗，建档立卡贫困户是否独生子女户或双女户。工商局比对建档立卡贫困人口是否出资参办企业。残联比对建档立卡贫困人口中残疾人基本信息是否准确。地税局比对建档立卡贫困人口中是否有纳税的个体户，是否有缴纳个人所得税，是否有购买房产信息。国税局比对建档立卡贫困人口是否存在有购置车辆情况。通过多部门联动对贫困对象家庭收入进行核对，既保证了贫困对象识别的准确性，使社会救助政策真正惠及困难群众，又体现了政策执行的公平、公正。要加强跨部门间的政策协调，如严重超生的家庭不应该享受低保，享受低保的家庭不能与其他部门的政策有所冲突，不能与农村其他社会政策相违背。

二、整合各类扶贫措施和扶贫资源

在做好民政与扶贫两部门充分衔接的基础上，要加强与其他涉农部门的沟通与协调，积极引导水利、交通、电力、教育等部门的扶贫资源向农村贫困对象倾斜，构建一个"分工明确、定期协商、共同监督、协同推进"的工作机制，整合各类涉农扶持资源，提高脱贫措施的规模效应。

民政部门要及时有效了解各种贫困人群的情况，积极主动融入底层人民生活，及时了解贫困人群的各种需求。各级民政部门应根据自身特点积极开展工作，要深入贫困地区扎实地搞好调查研究，熟悉所辖范围贫困人口的基本情况，深入分析致贫原因，研究脱贫途径，制定脱贫长远规划和对症下药的脱贫措施。与扶贫办更加紧密地合作与交流，及时了解各种困难，并做出初步决断，制定相应的解决措施。做到因时间和地域的不同制定及时有效的解决方法和措施。扶贫办应该及时了解贫困家庭的实时动态，了解贫困人口所在地各种基础设施，协调相关部门最大限度地投入建设相应基础设施。财政部门应该充分加强与国资、政府、市场的联动，发挥财政资金在扶贫中的引导和鼓励的积极作用，解决贫困人口现有困难，加强基础设施建设。税务部门应积极给予贫困人口创业优惠，带动其创业的积极性。此外可通过政策鼓励相应富裕人群带动贫困人群，可在税收上给予一定的优惠，提高贫困人口就业率。可以通过企业培训等手段提高贫困人口自身"造血"能力，实现自我脱贫。农业部门应加强农业技术指导，对贫困户种植作物、养殖方向进行建议。首先从种植（养殖）种类进行规划，实现土地的循环有效利用。其次在提供种植（养殖）技术的同时解决优质种源的供给。此外，通过宣传和实地考察，加强中期的管理。最后运用有限资源为贫困户打开销路。与此同时，加强生态保护建设，加大资源的利用率，开展居民居住环境整治。工商部门可以通过政策给予低收入人群帮助，降低贫困人口申请创办微型企业的门槛。让更多的贫困人群尝试门槛低、技术要求低的行业。工商部门发挥职能，宣传创业、就业优惠政策。国土房管应该及时了解贫困户住宅条件，对符合危房改造条件的个体户进行政策宣传。运用国家现有政策积极改善部分贫困户的住房条件，保障其全家居住安全。一方面，通过土地整治助力扶贫；另一方面，通过地质灾害防治助力扶贫。着力夯实地质灾害防治基础工作，提升防灾减灾工作实效，防止广大农村群众因灾致贫、因灾返贫。

第六节　加强法规制度建设，进一步规范农村社会救助与扶贫开发

一、加强农村社会救助与扶贫领域的立法

我国农村社会救助的相关立法起步晚，发展缓慢，层次较低，还存在着某些法律上的漏洞。尽管出台了《社会救助暂行办法》，但对规范农村社会救助工作仍显不足。因此应制定相应的行政法规、实施细则办法以及部门规章，从法律上规范农村社会救助制度，发挥法律的强制性和权威性，进一步规范农村社会救助与扶贫开发。

1. 推进以农村低保为主的社会救助立法

目前，我国出台的有关社会救助条例及办法缺乏约束力，农村低保与扶贫开发存在诸多不良现象：贫困对象少报收入或瞒报就业事实，低保和扶贫工作人员利用权职弄虚作假，"亲情保""人情保"现象频频出现，等等，大多得不到有效规避和惩戒，不仅有损社会的公平公正原则，侵害真正贫困者的合法利益，也造成了行政机构腐败滋生、国家和社会公共资源浪费。因此，法律法规中有关监督、惩罚条款要具体化、明确化、可操作化，对违规操作、弄虚作假、该退不退的行为要进行追踪问责，加以惩戒，从法律上杜绝类似行为的发生。目前我国社会救助领域立法层次低，大多以条例、规定为主，作用不大，效果不明显。笔者呼吁制定"最低生活保障法"，提高制度的权威性、强制性和稳定性，规范收入核查主体以及低保申请者的权利和义务。

2. 推进扶贫领域的立法

加快扶贫立法，既是我国扶贫开发事业蓬勃发展的客观需要，又是社会各界的多年呼声，更是扶贫对象的强烈期盼，是规范扶贫开发工作并使之有法可依的重要保障。我国扶贫开发立法已经取得了一定的前期成果，体现在三个层面：一是国家层面。如《中华人民共和国少数民族保护法》《中华人民共和国残疾人保障法》《中华人民共和国妇女儿童权益保护法》《中华人民共和国老年人权益保障法》等。在这些法律中，部分条文涉及扶贫开发。但目前还缺乏国家法律法规层面的扶贫开发专项法律。总体来看，立法进展缓慢，与当前我国扶贫开发形势的需求不相符。二是国家部

委层面。如 2005 年 12 月 27 日国家发展和改革委员会 41 号令颁布的《国家以工代赈管理办法》。三是地方层面。如广西壮族自治区于 1995 年 11 月 14 日通过了《广西壮族自治区扶贫开发条例》，湖北省于 1996 年 11 月 12 日通过了《湖北省扶贫条例》（2009 年底修改为《湖北省农村扶贫条例》），重庆市于 2010 年 5 月 14 日通过了《重庆市农村扶贫条例》，广东省于 2011 年 11 月 30 日通过了《广东省农村扶贫开发条例》，甘肃省于 2012 年 3 月 28 日通过了《甘肃省农村扶贫开发条例》。除此之外，还有《内蒙古自治区农村牧区扶贫开发条例》《云南省扶贫开发条例》《贵州省扶贫开发条例》《湖南省扶贫开发工作条例》《四川省农村扶贫开发工作条例》，等等。地方扶贫开发立法发展较快，对指导各地的扶贫开发工作起了重要作用。但是扶贫开发的难点、重点、热点较多，必须靠法律途径来解决。扶贫开发定位模糊也需要依靠法律来明确；扶贫开发难度越来越大，需要依靠法律来解决；扶贫项目资金管理需要依靠法律来加强，扶贫开发工作的主体需要法律来规范，扶贫工作部门的地位需要依靠法律来提高。因此，应尽快出台国家层面的扶贫开发综合性专项法律，统一规范全国扶贫开发工作。

二、明确制度参与者的权利和义务

通过加强社会救助和扶贫开发领域的法规制度建设，确保制度的强制性与权威性，明确政策规划者、执行者、同级部门及农村居民各自的权利和义务，减少彼此的博弈空间。

一是厘清政策规划者与政策执行者的权利和义务。政策规划者要从制度层面进行规划和调控，统筹所辖区域范围内的低保和扶贫政策措施，确定统一的贫困对象家庭收入量化核定标准，确保政策的合理性与可操作性；制定和完善监督机制，加强对政策执行者的监督检查。政策执行者应因地制宜落实政策，结合本地实际对上级政策措施进行细化；明确自身责任，建立"责任到人"制度，确保制度措施落到实处，对失职、渎职行为应从严追究。

二是厘清同级部门间的权利和义务。部门之间的博弈问题可以通过以下两个方面加以解决：一方面建立强制性的制度。县级政府要出台相应规定来引导部门之间的合作，明确各部门在低保制度和扶贫政策中的权利和义务，尤其要赋予民政和扶贫部门一定的权力，确保信息共享，提高收入核查的精准度。另一方面建立协调机制。成立县级贫困对象部门联动审核工作领导小组，由分管县长任组长，民政部门主导，国土房管、公安、工商等部门主要负责人为成员，要求各部门通力合作，提高工作效率。

三是明确农村居民的权利和义务。农村居民有申请、民主评议及监督等权利，但也有配合核查人员的义务。在基层民政部门引导下，充分发挥群众评议在贫困对象调查、收入评估以及档案管理等方面的作用，形成政府管理与群众自治相结合的工作机制。此外，要建立惩罚机制，杜绝申请者的违规现象，提高低保制度和扶贫政策的社会效益。

三、理顺农村社会救助制度之间的关系

统筹低保制度与其他救助制度，理顺关系，使各项制度梯次搭配，形成合力，确保民政各项救助政策有效衔接。为避免救助资源过度叠加，应防止其他救助制度以低保作为准入门槛，不能将多项优惠政策同时捆绑在低保身上。要释放制度红利，让惠民政策惠及更多普通群众，切实化解"福利叠加"附加在低保工作上的压力，从而减少低保争夺和低保滞留现象的发生。除了教育救助、医疗救助等继续作为低保政策的有效补充外，临时救助、重度残疾人生活补贴等其他救助制度应与低保剥离。建立和完善农村低保边缘群体临时救助制度。这类人群比较脆弱，返贫风险较高，因此应提供必要的支持，避免导致"相对剥夺"。应将医疗救助、教育救助、临时救济、法律援助等项目覆盖到这部分人，这样会大大减少低保争夺，消除低保户的退保顾虑。

四、加强贫困对象家庭收入核算制度创新

一方面，可引入第三方机制，实行政府购买服务。引入第三方机制进行公平裁决是当前解决社会问题和社会矛盾的常用办法。可通过政府购买公共服务的方式开展贫困对象家庭收入核算，改变由政府亲力亲为的做法，实现家庭收入核算工作的社会化。政府以招标的方式，委托社会组织（基层自治组织）实施家庭收入核查工作。社会组织对所有低保申请对象进行详细调查及动态管理，运用专业性的核查方法有效整合救助资源，避免了政府行政权力的干预和农村熟人社会关系的影响，既可将政府部门从具体事务中解放出来，又使收入核算保持相对独立，增强收入认定的客观性，提升了核查工作的质量，将救助资源准确地递送给真正需要救助的人，实现"应保尽保、应退尽退"的目标。[①]

另一方面，创新和改进办法，简化农村家庭收入核算。可探索指标代

---

① 李迎生. 社会工作概论［M］. 北京: 中国人民大学出版社，2010: 39-40.

理法，简化农村家庭收入核算。通过创建一套全面反映居民基本生活状况的指标体系，量化贫困状况。变量指标应包括家庭成员状况、家庭经济情况以及家庭财产所有等主要板块，涵盖家庭人口数、收支情况、消费、固定资产等与贫困直接相关的因素，科学、客观、有效测评出农村居民的生活指数水平，从而提高低保对象瞄准和动态监测的精确度。同时，指标代理法还应与入户调查、信息比对、阳光公示、听证评议等方法结合起来，鼓励群众参与监督，避免暗箱操作，有效遏制"人情保"和"关系保"现象，限制执行者的自由裁量权，在制度上使家庭收入核算步入规范化轨道。

第七节　扶志与扶智结合，激发贫困人口脱贫内生动力

习近平总书记2012年底在河北阜平考察扶贫开发工作时指出："贫困地区发展要靠内生动力，如果凭空救济出一个新村，简单改变村容村貌，内在活力不行，劳动力不能回流，没有经济上的持续来源，这个地方下一步发展还是有问题。一个地方必须有产业，有劳动力，内外结合才能发展。"要让贫困人群脱贫，首先得激发其自身想要脱贫的内生动力。习近平总书记提出"扶贫先扶志，扶贫必扶智"。"扶志"，就是要把贫困农民自己主动脱贫之志气"扶"起来，增强他们脱贫增收的主观能动性。"扶智"，就是国家从职业教育、农技推广、信息流通渠道拓展等方面，培育有科技素质、有职业技能、有经营意识与能力的新兴知识化农民，以开拓致富门道，转变农业发展方式。提升脱贫内生动力，扶贫先扶志，这是一个复杂的问题，也是一个系统的工程。要设计合理的制度，避免因制度设计不合理而刺激"等、靠、要"的思想，提供合理的脱贫途径，进行有针对性的帮扶，才能在发展中提升脱贫的内生动力。

一、扶贫先扶志，努力消除"福利依赖"现象

随着我国农村脱贫攻坚进入决战阶段，必须要着手解决一些深层次的问题。对于农村因懒致贫的贫困户，对这部分人的精准帮扶措施不能仅限于生产扶持，而应该将重点放在扶"志"上面。避免出现"养懒汉"的现象，根本是要转变贫困户的观念，消除福利依赖思想。物质扶贫管一时，思想扶贫管一世。尤其是对于低保制度这种"输血式"的扶贫方式，如果

扶志工作跟不上，就会在一定程度上助长"等、靠、要"的依赖思想。如果不能激发贫困户的内生动力，精准脱贫的任务很难完成，即便靠政策一时完成了，返贫概率也很高。从根本上阻断贫困代际传递，就必须要扶志治懒，重点抓好以下几个方面的工作：

一是地方政府要主动作为，抓好扶贫中的扶志工作。贫困地区脱贫要有内生动力，首先是地方政府要有所作为，不能躺在贫困上等着国家和其他地区帮扶，而要主动找到工作差距，采取有针对性的措施。不能消极地等待国家的项目支持，更不能以贫困户素质差、"等、靠、要"思想严重为理由，消极对待扶贫工作。二是加强基层领导班子建设，提升贫困村脱贫内生动力。要强化领导班子建设，把有能力、办事公正并受到群众拥护的人作为村民的带头人，领导大家共同致富。最后才是如何提高贫困户的内生动力。提升扶贫内生动力还需要相应的制度建设。三是着力解决实际问题，为贫困对象参与扶贫项目创造有利条件。不少人批评贫困户有"等、靠、要"思想，主要是因为贫困户没有积极参与政府推动的产业扶贫项目。对于一些贫困户的行为也要具体认识，不要一味地指责他们安于现状，因为发展生产需要许多客观和主观因素，一旦某些因素不具备，贫困户可能就会拒绝参加产业扶贫项目。例如受制于土地分散、自然条件差、技能缺乏等，一些贫困户难以参与扶贫项目，脱贫缺乏有效的途径。因此，解决这些问题需要具体问题具体分析，找出原因并加以解决。四是在扶贫工作中要加强对贫困户的扶贫扶志教育。增加扶志内容，如进行社会主义核心价值观教育，树立正确的荣辱观，培育积极健康向上的精气神。进行自力更生、艰苦奋斗等中华民族传统美德的教育，培育人穷志不穷，穷则思变、穷则思勤的奋斗精神和脱贫的勇气和决心。进行征信知识教育，强化"借钱必还"的诚信意识。中国的开发式扶贫从一开始就着重发展生产，反对扶贫中的"等、靠、要"思想，扶贫先扶志。在全社会倡导自强自立、艰苦奋斗的高尚品质，摈除一些低保户长期存在的"等、靠、要"思想，消除他们对救助政策的依赖心理。特别是对于有劳动能力和发展潜力的低保户，在他们领取低保和享受其他扶持政策期间，要引导他们积极劳动，艰苦创业，一旦收入发生变化或超过保障线，引导他们主动要求降低救助金或逐渐退出扶持政策，努力消除低保户的"福利依赖"现象。五是做好脱贫典型人物事迹的宣传示范。坚持正确的舆论宣传，发挥新闻媒体舆论导向作用，通过舆论和媒体宣传主动退保的先进个人事迹，倡导自强自立精神，批判那些依赖政府救助、好逸恶劳的落后消极思想，摈除"贫困文化"，使公众对低保有一个正确的认识，牢固树立自立自强的观念，摆脱依赖政府的消极思想；在全社会形成倡导自立自强、反对依赖的良好氛围。基层干部要重视脱贫致富带头人的示范作用，在工作中善于发现脱贫典型事迹，营造"我退保、我骄傲"的良好氛围，传递正能量。对于积极主动退出低保政策的家庭，要创造条件和机会进行推广和宣传，比如通过村民大会、政治学习，以及召集全体低保受助人员开展集体讨论等形式，介绍自己脱贫致富退出低保政策的经验和感想。

访谈 7-2

访谈对象：重庆市云阳县宝坪镇桂平村邹某某

访谈时间：2016 年 2 月 21 日

访谈地点：重庆市云阳县宝坪镇桂平村邹某某家中

邹某某，女，19 岁，家住云阳县宝坪镇桂平村。七年前，一场意外让原本生活还比较富裕的一家突然陷入了生活困难的境地。那场意外的经过是这样的：七年前，他们一家一起去二弟的外婆家拜年。晚上，她的爸爸和二弟睡在一个房间，她和奶奶睡在一个房间。外婆因为担心天气比较寒冷，就烧了蜂窝煤放在她的爸爸和二弟的房间里。第二天一早她去叫爸爸和二弟吃饭，叫了半天也没有反应，才发现两个人都已经停止了呼吸。她的爸爸在她一岁多的时候就和妈妈离婚了，后来在深圳认识了现在的这个后妈。爸爸的突然离开给他们一家很大的打击。后来，全家商量后，她和奶奶回了老家，她的后妈每个月寄给她和奶奶 500 元生活费。回到老家后，在村里的领导干部的帮助下，她办了一个低保证，她奶奶办了一个"五保"证。上高中后，因为有低保证，学校每学期都会免除其学费；因为学习成绩优秀，班主任每一年都会把国家的 2 000 元补助评给她。她在读的高中还有一个名叫"依恋阳光"的班级，是一个公益组织专为学习成绩优秀但家庭较困难的同学开办的，每年也有 4 000 元的助学金。这个公益组织平时还会送给他们衣服和书、本子，等等。高考结束后，为了挣点生活费，她去了广东打暑假工。上大学后，她勤奋努力，通过勤工助学、兼职、获取奖学金等来挣取生活费。每年寒假和暑假基本都没有回家，期末考试一结束就在学校附近的工厂、酒店等找了寒假工或暑假工。虽然生活比较困难，但是她从来没有抱怨过，也没有依赖国家的救助和扶持，而是积极勇敢地面对生活中所遇到的一切困难，通过自己的努力战胜困难。

访谈 7-3

访谈对象：重庆市云阳县桑坪镇咸池村李某某

访谈时间：2016 年 2 月 22 日

访谈地点：重庆市云阳县桑坪镇咸池村李某某家中

李某某，男，38 岁，家住重庆市云阳县桑坪镇咸池村。面对贫困，不等不靠，而是通过自己的辛勤和汗水，立志创业，最终脱贫致富。李某某一家 6 口人，原本生活非常艰难，家人都没有文化、没有技术，家庭经济来源全靠传统的农业收入，靠天吃饭。但由于家庭开支大，长期入不敷出。他结婚后，他们家就去做杀猪卖肉这一行当，每一年的收入只能勉强维持家庭开支。2008 年以后，他开始养猪创业。起初的那一年里，没有养猪场，没有资金，也没有技术，但他没有气馁，自己想方设法创造条件。到第二年，养猪场建成，养殖规模达到了几百头猪，还请了几名帮工。在一边扩大规模的同时，他还一边还贷款，一边学习养猪技术。在此期间他遭遇了很多困难：小猪刚出生就死掉，母猪生病死了，市场上猪的价格不稳定，等等。但这些困难他都一一克服了。2017 年，他的养猪场规模达到了 2 000 多头，还在后山增加了养鸡场，规模达 3 000 多只。养殖规模不断扩大，收入也大幅增加，他家不仅彻底摆脱了贫困，还为当地其他贫困人口树立了脱贫致富的榜样。

访谈 7-4

访谈对象：重庆市巴南区双河口镇五台村村主任

访谈时间：2016 年 2 月 22 日

访谈地点：重庆市巴南区双河口镇五台村村委会办公室

我们村在低保制度实施过程中也遇到了许多难题，如低保对象不好确定，有骗保现象发生；普遍反映低保水平偏低，无法切实保障村民的最低生活水平；少数村民素质不够高，对国家惠民政策没有正确的认知；有少数真正需要帮助的人没有享受到低保待遇等。在扶贫开发政策实施过程中也面临一些困难和问题，如因交通不便使得农资产品无法出入；水利设施不能满足生产生活需要；扶贫对象难以确定等。

在两项制度实施过程中，"福利依赖"和"养懒汉"的情况时有发生。我们村有些人并不是真正的贫困，而是"等、靠、要"思想严重，不愿意靠自己的劳动和工作来增加收入，改善生活，而是等着吃政府的救济。我们的解决办法就是对这些人进行思想教育，在确定对象前要进行家计调查，询问周围邻居他的家庭情况是否属实，通过群众评议确定是否享有低保和扶贫资格；对脱贫者及时免去救助或扶持资格；严格操作规程，但又要做到灵活操作，搞好对象识别等。

访谈 7-5

访谈对象：重庆市云阳县新津乡村民王某某

访谈时间：2016 年 2 月 22 日

访谈地点：重庆市云阳县新津乡王某某家中

贫困人口被动等待帮扶思想严重，自身缺乏积极性和自主性。这在重庆市云阳县新津乡也表现得比较突出。但我们在该乡走访过程中，也遇到了靠自身勤奋努力、立志脱贫的农民王某某。他原是新津乡一名普通渔民，没什么文化，就是敢闯敢拼，总是相信通过自己的努力可以过上好日子，而不是靠国家和社会来救济。他认为打鱼的人越来越多，迟早没有出路，于是很早就外出打工从事建筑行业，干一行爱一行，学好一门手艺，几年前就靠自己的努力摆脱了贫困。不仅自己富起来了，还支援家乡建设，捐款修建公路和村民娱乐、文化场所。

当我们跟他交谈的时候，王某某情绪有些激动。他说："与政府不断掀起扶贫高潮、加快脱贫节奏形成鲜明对比的是一部分贫困户消极的脱贫心态。如今的农村产业结构都在积极进行调整。新津乡地处偏远，信息闭塞，经济基础差，且建卡贫困户文化程度普遍不高，导致对新事物认识接受能力有限。一些群众认为政府的钱不拿白不拿，擅长与周边的人比谁更穷，一些群众不以贫困为耻，反而以享受政策救助和扶持为荣，吃着低保拿着补贴相互攀比。村民们也缺乏收入的能力和手段，对于脱离贫困没有信心。很多村民对现在的生活感到满意，一直待在山沟沟里，周围人都差不多，谈什么致富脱贫？根本没有对脱贫这个问题有深刻的认识。所以政府给补贴其实作用是很有限的，发的钱很多被用于喝酒打牌。这是一个观念的问题，因此重要的是转变思想观念。要知道，现在已经不是过去了，不是自己一个人埋头苦干种地的时代了。我给村民宣传，让他们跟我去做建筑，虽然苦点累点但绝对比种地强，但还是有人不愿意出去。留在家里务农，就那么几分地，养家糊口都难。所以出去打工不是坏事，去看看大城市，见见世面长长见识。现在很多跟我出去的人都说要多挣点钱培养下一代读书念个大学，找个体面点的工作，不用再像我们一样干一些又脏又累的活。观念是最关键的问题。要敢试，要敢闯，只要找到合适的项目，敢于担风险，就可以脱贫致富。"所以，扶贫重在扶志，必须从转变群众观念入手，加强宣传教育，做好思想上的扶贫工作，让贫困户认识到自力更生的重要性。

二、扶贫必扶智，增强贫困人口自身发展潜力

"授人以鱼不如授人以渔"。扶智就是扶知识、扶技术、扶思路，帮助和指导贫困群众着力提升脱贫致富的综合素质。如果扶贫不扶智，就会知识匮乏、智力不足、身无专长，甚至造成贫困的代际传递。2018 年 1 月 2 日，中共中央、国务院发布了《关于实施乡村振兴战略的意见》，明确提出，要"汇聚全社会力量，强化乡村振兴人才支撑"。实施乡村振兴战略，必须破解人才瓶颈制约。要把人力资本开发放在首要位置，畅通智力、技术、管理下乡通道，造就更多乡土人才，聚天下人才而用之。① 要实现精准扶贫，在一定程度上说教育扶贫是根本，是变"输血"为"造血"的最有效手段。通过完善农村教育体系，通过基础教育、成人教育和技能培训等多种方式提高贫困对象的人力资本储量，增强其市场竞争力，防止贫困的代际传递，使贫困对象适应市场变化的需要，获得可持续的发展能力，逐步摆脱贫困。针对农村贫困人口脱贫致富内生动力的短板，目前扶智应主要抓好以下几个方面的工作：

1. 抓好农村基础教育

其一，加大教育投入。教育是人才资源开发的基础，贫困地区一个共同的特点是教育落后，尤其是我国西部地区教育发展滞后。其中一个重要原因是投入不足，教育资源有限。教育是一种公共产品，应当由政府承担责任。各级政府应不断加大对农村教育的投入，积极推动社会投资办学，不断推进教育经费来源的多元化和社会化。通过充足的经费，完善农村学校校舍，改善教学条件和设施；不断提高教师的工资待遇与薪金补贴，提高农村教师的教学积极性，激发教师的教学热情；加大对西部贫困地区学生的政策补贴力度，巩固实施农村家庭贫困学生"两免一补"；加大贫困地区教育救助力度，努力扩大教育救助范围，等等。

其二，提高农村学校师资水平。一是推进农村教师的双向流动。不断完善城乡教师交流机制，带动和促进农村教师的成长；实行农村新任教师留城区学校锻炼培养制度，培养锻炼期限为一年，锻炼培养后到原分配农村学校任教；实行农村学校服务期制度，服务期内不得办理调动手续，推进教育资源的合理配置和农村师资队伍的相对稳定。二是实施农村特岗计

---

① 中共中央 国务院关于实施乡村振兴战略的意见［M］. 北京：人民出版社，2018.

划，根据需要招录紧缺学科教师，充实、加强农村中小学师资队伍，并根据学校实际和教师年龄、学科、职称结构，合理调整配置教师资源。三是加强对农村教师的培训和深造。农村普遍信息较闭塞，农村教师接受培训的机会较少，教育理念、教学方式方法等都与城市的教师有一定的差距。应提供更多的培训机会，不断提高农村教师的专业素质和教学水平。

因此，要紧紧抓住教育扶贫这个根本。扶"钱"不如扶"智"，扶"今天"更要扶"明天"。让贫困地区的孩子们接受良好教育，阻断贫困代际传递，这是贫困地区脱贫致富的根本之策。要加大资金支持力度，实施教育扶贫，统筹中央、地方财力向教育脱贫任务较重的地区和定点村倾斜，打好教育脱贫歼灭战。推进"教育精准扶贫行动计划"，采取免、减、奖、贷、助、补等多种方式，确保每个贫困孩子在各个教育阶段"有学可上""上得起学"，不让一名贫困孩子失学，不让贫困孩子输在起跑线上。

2. 大力开展农村劳动力技能培训

一是实施新型职业农民培育工程，全面建立职业农民制度。在当前形势下，80后、90后劳动者中，虽然文盲人数少，但真正有文化、懂技术、会经营、愿务农的却十分少。要着力提高农村劳动者素质，使其实现从经验型向知识型、从单干型向组织型、从身份型向职业型、从被动型向主动型转变。实施新型职业农民和农业专业技术人才继续教育制度。制定优惠政策，引导城市电子商务从业者返乡创业，鼓励电子商务职业经理人到农村发展，从而带动农村贫困人口脱贫致富。

二是全面推进"科技入户"工程。通过各种方式的培训，加强对农村合作组织带头人、农民经纪人、种养大户、返乡农民工和村干部的培训，提高农民的专业技能。加强乡（镇）农业技术推广、农产品质量监管、农村经营管理、农业信息服务能力建设，提高农业公共服务水平。

三是基层政府要认真组织，力求实效。培训要因人而异，精准施策。基层政府要深入农村开展培训前的调研，充分了解贫困群众所思所盼、所需所求；要制订详细的培训计划，培训的组织者、培训时间、培训课程内容、培训专家的聘请、培训经费预算等都要做出详细的安排；培训要符合实际，要符合本地产业发展需要，符合贫困群众文化程度，根据贫困群众的实际需求量身定制、量体裁衣，真正发挥培训立竿见影的功效；培训形式应多样化，既要注重"引进来"，聘请外地专家现身说法，也要组织贫困群众"走出去"开阔眼界，开展各种形式的考查和学习。既要有针对性地培训致富知识和技能，也要让贫困群众在培训过程中增长见识、提升本领；加大培训资金支持力度，改善培训环境和条件，利用多媒体、网络等现代化的培训手段，提高培训效率；加强对需要参与培训的农民进行宣传和引导，帮助其克服畏难情绪，树立信心；加强对培训过程的控制和监督，充实课程内容，拓展培训方式，注重培训的针对性和实用性。

典型案例7-7 陕西省榆林市横山区把培训班办在田间地头

榆林市横山区根据精准脱贫的要求，加强贫困劳动力就业创业培训，培训班办在田间地头，确保贫困家庭劳动力至少掌握一门致富技能，实现全区有培训需求的贫困劳动力技能培训全覆盖。

按照有培训意愿且符合受训条件的建档立卡户贫困劳动力，重点是在册贫困劳动力，尽可能接受一次技能培训的要求，区劳动服务科加大农村实用技能培训力度，提高贫困劳动力技能，提升其就业竞争力，将农村实用技能培训延伸到全区各乡（镇）、街道办事处，聘请行业内专家进行授课，将设备搬进乡村田间地头，开展种植业、养殖业、园艺栽培等工种的培训，对结业学员及时进行鉴定，颁发培训合格证书，从而实现送技能下乡、进村、入户。

根据农村劳动力缺少集中时间参加培训的实际情况，利用农闲时间，采用送培训进镇、入村、到田间地头等更加灵活的方式进行培训，使农民务农、培训两不误，实现就地就近开展培训，方便受训劳动力。通过进村入户、走访调研等形式，详细了解群众技能需求后，结合全区不同镇（村）发展的不同产业以及村情村况，按照贫困劳动力培训意愿和市场需求，有针对性地制订了培训工作计划。区人社局出台了《关于全区农村贫困劳动力就业创业培训计划的通知》，规范了培训工作，提高了培训质量。

针对受训劳动力普遍文化水平低的特征，为增强其针对性和实用性，侧重培训周期短、易学易会、脱贫增收见效快的"短平快"实用技能。对不能外出务工的贫困家庭劳动力，区劳动服务科专门编制了《横山区农村科技实用技术汇编》教材，开展种植业、养殖业、园艺栽培等农村实用技能培训，方便其居家灵活务农就业创业，真正努力实现"创业一人、带动一片、致富一方"的良好社会效应；对有意愿外出务工的贫困劳动力，也专门编制了《城乡富余劳动力转移就业服务指南》教材，开展进城务工知识培训，力争真正实现"培训一人、输出一人、脱贫一户"的扶贫目标。落实贫困家庭劳动力免费培训政策，及时兑付了技能培训补贴。区劳动服务科对包括参加培训的在册贫困劳动力、建档立卡贫困劳动力给予培训交通补贴和伙食补贴。通过一系列措施，做到了因材施教，围绕产业讲技术。

（资料来源：根据课题组调查人员访谈记录整理）

3. 营造良好的农村人才成长环境

良好的环境是保证广大农村人才健康成长的基础。通过多种渠道大力宣传农村创业、就业优秀人才，弘扬他们的先进事迹和突出贡献，通过树立成功典型、强化优秀人才的示范效应，在当地形成普遍的关心农村人才、尊重农村人才的良好氛围。对那些成绩突出的农村人才，在思想上和政治上加强引导和教育，优先列为党员发展对象，优先选配为村支两委班子成员，优先推荐为各级人大代表、政协委员。通过营造良好的环境，为农村人才培养和创业开辟更广阔的发展空间，助推农村人才队伍建设。

4. 搞好农村劳务输出

农村劳动力外出务工是农村增收致富的一个重要途径。通过对劳动力进行普查，建立农村劳动力信息档案，加大对劳务输出的引导和宣传组织力度，通过发布劳务信息、组织输送和鼓励亲戚朋友带动等方式，做好政府服务，为农村劳务经济工作提供有力的保障。通过开展建筑工人技能培训、特色产业实用技术培训等受老百姓欢迎的学习培训方式，加强农民工劳动技能，学习一技之长，打造智能型、技术型人才，提高劳务输出质量，使民工"走得出去、赚得到钱"，增加农民收入。

第八节　注重过程控制，加强对农村低保与扶贫对象动态管理的监督

一、加强动态管理过程控制，层层落实责任

各级民政和扶贫工作人员作为贫困对象动态管理的主导力量，应严格履行职责，加强对动态管理过程的控制。

一是责任要落实到位。明确民政和扶贫部门在动态管理过程中的职责，加强部门之间的联动与合作，通过召开专题会议，部署低保与扶贫对象动态管理工作，制定工作方案，逐一分解工作任务，并督促落实。按照"自己的孩子自己抱"的原则，将任务细化到相关部门和乡（镇），各司其职，各负其责。防止出现乡（镇）推部门、部门推乡（镇）的情况发生，确保每一类数据、每一项工作都有责任单位核实、整改、汇总和上报，每一户新增对象致贫原因都有行业部门专业评判。各（乡）镇人民政府与县级扶贫攻坚领导小组签订承诺书，承诺本乡（镇）在贫困对象动态管理过

程中无错评、漏评、违规现象，凡出现一例，乡（镇）主要领导、分管领导、联系村领导、驻村工作队长一并问责。通过层层落实责任，加强过程控制，使得动态管理工作有序推进。

二是加强业务指导。为防止出现错评、漏评等不公平现象，在贫困对象识别过程中的数据核实、建档立卡、动态监测等工作，县级民政和扶贫部门要加强对乡（镇）工作人员的业务指导，乡（镇）扶贫部门要加强对村级工作人员的业务指导。可召开乡（镇）及卫生、人社、民政等行业部门分管领导、业务人员、驻村工作队队长等参加的业务培训会，对动态管理工作的操作流程、工作要求进行全面系统培训，确保所有参与动态管理工作的人员思想认识到位，吃透政策，熟悉业务。县级民政和扶贫部门可确定数名业务专干，分批、分片深入乡（镇）开展一对一的业务指导，对贫困对象及时进行核实，准确锁定对象，及时解答其在工作中遇到的各类问题，防止基层工作人员误操作、乱操作。

三是加强各部门统筹协调。县级扶贫攻坚领导小组应就加强各部门的协调配合进行统筹安排。如在识别贫困对象时，统筹协调各方力量，在全县范围展开拉网式清理核查，做到"乡不漏村、村不漏户、户不漏人"。各部门在各自业务范围内，按照贫困户"两不愁三保障"等各项指标的要求，逐一核实，逐一整改。如人力资源与社会保障部门应加强对未参加城乡居民合作医疗保险的建档立卡贫困户进行核实，并落实相关扶持政策；教育部门应核实因学致贫的贫困户，并按要求落实相应的教育救助措施；县级扶贫办应配合住建部门对贫困户住房问题进行逐户核实，对情况属实的应及时落实住房整改措施；县级审计局对所有新增贫困对象户购房、购车、经商办企业、是否属于财政供养人员等方面进行全面比对，防止出现新的"冒名顶替"现象，确保"应保尽保，应扶尽扶"。

二、构建全方位监督体系，确保政策公开透明

一是县级扶贫攻坚领导小组要加强督导和巡查。县级扶贫攻坚领导小组要建立常态化的督导和巡查机制，通过定期召开联席会义，督导各部门具体落实动态管理相关工作，并对落实情况开展巡查。如在对象识别过程中，督导各部门清理核实入户调查数据，对所有问题数据或公示有异议的贫困户，要再次核实，落实整改责任，在规定时间内整改到位；在动态考核过程中，对于乡（镇）锁定的新增贫困对象，要进行全面核查、逐户会审、乡（镇）核实的程序，层层审核把关，防止出现错评漏评。县级扶贫攻坚领导小组应将贫困对象入户调查数据核实和动态考核作为督导和巡查

工作的重点内容，并可组建督导巡查暗访组，针对贫困对象识别的程序、对象识别的精准度、动态监测以及数据清理核实和整改效果进行明查暗访，对工作敷衍塞责、推进不力的乡（镇）和部门予以通报问责，对工作中发现的各类问题，要求立即进行整改。

二是加强审计监督。这主要包括以下几个方面的内容：农村低保和扶贫资金预算（计划）执行情况和决算的真实性、合法性，预算（计划）调整的真实性、合法性；征收、管理农村低保和扶贫资金的政府部门及其经办机构按照法律规定，执行征收农村低保和扶贫资金项目、标准的准确性和完整性；管理农村低保和扶贫资金的政府部门及其经办机构是否及时、足额地支付农村低保金和扶贫资金；农村低保和扶贫资金的管理和运营是否安全，是否合规、有效；管理农村低保和扶贫资金的政府部门及其经办机构内部控制制度的健全性、有效性；其他需要审计的内容。

三是加强社会监督。设立由村委会及村民代表、低保和扶贫工作人员以及有关人员组成的社会监督机构（或者群众监督小组），监督低保和扶贫工作的各项程序是否公正、透明，以及低保和扶贫资金的管理情况。此外，新闻媒体能够以其信息传递上的公开、迅速、广泛，对监督客体产生巨大的政治压力、社会压力和监督效应，因此，还应加强新闻媒体的舆论监督作用。尤其是在确定低保和扶贫对象时，要公开征求群众意见，充分发挥听证评议会的作用，最大限度地倾听民意。要坚决杜绝依靠"裙带"关系不正当获得低保与扶贫待遇，细化并明确申请工作所必须要经过的手续，做好各申请人信息的登记及核查工作，防止有不符合条件的人钻漏洞。将初步确定的低保与扶贫对象相关信息及时向社会公布，让广大群众共同进行监督。同时要加大低保与扶贫政策的宣传力度，充分利用广播、电视、网络等媒体或采取印制宣传小册子，进村入户，让广大群众清楚各项惠民政策，提高政策与制度实施的透明度。

四是制定适合当地的乡规民约，加强道德约束。结合社会主义核心价值观，整理具有地方特色的乡规民约，将扶贫政策相关要求写入其中。如，贫困户有以下行为之一，应自动退出贫困户行列：大操大办婚丧宴请；酗酒、赌博、借高利贷；子女无故辍学；拒缴、推缴新农保、新农合资金；参与非法宗教活动、暴恐活动；信谣、造谣、传谣，传播暴恐录音视频；漏报、瞒报、错报家庭基本信息；出国旅游等。将乡规民约在辖区内公告，并可组织广大群众学习，从思想道德层面加以引导，杜绝"骗保"现象的发生。

访谈 7-6

访谈对象：陕西省渭南市临渭区官路镇云祥村村主任
访谈时间：2016 年 2 月 28 日
访谈地点：陕西省渭南市临渭区官路镇云祥村委办公室

对于低保和扶贫对象动态管理，我村按照上级文件精神不断落实，扎实推进各项工作。比如我们建立了比较完善的民情档案，包括全村农户的政治面貌、婚姻状况、文化程度、从业情况、家庭收入、住房情况、联系电话、家庭类型、主要社会关系等。对于贫困对象，信息更加详细，包括发展及帮扶计划、联系结对情况、主要困难及问题等。村委工作人员通过定期入户调查，了解详细情况，然后及时更新档案内容。

当然，在对低保和扶贫对象进行动态管理时，遇到的难题也不少。有些人隐藏实情，找关系，给我们的压力也很大。一些贫困对象故意隐瞒实情，使我们不能及时了解其家庭情况。部分群众对低保政策认识有偏差，抱着一种低保是国家的钱，你要我要大家都想要的思想，把国家的惠民政策当成"免费的午餐"，因此，福利依赖和养懒汉的情况也有少量存在。少数群众不履行赡养义务，将老人另立门户，要求享受低保。

为了避免这些不良现象的发生，我们村委会加强日常监督，将扶贫和低保信息及时公开，让大家充分了解，提出意见，接受监督。对已经脱贫的人员，要逐渐取消政策倾斜；对弄虚作假的，要追究相关责任；对试图靠"走后门"获取低保和扶贫待遇的，我们要及时制止；对不思进取、"等、靠、要"思想严重的农户，我们及时对其进行思想教育，整顿民风。

三、加强政策宣传，强化正面引导

由于制度本身存在缺陷，因此被"懒汉"钻了制度的空子，使得有限的政府资源被挤占，进而造成了资源的浪费，而这一不正之风非但没有减弱，反而有越刮越烈的趋势。在这样的情况下，应加强社会救助制度与扶贫政策的宣传，强化正向引导，帮助贫困人口树立正确的脱贫意识。

一是要大力宣传实施两项制度的重要意义，宣传党和国家关注民生的执政理念，让人民群众尤其是困难群众进一步感受到中国特色社会主义的优越性，在共享改革发展成果中增强生活的信心和战胜困难的勇气。要通过广播电视、报纸杂志、网络等各种方式，广泛宣传两项制度的政策规定，使人人知晓、户户明白。要适时宣传各地的好经验、好做法和好人好事等，使两项制度在社会的关心和支持下健康有序地发展。

二是强化"进入有约束，退出有激励"的原则。政府在制定和宣传低保与扶贫政策时，应该秉持"进入有约束，退出有激励"的原则，并在宣传当中，努力强化制度的正向激励效果，让民众清楚地认识到：只有提高自己的能力，努力摆脱贫困的头衔，才能得到政府更多的关注，从而在政府资源的分配中享受更多的份额；而长期和仅仅依靠政府有限的资源来生活的人是不幸福的，只有摒弃传统"等、要、靠"的思想，努力发展自我的能力，从而退出低保和扶贫机制，才能使得自己的生活变得幸福和美好。

三是区别对待资助和扶贫对象。对于贫困对象，政府不能一视同仁，而要区别对待。对于那些有意愿发展自我并且积极寻求机会摆脱贫困头衔的人群，政府应该重点关注并把更多的资源分配给他们；而对于那些消极"集、靠、要"的贫困对象，政府应予以正确的引导，始终不悔改者，应适当降低其分配的比例，从而用这种强制的手段来引起消极贫困者的注意并引导其走入正轨。

四是积极促进贫困人口就业。积极促进就业一方面可以减少政府扶贫资源的支出，另一方面也可以促进社会财富的增长。因此促进就业能够有效地疏浚两项制度的机制出口，引导贫困者走出贫困圈。在促进就业的工作中，应该重点考虑有劳动能力的贫困对象，把解决有劳动能力的贫困对象的就业问题作为促进就业的重要问题，以帮助他们增加收入、建立自信来使他们及早脱离贫困。具体措施有：①多形式开发适合贫困对象就业的社区岗位，如市容整治、河道管理、平地造林、社区安全、防疫防灾、特殊困难群体看护等，使福利安排转化为生产性的就业津贴。②通过完善资金扶持、税费减免、贷款贴息等措施，鼓励和帮助有潜质的低保和扶贫对象（主要是低保对象）自主创业，并在同等条件下，政府对其产品和服务实施优先采购。③给予企业优惠政策，限制企业对贫困对象的歧视，通过企业来促进就业。当然在促进就业方面，制度上也应该设置一些激励措施，如一旦家庭收入超过相应的标准，其待遇可以继续保持适当的时间，这样贫困对象才能无后顾之忧地安心就业。

四、加强对动态管理工作的考核，加大奖惩力度

一是将农村低保和扶贫工作列入"民生工程"目标考核，细化动态管理目标。县、乡两级政府可通过签订"民生工程"责任状，逐级进行考评。县级政府可将农村低保和扶贫工作纳入"城乡低保建设先进乡（镇）"和"扶贫开发先进乡（镇）"考评体系，每年安排一定的专项资

金对先进乡（镇）进行奖励。同时制定低保和扶贫工作责任制和责任追究制，明确各级各类人员责任，实行"谁评议、谁负责""谁审批、谁负责"，将责任落实到评议、审核、审批等每一个环节，发现"该进不进、该退不退"和"进入人情化、退出扩大化"现象的，将启动问责机制，严肃追究乡（镇）主要领导和相关责任人的责任，并在年度考核中实行"一票否决"，确保低保和扶贫工作公开、公平、公正。

二是在完善相关法律的基础上，加大法律惩处力度。对农村低保和扶贫实施中的违规行为，如骗保、滥用、挪用低保资金等行为，要依法严格追究相关责任，用法律的权威维护制度的公正。财政、审计、民政等相关部门要形成联动机制，对农村低保资金进行追踪检查，对检查中发现挪用、挤占及其他非法用途的，要严肃处理，坚决遏制农村低保参保过程中的"人情保""关系保"等不正当现象，使低保和扶贫走向规范化。

三是建立农村低保和扶贫工作奖励制度，激发公众参与热情。县、乡两级政府要制定和完善详细的农村低保和扶贫工作奖励办法，设立奖励专项资金。一方面，通过年度考核，对于脱贫攻坚工作尤其是贫困对象动态管理工作突出的部门、乡（镇）以及村（居）民委员会，要给予一定的奖励，并在辖区内广泛宣传和组织学习，树立榜样，激发工作热情；另一方面，对于群众据实举报和揭发农村低保和扶贫工作中的违规行为，对纠正不良风气、规范农村低保和扶贫工作以及挽回损失等起到积极作用的人员，应给予一定的奖励，鼓励群众参与监督，维护制度和政策的公平性。

典型案例 7-8　湖北省巴东县加强城乡低保监督工作

为进一步规范全县城乡低保工作，促进社会公平，巴东县民政局建立城乡低保举报奖励制度，鼓励群众参与低保监督。所有公民均可对违反城乡低保制度管理规定的工作人员、低保对象进行举报。

第一，发现下列行为可以举报：

低保工作人员有下列行为的：从事低保工作人员本人享受低保；其近亲属违规享受低保；滥用职权平均分配低保金、采用轮流坐庄评定低保、"冒名顶替"骗取低保等违规行为；贪污、挪用、扣压、挤占低保金；为低保对象提供虚假单（票）据，出具虚假证明；其他违反城乡低保管理规定的行为。

低保对象有下列行为的：3 年内修建自有住房、按揭或全款购买商品房（不含因灾重建、排危、国家基础设施建设拆迁房屋）或高标准装修现有住房（家庭发生重大变故，造成家庭基本生活困难的除外）、家庭拥有两套以上住房（不含 C、D 级危房），且人均住房面积超过我县人均最低住房保障标准 3 倍以上；家庭拥有机动车辆（享受燃油补贴的残疾人机动轮椅车、普通两轮摩托车除外）、船舶、工程机械以及大型农机具；拥有出租或自营的商业门面、店铺；低保保障人员同时享受养老保险待遇；有证券投资或其他较大金额交易行为；放弃法定赡养、抚养、扶养费及其他合法收入；有赡养（抚养、扶养）义务人为财政供养的国家工作人员；赡养（扶养、抚养）义务人家庭成员拥有汽车、大型机械、两处以上房产或注册资金 5 万元以上企业；家庭成员中有人择校就读、出国留学；消费水平明显高于当地一般水平且好逸恶劳；家庭经济状况好转，不主动告知户口所在地乡（镇）人民政府、街道办事处办理变更手续，继续享受低保待遇；将本人《低保证》转借给他人使用；采用虚报、隐瞒、伪造等手段骗取最低生活保障金；其他违反低保政策规定的行为。

第二，奖励原则：

对举报人的奖励，实行一案一奖制；同一案件的举报只奖励一次，不重复奖励；两人以上（含两人）联名举报，按一案进行奖励，奖金由举报人自行协商分配；举报人一次性掌握同一单位的数个违规行为分次举报的，只可获得一次奖励；多人举报同一案件的，以奖励最先举报人为主；其他举报人若提供新线索，并经查实的，可给予奖励；县民政局低保中心在对举报案件的调查过程中，如发现新的违规主体或被举报人存在新的违规行为的，不再另行给予举报人奖励。

第三，奖励金额及领取方式：

对举报人的奖励采取支付现金的方式。按照案值金额大小，一般案值给予 100~500 元奖励，案值特别大的最高奖励金额可达 1 000 元。举报人接到奖励领取通知后，凭本人身份证到县民政局低保中心填写《城乡低保举报奖励金领取表》，领取奖金。举报人自收到奖励领取通知之日起，三个月内未领取奖金的，视为自动放弃。

第四，举报方式：

举报人可采用来访、来信、来电或者通过互联网等多种形式进行实名举报，举报事实应当清楚，须提供被举报人不符合低保条件的书面证据，并提供举报人本人姓名、身份证号码、工作单位、家庭住址、联系电话等有关情况。若两人以上联名举报，应分别表明各自上述情况，以便查验兑现奖励。对借举报之名故意捏造事实诬告他人或进行其他不正当行为的，依法追究法律责任。

（资料来源：根据课题组调查员访谈记录整理）

第九节　抓好脱贫"两轮驱动"，
进一步强化两项制度的有效衔接

2009 年，国务院向扶贫办、民政部发布了《关于开展农村最低生活保障制度与扶贫开发政策有效衔接试点工作的通知》（国办发〔2009〕1 号）。2010 年 5 月 7 日，国务院办公厅转发扶贫办等部门《关于做好农村最低生活保障制度和扶贫开发政策有效衔接扩大试点工作意见的通知》（国办发〔2010〕31 号），提出要把反贫困战略与农村低保制度有效结合起来，尤其强调要加强对贫困对象的动态管理，实现贫困对象的有进、有出，实现"应保尽保、应扶尽扶、应退尽退"的目标。2014 年 2 月 21 日，中华人民共和国国务院令第 649 号公布了《社会救助暂行办法》，从法律上确立了社会救助的地位和作用、基本原则、责任主体、制度安排、基本程序等，明确了社会救助行为规范，是社会救助事业发展新的里程碑，为实现贫困对象动态管理，加强政策之间的衔接提供了更权威、更可靠的制度保障。

实现农村低保和扶贫开发政策有效衔接，是确保我国 2020 年实现"绝对贫困现象基本消除"奋斗目标的重大举措，同时也是做好新时期扶贫工作的必然要求。实现两项制度有效衔接，是完善国家扶贫战略和政策体系的重大实践，对于充分发挥两项制度的扶贫功能，保障农村贫困人口的基本生活，提高贫困人口的收入水平和自我发展能力，稳定解决温饱并实现脱贫致富，确保农村贫困人口共享改革发展成果等，都具有重大意义。

近年来，多地出台了促进农村低保与扶贫制度运行衔接的规范与意见，如重庆市 2010 年下发了《关于做好农村最低生活保障制度和扶贫开发政策有效衔接工作实施意见的通知》，先后就如何推进农村低保工作以及抓好两项制度的有效衔接，做出了具体规定，也明确提出要加强对低保和扶贫对象的动态管理。就如何加强两项制度的有效衔接，搞好农村低保与扶贫开发对象动态管理，各地在制度和措施方面都进行了有益的探索，取得了一定的成效。同时，也面临了诸多问题和挑战，如：两项制度由于衔接不够，缺乏对贫困对象的同步调整；一些地方对贫困对象的定期考核流于形式；部门之间缺乏联动，导致贫困对象信息难以共享；受助人口退出保障难，致使"贫困陷阱"和"福利依赖"现象难以根除，等等。这些问题不及时解决，就会削弱制度的公平性，降低两项制度的运行效率。

一、扎实抓好农村低保与扶贫对象识别过程的衔接，确保对象识别精准

两项制度衔接的核心是完善贫困人口的识别机制。首先，要逐步统一贫困人口及扶贫对象统计口径。在实践过程中应积极探索出行之有效的方法和措施，如成立由统计部门牵头，加上扶贫和民政两个部门共三个部门组成的贫困人口认定与统计小组，具体组织实施认定统计工作。其次，要同步识别对象。各部门在对象瞄准过程中要力求统一组织、统一实施，使农村低保和扶贫对象识别工作在时间和程序上同步进行，确保贫困对象瞄准"不脱靶"。要严格按照申请、收入核查、民主评议、审核审批和民主公示的步骤，确保瞄准过程的公平、公正。对已核实的农村低保对象，县级民政部门复核时，要主动配合县扶贫部门将其中有劳动能力和申请意愿的贫困对象纳入扶贫范围。再次，加强对对象识别过程的宣传和引导。民政和扶贫部门加强协作，通过悬挂横幅、张贴标语等形式，广泛宣传两项制度衔接的有关政策，包括两项制度各自的扶持对象、标准、扶持措施等，使贫困对象明白自己是属于低保人口还是需要扶贫的人口。同时通过宣传，明确标准和严格申请程序，克服农村广泛存在的平均主义思想，杜绝"有福同享""轮流坐庄"等大锅饭思想，真正做到"应保尽保"，防止有限的扶贫资金落入富人的口袋，避免"穷人落榜，富人戴帽"的现象。

二、加强扶持措施的衔接与配合，确保施策精准

从政策目标来看，农村低保与扶贫开发都是消除农村贫困的制度安排。二者相辅相成，低保制度是一种"输血式"扶贫，关注的是贫困人口的生存权，是对扶贫开发的有效补充；扶贫开发是一种"造血式"扶贫，关注的是贫困人口的发展权，是对低保制度的提升与发展。因此，在具体的扶持措施上，要力求农村低保对象的应保尽保，按时足额发放救助金；而对于扶贫对象，则要根据不同情况，加强专项扶贫和行业扶贫等扶持政策的落实。如引导扶贫对象发展产业项目，加强小型基础设施项目的规划，对纳入搬迁规划和危房改造的给予补助，为扶贫对象提供信息及技术服务，为扶贫对象提供小额贷款等。在扶持措施上，两项制度应该加强衔接与整合，注重扶持政策的针对性。

具体来说，一是应解决目前农村低保的资金短缺问题。两项制度的资金来源虽然不同，但在资金使用上，目前可将扶贫资金中财政投入的部

分，转作农村低保资金，解决农村低保资金瓶颈问题。这样不仅会提高扶贫资金的使用效率，使农村尤其是西部农村地区仍处于赤贫的农民尽快获得基本的生活保障，也有利于建立农村社会救助的长效机制。二是完善两项制度交叉重叠部分的贫困农户扶持措施。既要克服实践中把交叉重叠部分的贫困农户即有劳动能力的贫困农户简单地列为低保对象，防止低保中广泛存在的"负激励"问题——"养懒汉"现象①，又要避免对这部分贫困农户的扶持措施缺乏针对性。应根据贫困人口的分布状况，采取因户制宜的帮扶措施，加强扶持措施的衔接与整合。如，对于因病、智障、年老体弱、丧失劳能力、生存条件恶劣等原因造成生活常年困难的农村贫困人口，应将其列为低保对象，提供稳定的最低生活保障；对于有劳动能力但无生产条件和生产资料的农村贫困户，要把扶持的重点放在其发展能力培育上，对其加强劳动技能培训和转移就业，提供资金支持，采取多种类型的种植、养殖业开发扶持，加大财政扶贫资金贴息贷款规模，努力为低收入困难群众寻求产业支撑，推动有劳动能力和发展潜力的低收入困难群众参与产业开发等。此外还应向他们提供多方面的支持条件及相应的配套措施，增强其自我发展能力，使其逐步摆脱贫困。②

三、搞好管理层面的衔接，确保两项制度顺畅运行

1. 规范建档立卡，建立扶贫信息共享平台

抓好建档立卡工作是两项制度实现动态管理的基础。贫困的发生有诸多不确定因素，一些贫困户、低保户通过扶持发展能脱贫，一些非贫困户、非低保户也可能因病、因灾致贫，一些贫困户、低保户脱贫后因各种原因可能返贫。因此，贫困对象识别与瞄准也是一个动态的过程，这就需要规范建档立卡，建立完善的信息共享平台。通过信息共享，可以准确锁定低保和扶贫开发对象的交叉对象，确保"应保尽保、应扶尽扶、应退尽退"。在建档立卡过程中，应规范工作流程。如在村民投票表决确定农村低保和扶贫开发对象的基础上，可实行"五保户"、绝对贫困户和低收入户这三类人员同时建卡，按照县、乡（镇）、村三级建档。同时建立有效的贫困人口动态监测机制，每年年初根据上一年度本地农民人均收入增长水平和贫困发生率，确定减贫和返贫指导数，然后将指标分解到各乡

---

① 李庆梅，聂佃忠. 负所得税是实现扶贫开发与农村低保制度有效衔接的现实选择 [J]. 中共中央党校学报，2010（10）：25.

② 段应碧. 中国农村扶贫开发：回顾与展望 [J]. 农业经济问题，2009（11）：7-8.

（镇）、村、组，通过群众投票确定贫困对象。待群众对公示名单无异议和相关部门审核无误后，由乡（镇）工作人员为三类人员建档立卡，使得部门之间的资源能够充分共享，也有助于分类施保和按需帮扶工作的开展。①

2. 整合扶贫资金，发挥扶贫资源的聚集效应

在两项制度的衔接过程中，扶贫部门应主动与其他涉农部门加强沟通，构建一个分工明确、定期协商、共同监督、协同推进的两项制度衔接工作机制。通过各种方式，引导农业、林业、水利、教育、人口计生等部门的扶贫资源向农村贫困人口倾斜，按照"统一规划、统筹安排、各负其责、互相配套、形成合力"的原则，科学合理使用各项涉农扶持资金，实施社会化"大扶贫"战略。各部门应明确职责，密切配合。具体来说，民政部门要积极配合扶贫部门加强交叉对象扶持政策的落实；财政部门要提供资金支持，落实整村推进、产业化扶贫、移民扶贫、劳动力转移等扶持项目，要做好扶贫资金的管理和监督；水利、交通等部门要配合做好农村基础设施建设；统计部门要及时提供贫困监测数据，积极参与测定扶贫相关指标。另外，县级政府应加强对两项制度的领导与督促，明确各部门的工作目标和职责，制定两项制度衔接工作的考核和评估办法。

3. 强化贫困对象动态考核的衔接，实行同步调整

在低保和扶贫对象动态考核方面，民政和扶贫部门要采取多种形式，加强衔接。可定期或不定期地了解农村低保和扶贫对象的生活情况，同步开展入户信息采集工作，查准农户和贫困对象的基本情况，形成详实的扶贫基础档案。根据农户和贫困对象家庭收入变化情况及时更新档案数据，及时会商，同步调整。当家庭收入达到或超过农村低保标准时，就要按照相关规定对其办理退保手续，使其逐步退出低保制度；对于已经稳步实现脱贫致富的扶贫对象，在经过民主评议和公示无异议后，要逐步停止相关到户扶持措施；对于收入下降到农村低保标准以下的贫困人口，要及时将其纳入低保保障范围；对于因各种原因返贫的，要及时将他们吸纳为扶贫对象，给予相应的扶持措施。

4. 加强扶贫队伍建设，提高政策执行效率

扶贫队伍建设是搞好扶贫工作的基础与保障。两项制度的政策性很强，准确把握现行政策是对每一位民政及扶贫工作人员最基本的要求。因此，应加强两项制度工作队伍建设，提高低保和扶贫工作人员的专业水

---

① 张禄. 扶贫开发与农村低保制度有效衔接的思考——仅以辽宁省为例［J］. 劳动保障世界，2011（6）：11-13.

平，为深入贯彻落实各项政策奠定坚实基础。

首先，应该对基层扶贫工作人员定期进行业务培训，提高他们的工作能力。由于低保和扶贫工作程序复杂，一是要制订较为详细的培训计划。民政与扶贫部门要经常加强沟通，共同承担培训资金，共同组织实施，同步进行效果评估，加强培训过程的协调配合。二是培训内容应重点加强对政策目标、业务知识、操作流程等的学习和操作，提高政策执行效率。三是在培训的时间安排上，两部门应协调一致，使乡（镇）及村干部通过一次培训，同时掌握两项制度的政策及业务知识。四是在培训方式上应结合地方实际，既节约成本，又能取得良好效果。其次，在低保和扶贫工作人员的选拔方面，尽量考虑与之相关的专业人才，例如在招考和引进人才的时候，对专业进行必要的限制，优先录用最有相关专业知识背景的考生。当然，国家在这方面也要着重培养一批具有专业素养的人才，加大社会保障、社会救助、扶贫、社会工作等社会管理与服务领域的人才培养力度。

第十节　打好精准脱贫攻坚战，与乡村振兴战略有机衔接

党的十九大报告强调，实施乡村振兴战略，坚决打赢脱贫攻坚战。2018 年中央一号文件更是明确指出，要将乡村振兴战略与精准脱贫攻坚有机衔接。要实现乡村振兴，摆脱贫困是前提条件。实施乡村振兴战略和坚决打赢脱贫攻坚战，是确保我国如期实现全面建成小康社会的重要战略支撑，具有十分重要的战略意义。因此，要将乡村振兴与脱贫攻坚相互衔接，让二者相互促进，共同发展。

一、实施乡村振兴战略是打赢脱贫攻坚战的重要手段和支撑

打赢脱贫攻坚战是实施乡村振兴战略的重要内容，实施乡村振兴战略是使脱贫攻坚成果得到巩固和提升的最佳手段。

一是将乡村振兴战略的思想和原则融入精准脱贫攻坚中。我国要在 2020 年实现现行标准下农村贫困人口全部脱贫，贫困县全部摘帽，是脱贫攻坚最直接的目标和任务。要根据脱贫攻坚的具体任务，将乡村振兴战略的指导思想和实施原则充分融入脱贫攻坚的计划方案和具体行动之中，使得脱贫攻坚与乡村振兴实现有机衔接。要按照"产业兴旺、生态宜居、乡

风文明、治理有效、生活富裕"的总要求，加快推进农业农村现代化，尤其是加快深度贫困地区农业的发展。二是依托乡村振兴战略，不断巩固农村脱贫成果。全国多数脱贫攻坚区域尤其是深度贫困地区，农业产业发展基础普遍薄弱，基础设施相对落后，公共服务明显不足，乡村治理体系不健全，治理能力急待提高，脱贫攻坚遇到诸多挑战和困难。因此，特别需要通过实施乡村振兴战略，补牢农村产业发展基础，通过加大投入改善基础设施和农业生产条件，改善基本公共服务和基本民生保障，提升农村人力资本储量从而实现人才振兴，提高农村治理能力和治理水平，从而巩固和扩大脱贫成果。

因此，乡村振兴战略着重农村发展的长远规划和顶层设计，而脱贫攻坚战则注重解决当前农村发展不平衡、不充分的现实问题。但是，当前现实问题的解决必须有长远规划的引导，坚持乡村振兴战略思想，脱贫攻坚才具有源源不断的动力。只有通过走中国特色社会主义乡村振兴道路，才能让农业成为有奔头的产业，让农民成为有吸引力的职业，让农村成为安居乐业的美丽家园；只有通过推动农业全面升级、农村全面进步、农民全面发展，才能确保 2020 年我国脱贫目标以及全面建成小康社会目标的实现。

二、打赢脱贫攻坚战是实现乡村振兴的基础和前提

近年来，尤其是党的十八大以来，我国持续加大强农惠农富农政策力度，全面深化农村各项改革，农业农村发展取得了历史性成就，农业农村经济稳中向好，已成为我国经济社会转型发展的"稳压器"，为我国经济与社会的持续健康发展夯实了根基。尤其是这几年来，农村脱贫攻坚取得了决定性的进展，这为实施乡村振兴战略奠定了坚实的基础。

但同时我国农村发展仍面临严峻的形势，城乡之间、区域之间发展不平衡的矛盾依然比较突出。比如：农民的发展潜力不够，市场竞争力不足；农村基础设施仍需大力改善，民生领域历史欠账仍然较多；乡村治理体系和治理能力亟待强化；我国贫困人口越来越集中于深度贫困地区；很多贫困人口长期受疾病困扰，缺乏摆脱贫困的信心，等等。实施乡村振兴战略，推动农村全面进步、农民全面发展，摆脱贫困是前提。全面建成小康社会，最艰巨最繁重的任务在农村，特别是在贫困地区。没有农村的小康，特别是没有贫困地区的小康，就没有全面建成小康社会。

2018 年中央一号文件指出，打好精准脱贫攻坚战是乡村振兴的实现路径，强调必须走中国特色减贫之路，其最终目的在于彻底解决农村产业和

农民就业问题，确保农民长期稳定增收、安居乐业。需要动员全社会力量，坚持精准扶贫、精准脱贫，深入实施东西部扶贫协作，重点攻克深度贫困地区脱贫任务，做到脱真贫、真脱贫。要集中统筹公共资源，广泛动员社会资源与力量参与。只有不断完善精准扶贫体制机制，创新"产业扶贫""技能扶贫""电商扶贫""基本民生扶贫""教育扶贫"等扶贫模式，切实落实相关惠民政策，才能让脱贫攻坚战取得实效，让乡村发展真正实现"产业兴旺、生态宜居、乡风文明、治理有效、生活富裕"的目标。只有不断建立和完善精准扶贫长效机制，按期完成脱贫攻坚任务，同时还要防止各种原因导致的返贫现象，才能真正实现乡村的全面振兴。

当然，实施脱贫攻坚、实现乡村振兴的过程中，要充分汇聚各类资源、各种力量。乡村振兴和脱贫攻坚有着共同的抓手，那就是人才，要抓住人才这一根本。乡村振兴的前提是人才振兴，只有人才振兴，乡村振兴才有坚实的基础。要制定优惠政策和条件，鼓励各类人才资源向农村有序流动，提高农村人力资本储量。通过学校教育、技能培训等多渠道，培养一批懂农业、爱农村、爱农民的"三农"干部队伍，为乡村振兴提供源源不断的内生动力。当然，精准扶贫最根本的是要激发贫困人群脱贫的内生动力。把扶贫同扶志、扶智结合起来，激发脱贫内生动力，真正实现精准扶贫，彻底脱贫。也只有建立扶贫脱困长效机制，才能防止脱贫后返贫，才能真正实现乡村全面振兴。

总之，精准脱贫攻坚和乡村振兴战略都是我国为实现"两个一百年"奋斗目标确定的国家战略。前者立足于实现全面建成小康社会的第一个百年奋斗目标，后者着眼于到21世纪中叶把我国建成富强、民主、文明、和谐、美丽的社会主义现代化强国的第二个百年奋斗目标。精准脱贫攻坚和乡村振兴战略相互支撑、协调推进，共同推动"两个一百年"目标的实现。因此，一方面，只有在包括贫困乡村在内的全国农村大力实施乡村振兴战略，我国脱贫攻坚任务才能如期完成；另一方面，只有加快推进精准脱贫，实现全面建成小康社会的目标，并使之与城乡融合发展、共同富裕、质量兴农、乡村绿色发展、乡村文化振兴等一起发展，才能共同构筑起中国特色社会主义乡村振兴道路。

第八章　研究结论与研究展望

第一节　研究结论

一、贫困对象识别机制有待完善

习近平总书记在党的十九大报告中提出，坚决打赢脱贫攻坚战，确保2020年我国农村贫困人口实现脱贫，做到脱真贫，真脱贫。构建高效准确的贫困对象识别机制，是扶贫开发工作攻坚扫尾能顺利开展的前提和基础。从目前贫困对象机制的运行来看，虽然取得了一定的成绩也积累了一定的经验，但在主客观上依然存在一些问题，在一定程度上影响了贫困对象识别机制的顺畅运行，收入核算、民主评议、民主公示、监督等环节一直是贫困对象识别机制中的薄弱环节，也较大地影响了识别的精准度。因此，要完善贫困对象识别机制，必须从动态角度入手，构建贫困人口自愿申报、政府部门自动识别、贫困对象主动退出、社会公众参与评议的"四位"一体的扶贫对象动态识别机制，形成一种"自下而上、多方参与、动态管理"的运行体系。贫困对象识别是所有扶贫工作的起点，因此必须保证其公开化、透明化，做到"应保尽保、应扶尽扶"。在贫困对象识别过程中，要杜绝暗箱操作、"优亲厚友"等现象，从贫困对象的认定开始，将农村低保制度与扶贫政策进行有效衔接，形成农村脱贫的"两轮驱动。"

二、贫困对象分类救助政策有效衔接是实现脱贫目标的关键

近年来尤其是党的十八大召开以来，全国农村贫困人口明显减少，贫困发生率持续下降，贫困地区农村居民收入加快增长，与全国农村平均水平的差距进一步缩小。国家统计局对全国31个省（自治区、直辖市）16

万户农村居民家庭进行了抽样调查，按现行国家农村贫困标准测算，2017年末，我国农村贫困人口数量为 3 046 万，而同期，农村享受低保的人口数量却是 3 940.6 万，享受各类救助和扶持的农村人口数量超过了同期农村贫困人口数量，低保不仅覆盖了农村没有劳动力或劳动力丧失的贫困人口，还包含了相当数量的有劳动能力和一定发展潜力的贫困人口。从我国现状来看，首先，依托农业大幅度提高收入的空间很小；其次，导致贫困的原因呈现多元化态势；最后，由于农村劳动力流动加强，留守人口大多是老、弱、病、残，有潜力参与开发式扶贫的农户难以确定。针对当前复杂的现状，更需要在对贫困对象进行识别时，深入细致地做好入户调查，在此基础上对贫困户进行科学分类，探索"红绿卡"管理制度，分类救助，分类施策。

三、"造血"与"输血"模式的协同互动是提高脱贫带动效应的有效途径

长期以来，"输血式"扶贫模式一直是我国农村传统扶贫工作的主导模式，但随着社会经济的变迁与发展，以传统的"输血式"为主导的扶贫模式已逐渐难以应对当前复杂的致贫现状，特别是"输血式"扶贫模式使贫困人口处于被动接受状态，容易养成"等、要、靠"的消极依赖心理，不仅使返贫问题严重，而且不能从根本上帮助贫困人口脱贫。"授之以鱼不如授之以渔"，"造血式"扶贫更需引起我们的重视。但是，在实践中，"造血式"扶贫面临诸多挑战和难点。从前文的数据我们可以看出，导致我国农村贫困的原因是多方面的，这说明仅依靠单一的扶贫模式脱贫效果难如人意。而农村扶贫工作的主要困难分别是扶贫资金不足（72%）和扶贫项目较少（63.3%），并且有超过 60% 的人认为有"返贫"现象的存在。因此，单一的扶贫模式不能适应目前复杂多变的贫困现状，需要"造血"与"输血"协同互动，双管齐下。要进一步完善农村扶贫的瞄准机制，确定该地的发展状态，确定该地是处于"输血"还是"造血"阶段，进一步明确该地处于绝对贫困还是相对贫困，这是有效实施"输血与造血协同互动"扶贫的逻辑起点。要加强政府引导，提高贫困人口的脱贫参与度，尤其是要在推进扶贫项目时注重对村民意见的参考，根据当地实际情况与贫困户的资源禀赋对扶贫项目进行运作；要着力健全和完善农村养老、医疗等基本民生保障制度，解决群众最基本的民生需求，缓解制度性贫困。

四、动态考核是实现扶贫资源可持续利用的有效手段

农村低保和扶贫对象动态管理的目标是"应保尽保，应扶尽扶，应退尽退"。动态管理既包含动态考核也包含贫困人口退出，年人均纯收入分别达到或超过农村最低标准和扶贫标准的对象，应逐步退出低保和扶贫政策。扶贫资金资源毕竟是有限的，怎么样才能将有限的资源最大限度地用到最有需求的贫困户身上，提高扶贫效率，真正实现"真扶贫、扶真贫"，这就要考验动态管理机制如何落实到位。

在实践过程中，动态考核工作要依靠基层干部吃透政策，扎实工作。发挥乡（镇）、村组干部及驻村扶贫工作队队员的"关键少数"作用，做到政策熟、底数清、情况明。要弄清楚动态考核的范围、重点、方式；动态考核过程中做好各环节工作，做到贫困户实际情况、纸质台账、扶贫系统数据与行业部门系统数据四者统一，拒绝模糊处理，随意应对，补齐数据复核、录入、台账资料的短板；抓实抓牢关键环节，尤其是要据实测算贫困对象家庭收入，为动态考核提供可靠信息和资料，实现"零漏评""零错评""零错退"的目标。

五、强化部门联动是打赢脱贫攻坚战的重要保障

习近平总书记在党的十九大报告中强调要坚持大扶贫格局，即由专项扶贫、行业扶贫、社会扶贫"三位一体"构成的新型扶贫格局。要打赢扶贫攻坚战，仅依靠个别政府部门是不够的，必须高度重视各个部门之间的信息共享，加强部门联动，将散落于各部门的碎片化扶贫信息进行有效整合。在实现部门联动的过程中，相关部门必须参与其中，并各司其职：县级政府牵头，要求民政、扶贫、国土房管、公安、工商、税务、残联、财政、人力资源和社会保障等部门积极配合，多部门联动，相互配合，资源共享，才能保证民政和扶贫部门获得贫困户详细准确的信息，为精准扶贫提供可靠保障。而扶贫大格局的构建主要通过整合以下三个环节，形成扶贫合力。首先是精准识别与建档立卡。这个环节中一个突出的难点，是我国尚未建立起与现实需要相适应的金融信用体系和居民个人收入申报制度，个人收入和金融资产不公开透明，在实践操作中对贫困申请人的家庭资产核查存在很大难度。其次是扶贫资金的整合。从调查数据来看，目前扶贫面临的最主要的也是最大的困难即是扶贫资金不足。国家统计局发布的信息显示，2017年中央和地方财政专项扶贫资金规模超过1 400亿元，而在2018年仅中央拨付的专项扶贫资金就超过1 060亿元。扶贫资金数额

如此巨大，为何基层群众依然感觉扶贫资金不足？问题的关键在扶贫项目繁多以及资金分散上。目前农村扶贫项目种类比较多，这些项目大多分散实施，彼此缺乏互动和协作，使有限的扶贫资金难以得到整合。最后是部门间缺乏协作，扶贫信息呈碎片化。目前，在我国脱贫攻坚涉及民政、扶贫、财政、农林、金融等多个部门和行业，但在扶贫政策的推进过程中，部门之间往往缺乏联动，各部门的扶贫基础数据信息难以共享，而且扶贫资金也比较分散，难以形成脱贫攻坚合力①，直接影响了脱贫效果。因此各部门需要加强合作，形成扶贫合力，集中和整合扶贫资源，从而取得脱贫攻坚的整体效果。

第二节　研究展望

党的十八大召开以来，习近平总书记从人民利益和幸福出发，提出了"精准扶贫"并要求扶贫要实事求是，因地制宜；要精准扶贫，切记喊口号。党的十九大报告指出，我国进入全面建成小康社会的决胜期，并将扶贫工作提高到了更重要的战略高度，提出了新思想、新目标和新征程。实现现行贫困标准下农村贫困人口全部脱贫，是我们党做出的庄严承诺，更是必须完成的硬任务，绝无退路。如果说 2016 年是脱贫攻坚的顶层设计年，2017 年则可以说是脱贫攻坚建立健全稳定脱贫长效机制年，2018 年则可以说是高质量脱贫年。在这样的背景下，将农村低保制度和扶贫政策推向深入，对两项制度的研究仍然是学术界的热点和焦点。在前期研究的基础上，预计未来可以从以下几个方面进行更为深入的研究和探讨：

一、大数据背景下贫困对象家庭收入的精准核查

收入核查是确定贫困救助对象中最重要的一个环节，是甄别受益者的基础，将有限的资源配置给真正需要的帮扶对象，提升扶贫效率。但从目前的扶贫现状来看，在对贫困户进行有效甄别时遇到的最大难题即是农村家庭收入难以准确核算。当前随着农村劳动力的转移，农村居民的收入呈现多元化，经济收入来源少则几项，多则十几项，这就为准确核算家庭收入带来了很大的困难。以贵州省为例，该省制定的《关于贵州省低保申请

---

① 杜毅，肖云. 农村低保和扶贫对象动态管理研究 [J]. 西部论坛，2015（4）：21-30.

人家庭情况及收支情况的入户调查表》，涉及了家庭基本情况、财产情况、总收入、总支出共计 139 个小项，这给基层扶贫干部带来了很大的工作负担。为此，某些地方发明了土办法，如"五看法"，即一看房、二看粮、三看家里劳动力强不强、四看家里有没有读书郎、五看有没有病人躺在床。这些方法虽然有一定的作用但随意性较大，管理粗放。要破解这个难题，在当前科技发展日新月异的背景下，可以从大数据视角，运用其理论和方法，研究贫困家庭收入精准核查。按照政策规定，收入低于贫困线但家庭财产情况不符合政策要求的家庭是不允许享受扶贫政策的，严格按照"两不愁、三保障"和国家现行农村扶贫标准进行识别。对于如何甄别农户的家庭财产状况，可以尝试引入大数据核查。大数据核查可由统计部门牵头，纪检监察部门加强监督，核查出问题的，必须说明情况，否则追责。当然，对于如何做到高效运行，学术界可进行深入研究。引入大数据核查，不仅可以大大降低基层扶贫干部的工作难度，更加强了自上而下监督的力度与准确性。

二、提升扶贫政策执行的精准度

精准扶贫是要将"漫灌扶贫"变为"滴灌扶贫"，以达到节约扶贫资源，提高扶贫效率的目的。其目的在于脱贫，实现路径在于"精准"二字。但在政策实施过程中，精准扶贫却出现了较为严重的政策实施不精准现象。政策实施不精准主要表现在三个方面：第一，对象识别不精准。从前文数据中可以看出，有超过 70% 的被调查者认为当地存在应该享受低保和扶贫待遇却没有享受到的情况。如何克服贫困对象识别中的困难和挑战，探讨出更加科学高效的贫困对象瞄准方法，仍然是学术界研究的热点问题。第二，帮扶措施不精准。精准帮扶以入户调查为基础，从贫困户实际出发，因村制宜，实现"一户一策"，每个贫困户都有干部帮扶服务。但在实际调查过程中却发现，有的扶贫干部在入户调查时存在履责不力、敷衍应付的问题。第三，政策衔接不到位。我国的农村反贫困主要沿着两条道路在推进：一是通过地区发展带动脱贫的"开发式扶贫"，二是通过社会救助实现收入维系。然而在实践过程中，两项政策衔接不够，影响了扶贫效果。从前文数据可以发现，我国的低保不仅覆盖了农村没有劳动力或劳动力丧失的贫困人口，还包含了相当数量的有劳动能力和一定发展潜力的贫困人口，也就是说扶贫与低保政策在执行过程中出现了帮扶对象的重叠。

要解决上述问题，提升扶贫政策执行精准度，可以从以下几个方面进行深入探讨：第一，采取正确的识别方法。在贫困户的识别环节，除了推行自下而上的参与式贫困群体识别方法以外，还要引入大数据对家庭收入进行精准核查，双管齐下，确保贫困识过程的公开、公正、透明以及可核查和可追责。第二，处理好政策执行的严谨性与灵活性的关系。有不少扶贫干部表示扶贫政策在执行的过程当中过于死板，这一方面可以说明对扶贫项目与扶贫资金的使用有严格的规定与监督，另一方面也说明，精准扶贫政策执行的灵活性有待提高。精准扶贫要求因地制宜，"一户一策"。如果扶贫措施不能与当地的社会发展实际相结合，那也是难以取得成效的。因此，也应该赋予扶贫干部一定的灵活处理权力，以实现资源的有效配置。第三，实现低保与扶贫政策的无缝衔接。加强民政部门和扶贫部门的联动，有效区分救助群体与扶贫开发群体，实现资源共享、互通有无，精准施策。

三、激发贫困人口的脱贫内生动力

贫困人口既是脱贫攻坚的对象，更是脱贫致富的主体，因此要充分激发贫困人口脱贫致富的内生动力，不断提高贫困人口的自我发展能力，加强思想引导，变"要我脱贫"为"我要脱贫"，防止返贫现象的发生。激发贫困人口的脱贫内生动力，具体来讲就是扶志与扶智结合，加强政策引导，提升贫困人口的自身"造血"功能。"志、智"双扶，在增强贫困人口脱贫增收的主观能动性的基础上，国家从职业教育、农机推广、信息流通等方面激发贫困人口的内生动力，提高其脱贫能力。要激发扶贫人口的脱贫内生动力，可从以下三个方面着手：首先，扶贫先扶志。贫困地区的落后与贫困人口的懒惰懈怠、不思进取、自我驱动和发展能力不足有一定的关系。扶贫先扶志，要将扶志细化为扶志愿、扶志气以及扶斗志。扶志愿，即激发其对美好生活的向往。基层扶贫干部要多向贫困户宣传我国未来发展的美好愿景以及要实现的宏伟目标，促使贫困户在对社会发展形成价值认同的同时，让他们也意识到社会发展离不开他们，培养他们的"主人翁"意识。扶"志气"就是坚定其对精准脱贫的信心。要给予贫困户充分的信心和信任，坚信在党和政府的带领下，必定能实现脱贫致富。扶"斗志"即激发其战胜贫困的高昂热情。我国的扶贫工作以救济式扶贫作为开端，因此在较长的一段时期内，贫困户已经习惯了这种"输血式"扶贫，有较为严重的"等、靠、要"思想。因此，要改变这种局面，扶贫工作者必须下大力气、花大工夫鼓励贫困人口发奋图强，发挥脱贫的主观能动性。其次，扶贫必扶智。扶智就是要加强贫困人口的思想和文化教育，提高其劳动技能，提高贫困人口的综合素质，阻断贫困的代际传递，通过多种途径提升贫困人口的内生动力，实现脱贫的长效性和可持续性。最后，"志智双扶"，扶志与扶智相结合，双管齐下，是打赢脱贫攻坚战的重要保障。扶贫工作者要加强与困难群众之间的联系，把握其思想动态，想其所想，感其所感，从困难群众的角度探索扶贫路径，做好思想引导、教育扶贫、技能培训等措施的有效衔接，加强协同配合，不断提高贫困人口的脱贫内生动力。

四、建立和完善农村贫困人口退出机制

要实现到 2020 年现行标准下贫困人口全部脱贫，这需要建立和完善一套规范完整的贫困人口退出机制。从数据调查中可知，被调查对象中超过50%表示存在脱贫后继续享受低保扶贫待遇的现象。由此可见，我国的农村贫困退出机制尚待完善，需要进一步研究如何有效建立和完善农村贫困人口退出机制。可从以下几点着手：第一，建立健全贫困退出机制要强调其科学、有效、公平，确保贫困对象有进必有出，进得了，退得出。贫困对象进出要依靠科学有效的方法，尤其是贫困对象识别和动态监测，要进一步深入探讨，研究出切实可行的方法。要坚持公平原则，严格执行动态管理相关程序，该进的则进，该退的则退。第二，要完善贫困退出指标体系。一些地方探索出贫困对象退出的措施和方法，不断细化贫困人口退出扶持政策的关键指标。同时根据贫困具有系统性、多维度、多变性等特点，在设计贫困退出指标体系时，除了将目前的若干关键要素囊括于其中，还要将扶贫对象的收入与支出纳入指标体系且综合考量退出指标间的相互关系。第三，注重正向激励与负向激励相结合的考核方式。在贫困退出工作考核评估结果运用中，要适当引入约束、惩罚等负向激励机制，对扶贫干部工作中存在的官僚主义、形式主义、履责不力、敷衍应付等现象，要坚决予以曝光并惩处，除取消其年度评优评先的资格外，还应要求其限期整改，并作为后期重点监督对象。第四，加强贫困人口退出的宣传教育，物质与精神脱贫并举。比物质贫困更可怕的是精神贫困。从我国的贫困实践中可以看出，反贫推进中最强的阻力是"等、靠、要"思想。这需要扶贫干部下大力气、花大工夫进行宣传教育，可通过广播、电视、微信、宣讲会、专题讲座等多元化的形式，塑造脱贫致富典型，提升贫困人口的主动脱贫意识，强化贫困人口在扶贫开发工作中的参与度，逐渐改变其传统思想，变被动脱贫为主动脱贫，物质脱贫与精神脱贫并举。

五、强化农村基本民生保障的减贫效应

从问卷调查数据来看，60%的被调查者表示存在脱贫后返贫的现象，其主要原因在于因病返贫（41.6%）、因灾返贫（29.6%）等。欠发达地区农村贫困人口往往具有脆弱性，农村贫困人口对于风险和突发事件的抵御能力相对较弱。尤其是我国农村社会保障制度发展滞后，基本民生保障不足，看病贵、看病难以及因病致贫返贫现象长期困扰着农村贫困人群，养老压力大，教育负担重，制度性贫困比较突出。因此，学术界应进一步深入研究农村基本民生保障的减贫效应，减少和消除制度性贫困。比如，要重点关注农村因病致贫返贫现象，探讨构建多层次因病致贫返贫治理体系。可以通过加大对农村地区医疗卫生事业的投入，完善农村医疗保险制度，加强医疗救助与医疗保险的有机衔接。要继续关注农村教育发展，防止贫困代际传递。要进一步研究农村养老保障，关注农村养老服务供给，重点关注农村留守老人、空巢老人、失独老人、失能半失能老人等特殊老年群体，防止因老致贫。

参考文献

一、学术著作

[1] 习近平. 摆脱贫困 [M]. 福州：福建人民出版社，2014.

[2] 郑功成. 社会保障学 [M]. 北京：商务印书馆，2000.

[3] 杨立雄. 中国农村贫困线研究 [M]. 北京：中国经济出版社，2013.

[4] 范小建. 扶贫开发和农村最低生活保障制度有效衔接工作研究 [M]. 北京：中国财政经济出版社，2012.

[5] 李迎生. 社会工作概论 [M]. 北京：中国人民大学出版社，2010.

[6] 王治坤，林闽钢. 中国社会救助：制度运行与理论探索 [M]. 北京：人民出版社，2015.

[7] 陈良瑾. 社会救助与社会福利 [M]. 北京：中国劳动社会保障出版社，2009.

[8] 周杉杉. 向贫困挑战——国外缓解贫困的理论与实践 [M]. 北京：人民出版社，1991.

[9] 李强. 中国扶贫之路 [M]. 昆明：云南人民出版社，1997.

[10] 亚当·斯密. 国民财富的性质和原因的研究 [M]. 郭大力，王亚南，译. 北京：商务印书馆，1972.

[11] 罗尔斯. 作为公平的正义：正义新论 [M]. 姚火志，译. 北京：中国社会科学出版社，2002.

[12] 阿马蒂亚·森. 贫困与饥荒——论权利与剥夺 [M]. 王宇，王文玉，译. 北京：商务印书馆，2009.

[13] 让·德雷兹，阿玛蒂亚·森. 饥饿与公共行为 [M]. 苏雷，译. 北京：社会科学文献出版社，2006.

[14] 李文，李芸. 中国农村贫困若干问题研究 [M]. 北京：中国农

业出版社，2009.

[15] 国家统计局. 中国农村贫困监测报告 2015 [M]. 北京：中国统计出版社，2015.

[16] 国家统计局住户调查办公室. 中国农村贫困监测报告 2016 [M]. 北京：中国统计出版社，2016.

[17] 国家统计局住户调查办公室. 北京：中国农村贫困监测报告 2017 [M]. 中国统计出版社，2017.

[18] 徐勇. 反贫困在行动：中国农村扶贫调查与实践 [M]. 北京：中国社会科学出版社，2015.

[19] 王俊文. 当代中国农村贫困及反贫困问题研究 [M]. 长沙：湖南师范大学出版社，2010.

[20] 赵曦. 中国西部农村反贫困模式研究 [M]. 北京：商务印书馆，2009.

[21] 陆汉文，黄承伟. 中国精准扶贫发展报告（2017）[M]. 北京：社会科学文献出版社，2017.

[22] 郑长德. 精准扶贫与精准脱贫 [M]. 北京：经济科学出版社，2017.

[23] 邓小海. 旅游精准扶贫理论与实践 [M]. 北京：知识产权出版社，2016.

[24] 杨道田. 新时期我国精准扶贫机制创新路径 [M]. 北京：经济管理出版社，2017.

[25] 曹立，石霞. 小康路上一个都不能少 [M]. 北京：人民出版社，2017.

[26] 高帅. 贫困识别、演进与精准扶贫研究 [M]. 北京：经济科学出版社，2016.

[27] 王灵桂，侯波. 精准扶贫：理论、路径与和田思考 [M]. 北京：中国社会科学出版社，2018.

[28] 何植民. 农村最低生活保障政策实施绩效评估及优化研究 [M]. 北京：经济科学出版社，2015.

[29] 谢东梅. 农村最低生活保障制度分配效果与瞄准效率研究 [M]. 北京：中国农业出版社，2010.

[30] 赵新龙. 中国农村最低生活保障法律制度研究 [M]. 北京：人民出版社，2014.

[31] 苏树厚. 农村最低生活保障制度创新研究 [M]. 北京：中国社

会科学出版社，2014.

[32] 胡思洋. 最低生活保障制度的功能定位研究 ［M］. 北京：经济科学出版社，2016.

[33] 宗锦耀. 农村一、二、三产业融合发展理论与实践 ［M］. 北京：中国农业出版社，2017.

[34] 潘后凯，潘晨光. 中国农村发展报告（2016）——聚焦农村全面建成小康社会 ［M］. 北京：中国社会科学出版社，2016.

[35] 陆益龙. 制度、市场与中国农村发展 ［M］. 北京：中国人民大学出版社，2013.

[36] 王曙光. 问道乡野——农村发展、制度创新与反贫困 ［M］. 北京：北京大学出版社，2014.

[37] 王洛林. 全球化与中国农村发展 ［M］. 北京：经济管理出版社，2011.

[38] 农业部农村经济研究中心. 农业和农村发展——道路、经验和前景 ［M］. 北京：中国农业出版社，2012.

[39] 冯俊锋. 乡村振兴与中国乡村治理 ［M］. 成都：西南财经大学出版社，2018.

[40] 熊小刚，吴海涛. 收入不均等与农村贫困：理论与实证 ［M］. 广州：中山大学出版社，2017.

[41] 洪名勇. 西部农村贫困与反贫困研究 ［M］. 北京：中国财政经济出版社，2018.

[42] 陈健生. 生态脆弱地区农村慢性贫困研究——基于600个国家扶贫重点县的监测证据 ［M］. 北京：经济科学出版社，2009.

[43] 谭诗斌. 现代贫困学导论 ［M］. 武汉：湖北人民出版社，2012.

[44] 刘敏. 社会资本与多元化贫困治理：来自逢街的研究 ［M］. 北京：社会科学文献出版社，2013.

[45] 尚晓援. 中国社会保护体制改革研究 ［M］. 北京：中国劳动社会保障出版社，2007.

[46] 王卓. 中国贫困人口研究 ［M］. 成都：四川科学技术出版社，2004.

二、学术期刊

[47] 徐月宾，等. 中国农村反贫困政策的反思——从社会保障向社会保护转变 ［J］. 中国社会科学，2007（3）.

[48] 刘春丽，王皓. 构建西部农村最低生活保障制度的障碍与解决途径 [J]. 青海社会科学，2010 (1).

[49] 朱梅. 农村低保中村委会道德风险的成因及规避策略 [J]. 农村经济，2011 (5).

[50] 邓维杰. 精准扶贫的难点、对策与路径选择 [J]. 农村经济，2014 (4).

[51] 方菲，李华燊. 农村最低生活保障制度运行中的失范效应研究 [J]. 中州学刊，2010 (2).

[52] 黄承伟，覃志敏. 论精准扶贫与国家扶贫治理体系建构 [J]. 中国延安干部学院学报，2015 (1).

[53] 张笑芸，唐燕. 创新扶贫方式，实现精准扶贫 [J]. 资源开发与市场，2014 (9).

[54] 黄荣华，冯彦敏，路遥. 国内外扶贫理论研究综述 [J]. 黑河学刊，2014 (5).

[55] 汪三贵. 中国农村贫困人口的估计与瞄准问题 [J]. 贵州社会科学，2010 (2).

[56] 赖志杰."瞄偏"与"纠偏"：社会救助对象的确定——以最低生活保障制度为例 [J]. 理论探索，2013 (2).

[57] 朱晓阳. 反贫困的新战略：从"不可能完成的使命"到管制穷人 [J]. 社会学研究，2004 (6).

[58] 杜毅. 我国农村最低生活保障实施现状与对策研究 [J]. 西北人口，2009 (1).

[59] 杜毅. 农村最低生活保障制度研究综述 [J]. 生产力研究，2009 (4).

[60] 杜毅. 扶贫开发政策与农村最低生活保障制度运行衔接研究 [J]. 西北人口，2012 (5).

[61] 杜毅. 农村最低生活保障资金筹集机制研究 [J]. 兰州商学院学报，2010 (6).

[62] 杜毅. 新型农村合作医疗十大矛盾研究 [J]. 中国卫生事业管理，2011 (5).

[63] 杜毅. 新型农村合作医疗实施中政府责任缺失及治理 [J]. 兰州商学院学报，2011 (4).

[64] 杜毅. 农村低保和扶贫对象动态管理机制研究 [J]. 西部论坛，2015 (4).

[65] 杜毅. 破解"因病致贫、因病返贫"与合作医疗可持续发展研究——以重庆市某贫困县为例 [J]. 经济研究导刊, 2015 (6).

[66] 李合伟, 蒋玲玲. 农村最低生活保障制度对象认定存在的问题及解决路径分析 [J]. 劳动保障世界, 2012 (6).

[67] 吕文慧. 福利经济学视角下的效率与公平 [J]. 经济经纬, 2007 (1).

[68] 陆汉文, 曹洪民. 扶贫开发历史机遇期与战略创新 [J]. 江汉论坛, 2014 (5).

[69] 钱津. 开创现代农业生产新格局研究——基于对农村开发扶贫的审视 [J]. 中州学刊, 2014 (4).

[70] 向阳生. 扶贫开发与农村低保制度的有效衔接及评估与改革 [J]. 贵州社会科学, 2013 (12).

[71] 汪霞, 汪磊. 贵州连片特困地区贫困特征及扶贫开发对策分析 [J]. 贵州社会科学, 2013 (12).

[72] 韩庆龄. 精准扶贫实践的关联性冲突及其治理 [J]. 华南农业大学学报 (社会科学版), 2018 (3).

[73] 葛志军, 邢成举. 精准扶贫: 内涵、实践困境及其原因阐释——基于宁夏银川两个村庄的调查 [J]. 贵州社会科学, 2015 (5).

[74] 王国勇, 邢溦. 我国精准扶贫工作机制问题探析 [J]. 农村经济, 2015 (4).

[75] 焦克源, 张婷. 农村低保制度实践的异化及其矫正——基于西北农村低保制度实践的调研 [J]. 云南社会科学, 2011 (5).

[76] 张运书, 丁国峰. 日本最低生活保障制度对我国农村低保建设的启示 [J]. 农业经济问题, 2011 (1).

[77] 凌文豪, 梁金刚. 农村最低生活保障对象瞄准机制研究——基于对河南省安阳市某村的实证研究 [J]. 社会保障研究, 2009 (3).

[78] 邓大松, 王增文. 我国农村低保制度存在的问题及其探讨 [J]. 山东经济, 2008 (1).

[79] 唐丽霞, 罗江月, 李小云. 精准扶贫机制实施的政策和实践困境 [J]. 贵州社会科学, 2015 (5).

[80] 汪三贵, 郭子豪. 论中国的精准扶贫 [J]. 贵州社会科学, 2015 (3).

[81] 刘玉龙. 农村贫困的制度性分析 [J]. 兰州学刊, 2005 (1).

[82] 张立东. 中国农村贫困代际实证研究 [J]. 中国人口资源与环

境，2013（3）.

[83] 韩华为，徐月宾. 中国农村低保制度的反贫困效应研究——来自中西部五省的经验证据 [J]. 经济评论，2014（6）.

[84] 艾广青，刘晓梅. 农村最低生活保障对象界定方法探索 [J]. 财政研究，2009（4）.

[85] 汪柱旺. 如何恰当选取农村最低生活保障的受助对象 [J]. 金融与经济，2010（5）.

[86] 李秉龙，李金亚. 中国农村扶贫开发的成就、经验与未来 [J]. 人民论坛，2011（32）.

[87] 葛庆敏，许明月. 农村社会保障体系建设中的政府角色及其实现的法制保障 [J]. 现代法学，2011（6）.

[88] 仇晓洁，李聪，温振华. 中国农村社会保障支出均等化水平实证研究——基于公共财政视角 [J]. 江西财经大学学报，2013（3）.

[89] 王悦. 农村社会保障满意度及其影响因素分析——基于辽宁省沈阳市沈北新区306户农民家庭的调查 [J]. 社会保障研究，2015（2）.

[90] 张车伟，张士斌. 农村社会保障制度建设及其制度障碍 [J]. 湖南社会科学，2010（1）.

[91] 王延中，等. 中国农村社会保障的现状与未来发展 [J]. 社会保障研究，2009（1）.

[92] 陈俊. 新世纪以来中国农村扶贫开发面临的困境 [J]. 学术界，2012（4）.

[93] 张岩，安立军，王小志. 新农村建设背景下完善农村低保制度对策探析 [J]. 农业经济，2014（9）.

[94] 何植民. 农村低保政策实施效果评价与分析 [J]. 行政论坛，2014（1）.

[95] 郭玉辉. 农村低保与扶贫开发"两项制度"如何有效衔接——以福建省武平县为例 [J]. 人民论坛，2013（29）.

[96] 韦璞. 村庄特征与农村低保瞄准偏误的实证研究——基于场域理论视角的探析 [J]. 理论月刊，2013（10）.

[97] 王佃利，毛启元，王玉龙. 精准扶贫中脱贫动力空间的再造及路径——以山东省的实践为例 [J]. 人口与社会，2018（3）.

[98] 曹伟波，于霞. 以农业产业化助推精准脱贫的实现 [J]. 现代农业研究，2018（5）.

[99] 陈起凤. 精准脱贫第三方监测评估绩效研究——基于安徽省D

镇第三方监测评估实践［J］. 社会保障研究，2018（2）.

［100］韩广富，刘心蕊. 习近平精准扶贫精准脱贫方略的时代蕴意［J］. 理论月刊，2017（12）.

［101］李小静. 乡村振兴战略视角下农村人力资源开发探析［J］. 农业经济，2018（7）.

［102］杨玉珍. 乡村振兴战略实施中的认知与实践误区及其矫正［J］. 中州学刊，2018（7）.

［103］吴映雪，周少来. 涉农资金整合下精准扶贫项目运作及其脱贫成效考察——以 H 县精准扶贫项目运作为例［J］. 云南大学学报（社会科学版），2018（2）.

［104］别文娣. 乡村振兴战略背景下优化乡村治理的对策分析［J］. 现代化农业，2018（4）.

［105］陈聚芳，颜泽钰，孙俊花. 以基本公共服务均等化助力乡村经济振兴［J］. 经济论坛，2018（7）.

［106］孙咏梅. 基于多维视角的我国农村地区减贫成效评价及减贫路径探索［J］. 社会科学辑刊，2018（4）.

［107］袁彪. 基于精准扶贫视角下的乡村振兴发展路径探索［J］. 农业经济，2018（7）.

三、英文文献

［108］LIA C H FERNALD, MEGAN R GUNNAR. Poverty-alleviation program participation and salivary cortisol in very low-income children［J］. Social Science & Medicine, 2009.

［109］HANCOCK, GRAHAM. Lords of Poverty: The Power, Prestige, and Corruption of the International Aid Business［M］. Atlantic Monthly Press, 1989.

［110］HONG YAN, JUN YI. Study on Status of Rural Poverty Relief Development in Western China and Countermeasures in New Period: Taking Yibin, in Sichuan Province as an Example［J］. Canadian Social Science, 2014.

［111］SOREN SOFUS WICHMANN, THOMAS SOBIRK PETERSEN. Poverty relief: philanthropy versus changing the system: a critical discussion of some objections to the Singer Solution［J］. Journal of Global Ethics, 2013.

［112］ADAM BLAKE. Tourism and poverty relief［R］. Annals of Tourism Research, 2007.

[113] TEO CHEOK CHIN P. The relationship between poverty and fertility in Peninsular Malaysia: a district analysis [J]. Journal of economic and social geography, 1989.

[114] DI QI, YICHAO WU. Does welfare stigma exist in China? Policy evaluation of the Minimum Living Security System on recipients' psychological health and wellbeing [J]. Social Science & Medicine, 2018.

[115] NGOK KING-LUN. Social assistance policy and its impact on social development in China: the case of the Minimum Living Standard Scheme (MLSS) [J]. China Journal of Social Work, 2010.

[116] YAPENG ZHU. Social Protection in Rural China: Recent Developments and Prospects [J]. Journal of Policy Practice, 2012.

[117] HOWARD. Jobseeker's Allowance [J]. Solicitors Journal, 1996.

[118] BURDICK CLARK, FISHER LYNN. Social Security cost-of-living adjustments and the Consumer Price Index [J]. Social security bulletin, 2008.

D. 居住地自然条件很差

E. 赡养老人负担重

F. 多子女抚养负担重

G. 劳动力缺乏

H. 因灾害或突发事件

I. 其他（请填写：_____）

13. 您和您的家人目前参加了（可多选）（   ）

　　A. 新型农村养老保险　　　　B. 新型农村合作医疗

　　C. 商业保险　　　　　　　　D. 没有参加任何保险

14. 您觉得农民参加新型合作医疗后，如果生病了，自己承担的医疗费用相比以前（   ）

　　A. 增加了　　　　　　　　　B. 减轻了

　　C. 不好说　　　　　　　　　D. 没变化

三、请选择符合您实际情况的答案（在相应的栏目打"√"或填写相应代号）

15. 您是否了解本地区的农村低保和扶贫政策？（   ）

　　A. 非常了解　　　　　　　　B. 比较了解

　　C. 不够了解　　　　　　　　D. 从没听说过

16. 您主要通过什么途径了解农村低保和扶贫政策？（可多选）（   ）

　　A. 电视节目

　　B. 新闻广播

　　C. 报纸（杂志）

　　D. 乡（镇）、村社公示栏

　　E. 政府发放的宣传资料（横幅）

　　F. 乡（镇）、村社干部的宣传讲解

　　G. 村民之间摆龙门阵

　　H. 其他途径（请填写：_____）

17. 您所在地政府受理贫困资格申请的时间是（   ）

　　A. 随报随批　　　　　　　　B. 每季度集中受理一次

　　C. 每年集中受理一次　　　　D. 两年一次

　　E. 三年一次　　　　　　　　F. 不清楚

18. 您所在地乡（镇）、村社干部在对低保和扶贫对象入户调查时（   ）

　　A. 既详细了解收入，又了解支出情况

  B. 只关注收入，忽略支出

  C. 只关注支出，忽略收入

  D. 不清楚

19. 您认为政府部门在对低保和扶贫对象进行家庭经济状况调查时
（ ）

  A. 应该主要考虑收入情况

  B. 应该主要考虑支出情况

  C. 收入与支出应同时考虑

  D. 无所谓

20. 您所在地农民在申请低保和扶贫资格时，存在下列哪些现象？（可
多选）（ ）

  A. 装穷（隐瞒收入）   B. 装病

  C. 走后门（找关系）   D. 假离婚

  E. 其他（请填写：_____） F. 不清楚

21. 您所在地确定低保和扶贫对象时是否公开征求过群众意见？（ ）

  A. 是   B. 否

  C. 不清楚

22. 您所在地在确定低保和扶贫对象时，是否举行了听证评议会？
（ ）

  A. 是   B. 否

  C. 不清楚

23. 您觉得您所在地在确定低保和扶贫对象时（ ）

  A. 不公平   B. 比较公平

  C. 很公平   D. 不清楚

  若不公平，原因在于（可多选）：A. 不该享受的人因与干部关系近，就享受了低保或扶贫待遇 B. 没按照程序确定享受者 C. 因工作不细致导致该享受的没有享受 D. 因提供假信息而享受 E. 其他（请填写：_____）

24. 您所在地农村有没有应该享受低保和扶贫待遇却没有享受到的？
（ ）

  A. 有，较多   B. 有，较少

  C. 没有   D. 不清楚

25. 您所在地的农村困难群体是否有同时享受低保和扶贫优惠政策的
情况？（ ）

A. 有，较多   B. 有，较少

C. 没有   D. 不清楚

26. 您所在地是否有困难村民脱贫后继续享受扶贫或低保待遇的？
（ ）

A. 有，较多   B. 有，较少

C. 没有   D. 不清楚

27. 您所在地的贫困户存在下列哪些现象？（可多选）（ ）

A. 等、靠、要的思想   B. 好吃懒做

C. 赌博   D. 生活奢侈

E. 没有这些现象   F. 不清楚

28. 您所在地政府对低保和扶贫对象有监督考核吗？（ ）

A. 有   B. 没有

如有，考核方式是：A. 定期考核（a. 每季度一次   b. 每半年一次
c. 每年一次）

B. 不定期考核   C. 不清楚

29. 您认为政府对低保和扶贫对象进行定期监督考核是否有必要？
（ ）

A. 十分有必要   B. 有必要

C. 没有必要   D. 无所谓

30. 如果您所在地政府工作人员和村民存在弄虚作假、骗保等违规行
为，政府会不会给予相应的处罚？（ ）

A. 对工作人员进行处罚   B. 对村民进行处罚

C. 都会受到处罚   D. 都不会处罚

E. 不清楚

31. 您所在地乡（镇）和村社干部有没有对低保和扶贫对象进行家访？
（ ）

A. 有   B. 没有

C. 不清楚

如有，家访频率是：A. 经常性   B. 每季度一次   C. 每年一次   D.
偶尔   E. 不清楚

32. 您认为乡（镇）和村社干部对低保和扶贫对象进行定期家访是否
有必要？（ ）

A. 十分有必要   B. 有必要

C. 没有必要   D. 无所谓

33. 如果您所在地贫困户通过积极就业，一旦家庭收入超过扶贫标准，政府采取的措施是（　　）

    A. 立即取消其贫困资格，退出救助政策

    B. 继续保留几个月的待遇，观察其收入的稳定性

    C. 不清楚

四、请选择符合您实际情况的答案（在相应的栏目打"√"或填写相应代号）

34. 您所在地农村扶贫方式主要有（可多选）（　　）

    A. 种养殖业扶贫　　　　　　B. 科技（技术）扶贫

    C. 帮助打开农副产品市场销路　D. 劳务输出扶贫

    E. 农村基础设施建设　　　　F. 安居工程扶贫

    G. 提供就业信息（公益岗位）　H. 职业技能培训

    I. 旅游开发扶贫　　　　　　J. 资金支持

    K. 教育免费及补助　　　　　L. 其他（请填写：_____）

35. 您所在地有无摆脱贫困后又返贫的现象？（　　）

    A. 有　　　　　　　　　　　B. 没有

    C. 不清楚

如有，主要原因是（可多选）（　　）

    A. 因病返贫　　　　　　　　B. 自然灾害

    C. 扶贫措施缺乏可持续性　　D. 突发事件

    E. 子女上学　　　　　　　　F. 其他（请填写：_____）

36. 您所在地贫困救助资金的主要来源有哪些？（可多选）（　　）

    A. 政府提供的扶贫款　　　　B. 政府提供的低保金

    C. 亲朋好友及村民之间的帮助　D. 村集体的资助

    E. 慈善组织或社会捐赠　　　F. 其他（请填写：_____）

37. 您所在地脱贫最需要哪些条件？（可多选）（　　）

    A. 政策支持　　　　　　　　B. 资金支持

    C. 技能培训　　　　　　　　D. 就业机会

    E. 科技（技术）支持　　　　F. 打开农副产品销路

    G. 住房改善　　　　　　　　H. 基础设施改善

    I. 教育扶持　　　　　　　　J. 社会保障的完善（医疗、养老等）

    K. 其他（请填写：_____）

38. 对于实现农村低保与扶贫对象动态管理，您有何建议？

_____

附录2 第二次调查问卷（农村居民填写）："农村最低生活保障与扶贫对象动态管理"调查问卷

您好！我们是教育部"农村最低生活保障与扶贫对象动态管理机制研究"课题组，为了解有关农村低保制度与扶贫政策的实施情况，特设计了这份问卷。本次调查采取匿名形式，我们承诺对您填写的资料完全保密，请您认真阅读，并根据实际情况填写，谢谢您的合作！

教育部"农村最低生活保障与扶贫对象动态管理机制研究"课题组

2016年1月

一、请选择或填写您的基本情况（在相应的栏目打"√"或填写相应代号）

1. 您的家庭所在地为_____省_____区（县）_____镇（乡）

2. 您的性别：

    A. 男　　　　　　　　B. 女

3. 您的年龄_____岁

4. 您是：

    A. 享受低保的村民

    B. 享受扶贫政策的村民

    C. 同时享受低保和扶贫政策的村民

    D. 普通村民

5. 您的文化程度是：

    A. 小学及以下　　　　B. 初中

    C. 高中（中专）　　　D. 大专

    E. 本科及以上

6. 您家有几口人？（　　　）

    A. 1人　　　　　　　B. 2人

    C. 3人　　　　　　　D. 4人

    E. 5人　　　　　　　F. 6人及以上

7. 请在附表1相应的答案处打"√"

附表1

人数 内容	0人	1人	2人	3人	4人	5人	6人及 以上
您家有几位老人?							
您家有几个未成年子女?							
您家有几人常年外出务工?							
您家是否有常年患病的人?							

8. 您的家庭收入主要来源于（可多选）（　　）

    A. 农业（含养殖）　　　　　B. 外出务工或经商

    C. 打零工　　　　　　　　　D. 子女供养

    E. 退耕还林　　　　　　　　F. 粮食直补

    G. 养老金　　　　　　　　　H. 计划生育政策补助

    I. 低保资金　　　　　　　　J. 扶贫资金

    K. 其他（请填写：_____）

9. 您的家庭人均年纯收入大约为（　　）

    A. 0~2 300 元　　　　　　　B. 2 301~4 000 元

    C. 4 001~6 000 元　　　　　D. 6 001~8 000 元

    E. 8 001 元及以上

10. 目前您家庭的经济状况是（　　）

    A. 欠债（入不敷出）　　　　B. 勉强维持开支

    C. 比较宽裕　　　　　　　　D. 很富裕

11. 您的家庭开支主要用于（可多选）（　　）

    A. 吃饭穿衣　　　　　　　　B. 住房

    C. 医疗　　　　　　　　　　D. 子女教育

    E. 农业生产投入　　　　　　F. 人情开支

    G. 其他

12. 您目前参加了哪些保险?（可多选）（　　）

    A. 新型农村养老保险　　　　B. 新型农村合作医疗

    C. 商业保险　　　　　　　　D. 没有参加任何保险

13. 您是否了解本地区的农村低保和扶贫政策?（　　）

    A. 非常了解　　　　　　　　B. 比较了解

  C. 不够了解   D. 从没听说过

二、请选择符合您实际情况的答案（在相应的栏目打"√"或填写相应代号）

14. 您认为导致农村家庭贫困的主要原因是什么？（可多选）（ ）

  A. 收入来源少   B. 家里有病人

  C. 子女上学负担重   D. 赡养老人负担重

  E. 居住地自然条件很差 F. 因灾害或突发事件

  G. 其他（请填写：_____）

15. 您所在地农民在申请低保和扶贫资格时，存在下列哪些现象？（可多选）（ ）

  A. 装穷（隐瞒收入）   B. 装病

  C. 找关系   D. 老人与子女的户口分开

  E. 好吃懒做靠低保   F. 其他（请填写：_____）

16. 您对政府的低保和扶贫政策是否满意？（ ）

  A. 非常满意   B. 比较满意

  C. 有点不满意   D. 很不满意

  E. 不好说

17. 根据您所在地的情况，请在附表2相应的答案处打"√"

附表2

内容＼选项	是	否	不清楚
基层干部是否对申请低保和扶贫资格的家庭进行过入户调查？			
确定低保和扶贫对象时是否公开征求过群众意见？			
在确定低保和扶贫对象时，是否进行过民主评议？			
是否定期将享受低保和扶贫的名单公示到户？			

18. 您觉得在确定低保和扶贫对象时是否公平？（ ）

  A. 不公平   B. 比较公平

  C. 很公平   D. 不清楚

若不公平，原因在于（可多选）：

    A. 关系户   B. 程序不合理

    C. 不公开不透明   D. 骗保

    E. 其他（请填写：_____）

19. 您认为应如何加强对农村低保和扶贫政策的监督？（可多选）（   ）

    A. 群众监督评议   B. 上级部门抽查

    C. 设立举报箱   D. 新闻媒体监督

    E. 聘请人大代表、政协委员作为低保监督员

    F. 其他方法（请填写：_____）

20. 根据您所在地的情况，请在附表3相应的答案处打"√"。

附表3

内容 ＼ 选项	有，较多	有，较少	没有	不清楚
有没有应该享受低保和扶贫待遇却没有享受到的？				
有没有同时享受低保和扶贫两项政策待遇的情况？				
有没有脱贫后继续享受扶贫或低保待遇的？				

21. 您所在地的贫困户存在下列哪些现象？（可多选）（   ）

    A. "等、靠、要"的思想   B. 好吃懒做

    C. 赌博   D. 生活奢侈

    E. 没有这些现象   F. 不清楚

22. 您认为政府对低保和扶贫对象进行定期监督考核是否有必要？（   ）

    A. 十分有必要   B. 有必要

    C. 没有必要   D. 无所谓

23. 您觉得是否有必要让有劳动能力的低保和扶贫对象参加公益劳动？（   ）

    A. 十分有必要   B. 有必要

    C. 没有必要   D. 无所谓

24. 您认为政府应从哪些方面加强低保和扶贫工作？（可多选）（   ）

A. 提高透明度，确保公平　　　B. 提高低保和扶贫标准

C. 加强贫困对象动态管理　　　D. 提高工作效率

E. 加强监督　　　　　　　　　F. 其他（请填写：_____）

25. 您所在地农村扶贫方式主要有哪些？（可多选）（　　　）

A. 产业扶贫　　　　　　　　　B. 移民搬迁扶贫

C. 劳务输出扶贫　　　　　　　D. 基础设施建设

E. 实用技能培训　　　　　　　F. 旅游开发扶贫

G. 教育扶持　　　　　　　　　H. 资金扶持

I. 其他（请填写：_____）

26. 您认为现有的农村低保发放标准能否保障困难群众的基本生活？
（　　　）

A. 完全能保障　　　　　　　　B. 基本能保障

C. 不能保障　　　　　　　　　D. 不清楚

27. 您所在地扶贫最需要哪些条件？（可多选）（　　　）

A. 政策支持　　　　　　　　　B. 资金支持

C. 技能（技术）支持　　　　　D. 打开农副产品销路

E. 基础设施改善　　　　　　　F. 教育扶持

G. 社会保障的完善（医疗、养老等）

H. 项目带动

I. 其他（请填写：_____）

28. 对于实现农村低保与扶贫对象动态管理，您有何建议？_____

附录3 第二次调查问卷
（基层干部填写）：
农村最低生活保障与
扶贫对象动态管理调查问卷

您好！我们是教育部"农村最低生活保障与扶贫对象动态管理机制研究"课题组，为了解有关农村低保制度与扶贫政策的实施情况，特设计了这份问卷。本次调查采取匿名形式，我们承诺对您填写的资料完全保密，请您认真阅读，并根据实际情况填写，谢谢您的合作！

教育部"农村最低生活保障与扶贫对象动态管理机制研究"课题组

2016年1月

请您选择或填写（在相应的栏目打"√"或填写相应内容）

1. 您的单位所在地_____省_____（市）县

    A. 是国家或省、市贫困县   B. 不是贫困县

2. 您的职务：_____

3. 当前我国的贫困线标准为2 300元，您认为这个标准（   ）

    A. 偏低   B. 比较合理

    C. 较高   D. 不好说

4. 您所在地在贫困资格认定时，对家庭成员的认定是（   ）

    A. 以户口为准   B. 以长期共同生活为准

    C. 不清楚

5. 您觉得贫困对象家庭收入核算的难点是什么？（可多选）（   ）

    A. 实物难以货币化   B. 农副产品成本难以估算

    C. 难以出具收入证明   D. 收入具有动态性

    E. 收入具有多元性   F. 瞒报和虚报收入

    G. 金融资产难以核实   H. 其他（请填写：_____）

6. 在对贫困对象家庭收入进行信息核对时，其他部门（国土房管、公安、工商、税务、银行等）是否积极配合？（   ）

    A. 很积极   B. 比较积极

    C. 配合不力   D. 拒绝提供信息

    E. 没有跟这些部门进行过信息核对

7. 根据您所在地的实际情况，请在附表 4 相应的答案处打"√"。

附表 4

内容 ＼ 选项	是	否	不清楚
低保对象与扶贫对象是否同时申请、同步识别？			
是否建立了贫困对象家庭收入核算办法？			
是否将低保家庭情况（包括家庭成员、收入情况、保障金额等信息）在固定公示栏长期公示？			
是否建立了面向公众的低保对象信息查询网络？			
乡（镇）人民政府是否有公开的低保或扶贫监督咨询电话？			
经过一段时间的低保与扶贫政策扶持后，对提出续保申请的贫困户是否进行家庭经济变化状况调查核实？			
是否有主动要求退出低保和扶贫政策的贫困户？			
是否建立了低保工作责任追究办法？			
是否建立了农村人口民情档案？			
在推进扶贫开发项目时，是否根据贫困户的意愿进行帮扶？			

8. 您认为农村低保与扶贫、医疗救助等其他政策之间是否有"打架"（冲突）现象？（　　）

    A. 有，较严重　　　　　　　B. 有，较少

    C. 没有　　　　　　　　　　D. 不清楚

9. 您所在地政府对低保户多长时间进行一次核查清理工作？（　　）

    A. 每季度一次　　　　　　　B. 每半年一次

    C. 每年一次   D. 不定期核查

    E. 从不核查   F. 不清楚

10. 您认为目前农村扶贫的困难主要有（可多选）（   ）

    A. 扶贫资金不足   B. 扶贫项目较少

    C. 扶贫对象难以确定   D. 缺乏项目带头人

    E. 贫困户积极性不高   F. 贫困对象发展能力低

    G. 其他（请填写：_____）

11. 您所在地存在脱贫后又返贫的情况吗？（   ）

    A. 存在   B. 不存在

    C. 不太清楚

如存在，原因为（可多选）（   ）

    A. 因病返贫   B. 因灾害或突发事件

    C. 收入不稳定   D. 子女上学负担重

    E. 扶贫措施效果差   F. 其他（请填写：_____）

12. 您认为扶贫工作的推进还需要（可多选）（   ）

    A. 加大资金扶持力度   B. 政府政策的支持

    C. 各部门协调配合   D. 扶贫方式的创新

    E. 增加扶贫项目   F. 提高项目实施的成功率

    G. 贫困对象的技能培训   H. 其他（请填写：_____）

附录4 "农村最低生活保障与扶贫对象动态管理"访谈提纲

您好！我们是"农村最低生活保障与扶贫对象动态管理机制研究"课题组，为了解有关农村低保制度与扶贫政策的实施情况，特设计了这份访谈提纲。本次访谈采取匿名形式，我们承诺对您提供的信息完全保密，请您如实回答，谢谢您的合作！

"农村最低生活保障与扶贫对象动态管理机制研究"课题组

2015年1月

1. 您所在地政府对低保和扶贫这两类贫困人口有没有进行分类识别？分类的标准是什么？

2. 您所在地政府对低保和扶贫对象有监督考核吗？多长时间进行一次？是如何进行的？

3. 在低保与扶贫政策实施过程中，对于村民弄虚作假和基层干部违规的行为，有没有相应的处罚规定？具体有哪些处罚措施？

4. 您所在地民政部门和扶贫办是否建立了贫困人口信息数据库？是否实行了网络化管理？主要针对贫困对象的哪些信息？

5. 建立数据库时，是否借助了公安、国土房产、交通、工商等多个部门的力量？这些部门在贫困对象认定过程中有没有明确的责任？当这些部门不配合时怎么办？区（县）政府有没有出台相应的规定？

6. 贫困人口信息数据库是否及时更新？有无专人负责？

7. 对于两项制度对象识别，民政部门和扶贫部门是否同步进行？两部门如何衔接？

8. 在救助和扶贫的过程中，对两类群体是否进行动态调整？如何调整？

9. 对农村低保和扶贫对象有无定期考评？考评人员都有哪些？

10. 考评结束后，是否进行第二次分类？

11. 您所在地是否将农村低保与扶贫对象动态管理工作纳入基础政府年底目标考核？

12. 您所在地的扶贫和民政部门是如何掌握贫困户（如灵活就业人群、股民）的隐性收入的？

13. 对于贫困人口, 除了低保与扶贫政策外, 有没有医疗卫生、住房、教育等其他方面的救助措施?

14. 在农村低保与扶贫对象动态管理过程中, 民政和扶贫这两个部门是如何衔接的?

15. 您所在地农村低保与扶贫对象动态管理主要面临哪些困难? 您认为该如何解决?

后记

2009 年 8 月至 2010 年 7 月，我作为重庆市"三支一扶"人员之一，被派到重庆市城口县民政局工作。一年的时间里，我作为民政局一名工作人员，实际体验了农村社会救助工作尤其是农村低保制度的具体实施全过程。我积极参与起草和制定全县民政工作规划、方案工作，落实上级各项惠民政策。工作过程中，我不畏路途遥远和自然条件的恶劣，翻山越岭，走乡串户，深入基层，与全县民政系统干部职工一道，着力解决广大人民群众最关心、最直接、最现实的问题。通过长期的实践体验和学术积累，我在理论上基本具备了系统完整的知识结构，在现实中也积累了一定的实践经验，农村社会救助与扶贫开发问题逐渐进入我的研究视野。

本项目自 2014 年至 2018 年共历时四年方才完成。项目以精准扶贫为背景，把农村低保和扶贫对象动态管理作为研究对象，分析两项制度共同面临的问题，进一步探索农村社会制度公平与效率问题。本研究从理论探讨、实证分析和对策建议入手，研究完善农村低保与扶贫对象动态管理机制，促进制度的公平性，提高扶贫的效率。在研究过程中，着力分析当前农村低保和扶贫对象动态管理的难点，探讨如何对低保和扶贫对象进行科学、规范管理，实现"应保尽保、应扶尽扶、应退尽退"的目标。

精准扶贫、精准脱贫是当前各级政府工作的重中之重。希望本研究对学术界关于农村社会发展、农村社会保障、脱贫攻坚等领域的研究能够起到一定的完善和补充作用。同时，也希望本研究对促进农村地区从根本上稳定解决温饱问题并实现脱贫致富，确保到 2020 年实现现行标准下农村贫困人口全部脱贫，贫困县全部摘帽，以及早日全面建成小康社会，能够起到一定的现实借鉴和促进作用。

本书稿的顺利完成，离不开课题组全体成员的努力，同时得到了诸多人士的帮助和支持，凝聚了许多人的艰辛和智慧。

感谢接受问卷调查和个案访谈的全体村民、低保和扶贫对象。他们在调研过程中耐心细致地回答我们提出的每一个问题，使我们获得了第一手详实的资料和数据，为顺利开展研究奠定了坚实的基础。在调研过程中，一些因病、因灾、因学致贫而没有享受低保和扶贫政策的边缘人群，勇于面对现实，不"等、靠、要"，不依赖政府和社会的救助和扶持，而是自强不息，奋发向上，靠自己勤劳的双手脱贫致富。他们这种积极向上的坚毅品质和乐观的生活信念深深地打动了我们，希望他们早日摆脱困境，真正过上小康生活！

感谢接受问卷调查和访谈的基层干部。确保到2020年实现现行标准下农村贫困人口全部脱贫，消除绝对贫困，时间紧、任务重。作为扶贫政策的直接执行者，你们长期奋战在脱贫攻坚第一线，深知贫困人群生产生活现状，知道他们真正需要什么、最需要什么。你们是农村贫困人群实现脱贫致富的坚实依靠。面对繁杂的入户调查、数据统计、项目实施等具体工作，你们任劳任怨，始终坚守在脱贫阵地上，一心一意为群众谋福利，在扶贫过程中与群众结下了深厚的感情。感谢你们为农村脱贫攻坚所付出的艰辛努力！

感谢四川大学、重庆大学、南京大学、西南政法大学、重庆三峡学院、重庆工程学院、长江师范学院、湖北民族大学等高校的教师、研究生和本科生参与本课题研究，感谢大家在文献整理、问卷调查、数据收集和统计分析等研究过程中付出的心血和汗水，感谢大家为课题研究提供的大量帮助！

最后要将最诚挚的谢意献给我的家人。感谢父母的无言教诲。我伟大的母亲一生勤劳俭朴，为我求学与成长付出了毕生的精力，不料正当颐养天年之时，却驾鹤西去，永远地离开了我。要特别感谢我的夫人。作为教育系统的扶贫干部之一，她直接参与和亲身经历了农村脱贫攻坚工作，经常深入所联系的贫困户开展帮扶。她为本研究的开展提出了许多有价值的建议，为书稿的顺利完成提供了极大的帮助，同时还不辞辛劳地陪伴我深入田间地头开展实地调研，与我一道克服了研究过程中的重重困难。

杜 毅

2019 年 5 月 30 日于南浦苑